Frommer's

PUBLIFOLHA

GUIA São Francisco dia a dia™

Todas as maneiras de explorar a cidade

Noelle Salmi

Sumário

15 Destaques de São Francisco 2

1 Roteiros imperdíveis 5

O melhor em um dia 6

O melhor em dois dias 10

O melhor em três dias 14

2 Roteiros temáticos 19

São Francisco à beira-mar 20

São Francisco romântica 24

Galerias de arte 26

São Francisco literária 28

Circuito das compras 32

Haight hippie 34

Travessia da Golden Gate 38

3 As melhores caminhadas 41

Pacific Heights e Cow Hollow 42

A Marina 46

Civic Center e Hayes Valley 48

Russian Hill e North Beach 52

Japantown 56

Chinatown 58

Mission e Castro 62

4 O melhor das compras 67

Endereços de destaque 68

Leste da Van Ness Ave. 69

Oeste da Van Ness Ave. 70

Compras 71

5 Atividades ao ar livre 83

Golden Gate Promenade 84

Land's End 86

Golden Gate Park 88

6 O melhor da gastronomia 91

Endereços de destaque 92

Mission e arredores 93

São Francisco gastronômica 94

Union Square e arredores 96
North Beach 98
Restaurantes 98
Richmond e Sunset 99

7 O melhor da noite 117
Endereços de destaque 118
Leste da Van Ness Ave. 119
Oeste da Van Ness Ave. 120
Noite 121

8 Arte e diversão 129
Endereços de destaque 130
São Francisco cultural 131
Union Square e arredores 132
Artes e diversão 133

9 A melhor hospedagem 137
Endereços de destaque 138
Union Square e Nob Hill 139
São Francisco acolhedora 140
Hospedagem 142

10 O melhor dos arredores 151
Sausalito 152
Point Reyes National Seashore 154
Napa e Sonoma 156

Dicas de viagem 159
Antes de partir 160
Como chegar 163
Como circular 165
Informações úteis 166
História 171
Guia de vinhos 172
Frases e termos úteis 175
Telefones e sites 176

Índice 177

Coordenação do Projeto: Publifolha
Editor-assistente: Thiago Blumenthal
Coordenação de Produção Gráfica: Soraia Pauli Scarpa
Assistência de Produção Gráfica: Mariana Metidieri

Produção Editorial: Editora Página Viva
Edição Final: Rosi Ribeiro
Tradução e Edição: Rosemarie Ziegelmaier
Revisão: Agnaldo Alves de Oliveira e Felice Morabito
Direção de Arte: Priscylla Cabral

Wiley Publishing
Edição: Caroline Sieg
Agradecimentos especiais a Aliyah Vinikoor e Stephen Bassman
Editor de Produção: Ian Skinnari
Edição de Foto: Richard Fox
Cartografia: Elizabeth Puhl
Produção: Wiley Indianapolis Composition Services
Ilustração do capítulo 1: Mary J. Gillot

Dados Internacionais de Catalogação na Publicação (CIP)
(Câmara Brasileira do Livro, SP, Brasil)

Salmi, Noelle
Frommer's Guia São Francisco dia a dia : todas as maneiras de explorar a cidade / Noelle Salmi ; [tradução Alexandre Sanches Camacho]. – São Paulo : Publifolha, 2009. – (Frommer's dia a dia)

Título original: Frommer's San Francisco day by day.
ISBN 978-85-7914-031-0

1. São Francisco (Estados Unidos) - Descrição e viagens - Guias I. Título. II. Série.

09-01825 CDD-917.9461

Índices para catálogo sistemático:
1. Guias de viagem : São Francisco : Estados Unidos 917.9461
2. São Francisco : Estados Unidos : Guias de viagem 917.9461

A grafia deste livro segue as regras do **Novo Acordo Ortográfico da Língua Portuguesa**.

Foi feito o possível para garantir que as informações deste livro fossem as mais atualizadas disponíveis até o momento da impressão. No entanto, alguns dados como telefones, preços, horários de funcionamento e informações de viagem estão sujeitos a mudanças. Os editores não podem se responsabilizar por nenhuma consequência do uso deste guia, nem garantir a validade das informações contidas nos sites indicados.

Os leitores interessados em fazer sugestões ou comunicar eventuais correções podem escrever para a Publifolha, Al. Barão de Limeira, 401, 6º andar, CEP 01202-900, São Paulo, SP, enviar um fax para: (11) 3224-2163 ou um e-mail para: atendimento@publifolha.com.br

PUBLIFOLHA
Divisão de Publicações do Grupo Folha
Al. Barão de Limeira, 401, 6º andar, CEP 01202-900, São Paulo, SP
Tel.: (11) 3224-2186/2187/2197
www.publifolha.com.br

Impresso em junho de 2009 pela gráfica Aquarela, sobre couché fosco 90g/m²

Nota do editor

Como aproveitar seu tempo da melhor maneira possível – eis o principal assunto deste guia.

Vários guias oferecem listas de atrações, mas sem organizá-las. Os *Guias Dia a Dia* são diferentes: além de apontarem o que existe de melhor, informam sobre como aproveitar a viagem da forma mais fácil e sem perda de tempo. Nossos autores traçaram trajetos detalhados de acordo com a duração do passeio, a região visitada ou os interesses do visitante. Cada trajeto vem com um mapa, que permite visualizar a localização das atrações.

Quer reviver o Verão do Amor ou ir de bonde ao Fisherman's Wharf? Planejar um passeio de carro pela Golden Gate Bridge, subir o Telegraph Hill até Coit Tower ou visitar os melhores vinhedos do Napa Valley? Seja qual for seu interesse, o *Guia Dia a Dia* propõe o melhor itinerário. Além de apresentar as principais atrações, a obra convida o leitor a vasculhar aqueles encantos especiais que só quem mora no local conhece – pequenas descobertas que marcam a diferença entre o viajante de verdade e o turista apressado.

Os *Guias Dia a Dia* também são a melhor opção para quem procura os melhores hotéis e restaurantes para todos os bolsos, as boas dicas de compras, os destaques da vida noturna. Nada fica de fora.

Nossos autores visitaram todos os lugares citados nos guias. São profissionais independentes, com liberdade para emitir opiniões e fiéis ao compromisso de jamais citar algum local que não indicariam a um amigo.

Aproveite o seu *Guia Dia a Dia*, o melhor companheiro que você poderia encontrar. E faça a viagem da sua vida.

Um abraço,

Michael Spring, editor da série
Guias Frommer's

Sobre a autora

Noelle Salmi nasceu na Bay Area, São Francisco, e lá passou a infância, até se mudar com a família para a América do Sul. Voltou à terra natal para estudar na Stanford University. Mais tarde fez mestrado em jornalismo internacional na Columbia University, em Nova York. Trabalhou num jornal diário e na CNN do Rio de Janeiro, no Brasil; na Associated Press de Berlim, na Alemanha; e como relações-públicas em Nova York e Seattle, nos EUA, antes de voltar para a Bay Area, em 2001. Suas matérias apareceram e diversas publicações em todo o mundo, inclusive no *Jornal do Brasil*, *The West Side Spirit*, *Emerging Markets*, *USA Today* e *Bay Area Parent*. Ela é também a autora do *Frommer's São Francisco com Crianças* e mora em São Francisco com o marido, Mika, e as filhas, Annika e Natasha.

Agradecimentos

A meu marido, Mika Salmi, e minhas filhas, Annika e Natasha.
Agradeço a Nina Thompson, pela assistência na pesquisa e pelo eterno alto-astral. Agradeço também a Raili Salmi, pela ajuda na frente doméstica, que tornou este livro possível; a meu pai, William Veale, pela revisão das provas; e a toda a família, pelo apoio e pela paciência. Inúmeras pessoas deram sugestões de lugares para conhecer, de hotéis, lojas, bares e restaurantes e passeios em São Francisco, e por isso lhes sou muito grata. Minha gratidão se estende também à editora, Caroline Sieg, cujo conhecimento e orientação foram preciosos. Acima de tudo, agradeço a meu marido, Mika, pelo apoio e pelo entusiasmo.

Esclarecimento

Alertamos que todas as informações de um guia de viagem estão sujeitas a alterações a qualquer momento, sobretudo no que se refere aos preços. Por isso, aconselhamos a confirmação prévia dos valores, por telefone ou e-mail, na hora de planejar a viagem. Os autores, editores e a editora não podem ser responsabilizados pelas diferenças de valores eventualmente verificadas pelos leitores. Além disso, nunca é demais prestar atenção na segurança: esteja sempre atento e avalie bem os lugares que visitar.

Classificação, ícones e abreviações

Todos os hotéis, restaurantes e atrações relacionados neste guia foram classificados de acordo com a qualidade, o preço, os serviços, a estrutura e eventuais características de destaque, dentro de um **sistema de estrelas**. Hotéis, restaurantes, atrações, lojas e locais de diversão recebem a classificação entre nenhuma estrela (local recomendado) e três-estrelas (excelente). Além desse sistema de classificação, usamos o ícone para destacar as melhores opções para famílias com crianças.

As seguintes **abreviações** identificam os principais cartões de crédito:

AE	American Express	DISC	Discover	V	Visa
DC	Diners Club	MC	MasterCard		

Internet

Agora que você conta com o melhor guia para fazer uma grande viagem, visite nosso site **www.frommers.com** e encontre informações sobre mais de 3 mil destinos. Atualizado com regularidade, nosso site dá acesso instantâneo às informações mais atuais – de preços de tarifas aéreas e de hospedagem a diárias de locação de carros.

Preços

Os guias Frommer's apresentam os preços na moeda corrente no país de destino. Quando esta edição foi concluída, a taxa de câmbio era de €1 = US$1,30. As taxas de câmbio flutuam constantemente.Por isso, aconselhamos a consulta dos valores atualizados quando for viajar. Uma dica é o site www.oanda.com/convert/classic.

Nas partes destinadas à sugestão de hotéis e restaurantes, usamos um sistema de cifrões em dólar para indicar a variação do preço de uma diária (para um quarto de casal) ou do prato principal de uma refeição simples. Para compreender essa classificação, use a legenda a seguir:

Valor	Hotéis	Restaurantes
$	Até US$100	Até US$10
$$	US$100-200	US$10-20
$$$	US$200-300	US$20-30
$$$$	US$300-400	US$30-40
$$$$$	Acima de US$400	Acima de US$40

Convite

Durante a pesquisa para a elaboração deste guia, encontramos diversos lugares maravilhosos (hotéis, restaurantes, lojas etc.). Temos certeza de que você descobrirá muitos outros e gostaríamos que nos informasse, a fim de partilhar a informação com mais leitores nas próximas edições.

15 Destaques de **São Francisco**

15 Destaques de São Francisco

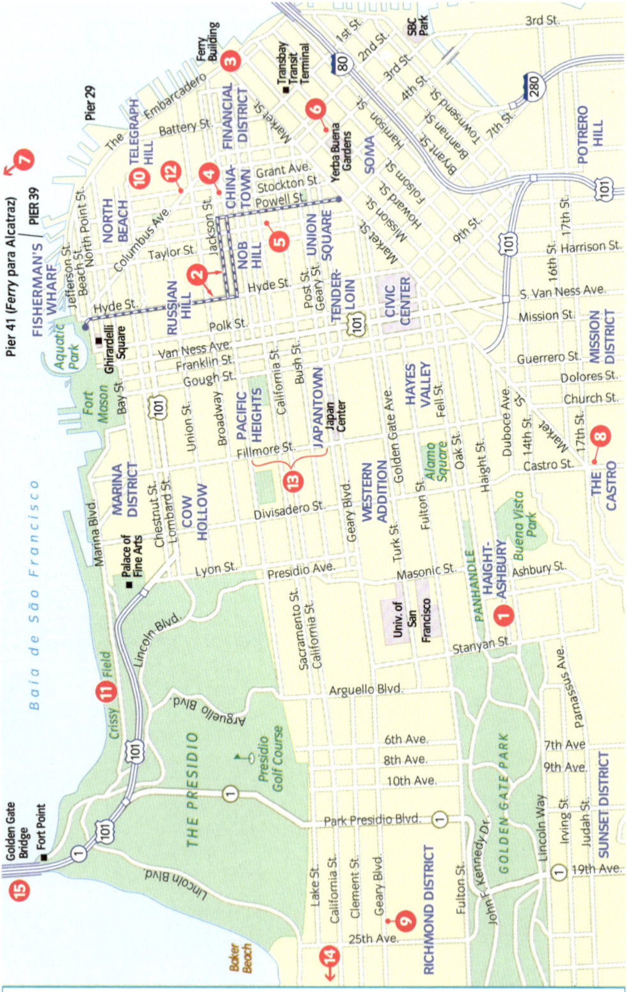

- **1** Haight Street
- **2** Powell-Hyde Cable Car
- **3** Ferry Plaza Farmer's Market
- **4** Golden Gate Fortune Cookies factory
- **5** Top of the Mark
- **6** SF MOMA
- **7** Alcatraz
- **8** Castro Theatre
- **9** Ton Kiang
- **10** Coit Tower/ Telegraph Hill
- **11** Crissy Field
- **12** Caffe Trieste
- **13** Fillmore Street
- **14** Land's End Trail
- **15** Golden Gate Bridge

0 — 1/2 mi
0 — 0,5 km

Vistosas lojas de roupas e acessórios são comuns na animada Haight Street.

1 Garimpar roupas de segunda--mão na Haight Street, epicentro do "verão do amor", em 1967. *Ver págs. 32 e 73.*

2 Andar no *cable car* da linha Powell-Hyde. Embarque num dos bondes que se destinam ao norte da cidade, até Fisherman's Wharf. Dobre a atenção ao subir a Russian Hill e aproveite as vistas para a baía e a ilha de Alcatraz. *Ver pág. 7.*

3 Passear pelo Ferry Plaza Farmers Market numa manhã de sábado. Prove delícias como frutas frescas, queijos artesanais e nozes torradas e faça uma parada num dos restaurantes. *Ver pág.15.*

4 Comer biscoito da sorte (mesmo sem sorte alguma) na Golden Gate Fortune Cookies, em Chinatown. A diferença, aqui, é comer as delícias quentinhas e recém-saídas do forno. Observe a colocação dos bilhetes da sorte dentro dos biscoitos. *Ver pág. 80.*

5 Fazer um brinde no Top of the Mark, o panorâmico bar de cobertura do Mark Hopkins InterContinental. O *weepers' corner* é o local onde esposas e namoradas dos soldados que lutaram na Segunda Guerra Mundial vinham ver a partida dos navios. *Ver pág. 124.*

6 Admirar a tela *Mulher de Chapéu*, de Henri Matisse. Visite o San Francisco Museum of Modern Art e aprecie o incrível acervo de arte do século 20. *Ver pág. 18.*

Conjunto de celas de isolamento (solitárias) do presídio de Alcatraz. Entre 1933 e 1963, essa prisão instalada na ilha (também conhecida como "a rocha") abrigou alguns dos prisioneiros mais temidos do país, como o gângster Al Capone.

No Castro Theatre, exibições peculiares para quem gosta de cinema.

7 Visitar uma das solitárias da prisão de Alcatraz. Se tiver coragem, entre numa das celas, que eram trancadas por pesadas portas metálicas, e feche os olhos: a sensação de isolamento é indescritível. *Ver pág. 11.*

8 Assistir a um filme no Castro Theatre, cinema em estilo Art Déco erguido em 1922 num dos bairros mais peculiares da cidade. O órgão Wurlitzer garante a trilha sonora. *Ver págs. 66 e 135.*

9 Provar *dim sum* no Ton Kiang. Peça chá quente para acompanhar a sequência de pratos chineses. Os sabores mudam conforme o pessoal da cozinha manda novas remessas de bolinhos de camarão e outros acepipes. *Ver pág. 115.*

10 Subir ao topo da Coit Tower, na Telegraph Hill. Vale enfrentar os 86 m de altura para chegar no alto de uma das maiores atrações de São Francisco. Na base da torre há diversos murais pintados por mais de 25 artistas, entre eles alguns discípulos de Diego Rivera. *Ver págs. 9 e 53.*

11 Fazer piquenique em Crissy Field, o mais recente dos parques nacionais da Bay Area. Compre sanduíches na Warming Hut, instale-se em uma das mesas e observe a passagem dos barcos sob a Golden Gate. *Ver pág. 85.*

12 Pedir um *cappuccino* no Caffé Trieste, o primeiro a servir expresso na Costa Oeste e ponto de encontro de beatniks como Jack Kerouac e Allen Ginsberg. *Ver pág. 30.*

13 Apreciar vitrines da Fillmore Street. Beba algo numa das cafeterias com mesas na calçada antes de explorar as lojas desta sofisticada região. *Ver pág. 44.*

14 Caminhar na Land's End Trail, na extremidade noroeste da cidade. Aproveite e se encante com a beleza do oceano Pacífico, das Marin Headlands e da visão pouco comum da Golden Gate. *Ver pág. 87.*

15 Atravessar a Golden Gate de bicicleta. Cruzar o cartão-postal da cidade sobre duas rodas é uma experiência incrível. Prepare-se para lindas vistas das Marin Headlands, ao norte, e da paisagem de São Francisco, ao sul. *Ver pág. 40.*

Quem atravessa a Golden Gate e olha para cima tem a impressão de que a imensa estrutura vermelha chega ao céu.

1 Roteiros imperdíveis

O melhor em **um dia**

1. Union Square
2. Cable Car
3. Lombard Street
4. Fisherman's Wharf
5. Coit Tower
6. North Beach
7. Mario's Bohemian Cigar Store
8. Chinatown

Este roteiro de um dia permite conhecer as atrações mais famosas, da Union Square até a graciosa área de Fisherman´s Wharf, a histórica North Beach e a animada Chinatown. Detalhe: a partir de Fisherman´s Wharf, todo o trajeto pode ser feito a pé.

INÍCIO: **BART/Muni: Powell ou Montgomery. Ônibus: 2, 3, 4 ou 38 até Powell St.; 30 ou 45 até Geary St. *Cable car*: linha Powell.**

1 **Union Square.** Comece pelo centro comercial mais agitado de São Francisco. A praça (que deve seu nome às manifestações que ocorreram aqui às vésperas da Guerra da Secessão) foi reaberta em 2002 após uma reforma que custou US$25 milhões e substituiu trechos de grama por uma pista de granito de 76 metros. Com a intervenção, a área que acomodava moradores de rua deu lugar a uma graciosa praça. Tudo o que restou da antiga paisagem é a torre Vitória (27 metros), inaugurada por Roosevelt após a guerra hispano-americana. *30 min; melhor antes das 9h. BART: Powell ou Montgomery. Ônibus: 2, 3, 4 ou 38 até Powell St.; 30 ou 45 até Geary St.* Cable car: *linha Powell.*

2 ★★ **Andar no *cable car* da linha Powell-Hyde.** Vá ao ponto inicial (*turnaround*, na esquina da Powell Street e Market Street) e espere a linha Powell-Hyde. O primeiro desses bondes que circulam por tração nos trilhos fez o trajeto inaugural em 1873. No itinerário está a Russian Hill; preste atenção ao chegar à Hyde Street com a Greenwich Street e observe a baía e a ilha de Alcatraz. Para mais detalhes sobre o funcionamento dos *cable cars*, ver pág. 12. ***30 min; melhor antes das 9h30. Powell St. e Market St. Bilhete US$3.***

3 ★ **Lombard Street.** A "rua mais sinuosa do mundo" nem sequer é a mais curva da cidade, pois a Vermont Street, entre a 20th Street e a 22nd Street, na Potrero Hill, faz um ziguezague ainda maior. As curvas foram projetadas na década de 1920, porque a inclinação natural de 27° não permitia a circulação de veículos. Os carros só descem, mas os pedestre podem subir e descer à vontade pelas escadas. Na primavera, quando as flores desabrocham, a rua fica mais bonita. ***30 min; melhor durante a semana, pela manhã. Lombard St. (entre Hyde St. e Leavenworth St.).*** Cable car: *linha Powell-Hyde.*

Andar de cable car *é uma das atrações mais disputadas em São Francisco.*

4 ★★ **Fisherman's Wharf.** A região mais visitada de São Francisco reúne história e atividades diversas. Embora boa parte esteja tomada por lojas de suvenires e restaurantes caros, ainda assim se trata de uma visita que vale a pena. O minirroteiro a seguir apresenta o que há de melhor e reduz ao máximo o tempo nos pontos de maior aglomeração. *Hyde St. e Beach St. www.fishermanswharf.org.* Cable car: *linha Powell-Hyde até Fisherman's Wharf, linha Powell-Mason até a Taylor St. e Bay St; bonde F até a Jones St. e Beach St. Ônibus 10, 30 ou 47 até a Van Ness Ave. e N. Point St.; 19 até Polk St. e Beach St.*

4A Desça do *cable car* no **Victorian Park** e caminhe até a 4B **Ghirardelli Square**, antiga sede da fábrica de chocolates fundada em 1893 por Domingo Ghirardelli (quando encerrou atividades na década de 1960, o local foi transformado em shopping center.) O 4C **Maritime Museum** (pág 23, item 7), instalado em estrutura de três andares com formato de navio, registra o passado marítimo. Um passeio pelo 4D **Municipal Pier** permite apreciar a Golden Gate. O 4E **Hyde Street Pier** (pág. 22, item 4) exibe vários navios antigos, entre eles uma embarcação do século 19. 4F **The Cannery,** antigamente uma fábrica de conservas, hoje abriga o National Maritime Visitors Center, lojas e restaurantes (4G **peça um crepe** aqui). Para completar, respire fundo e enfrente a multidão que disputa um espaço no 4H **PÍER 39** para observar os leões-marinhos que costumam vir tomar sol aqui desde 1989.

2-3 h.; melhor ir cedo para evitar multidões e levar um casaco, pois a temperatura é fresca o ano todo.

Os leões-marinhos adoram tomar sol e se exibir no Pier 39.

5 ★ **Coit Tower.** Esta torre de 64 metros, instalada no alto da Telegraph Hill, foi erguida em 1933 com o dinheiro doado por Lillie Hitchcock Coit, que queria "enfeitar" a cidade. Dentro, o visitante encontra murais de vários artistas, alguns alunos de Diego Rivera. Encomendadas no período da Grande Depressão, as obras abordam temas que causaram polêmica à época. O valor cobrado para subir vale a pena: a recompensa é uma visão panorâmica da cidade. Na Telegraph Hill, observe os papagaios-verdes que vivem ali (os primeiros foram trazidos como animais de estimação). *45 min. A pé a partir de Fisherman's Wharf ou ônibus 39 até a Coit Tower.* ☎ *415/362-0808. Ingressos para subir na torre: US$3,75; US$2,50 idosos; US$1,50 crianças entre 6 e 12 anos. Diariam. 10h-18h.*

6 ★★ **North Beach.** Imigrantes vindos da Sicília e de Gênova deram início à atividade pesqueira da Bay Area na década de 1870, o que explica a quantidade de restaurantes italianos, cafés e padarias. Na década de 1950, os bares e cafés daqui viraram refúgio dos rapazes da **geração beat** (pág. 30). Hoje, a área combina a animação mediterrânea com o espírito boêmio. Para mais detalhes desta região, ver pág. 52. *1-2 h. A pé a partir da Coit Tower ou ônibus 39 até Washington Sq. Melhor seg-sáb 11h-16h (aos domingos e pelas manhãs as lojas estão fechadas).*

7 **Mario's Bohemian Cigar Store.** Peça um sanduíche para saborear no **Washington Square Park** (pág. 54, item 5), do outro lado da rua. *566 Columbus Ave. (Union St.).* ☎ *415/362-0536. $*

8 **Chinatown.** Este é o bairro com maior densidade populacional da cidade: a pequena Chinatown conta com cerca de 14 mil moradores. Um passeio pela Grant Street é perfeito para encontrar lojas criativas e ecléticas. Os moradores fazem compras na Stockton Street, abundante em lojas de ervas e de artigos para cerimônias (para um roteiro detalhado, ver pág. 58.) *1-2 h.*

A Coit Tower, no alto da Telegraph Hill.

O melhor em dois dias

Do Pier 41 (saída para Alcatraz) cruzar a Rua e procurar loja de chocolate - Suzanne

1 Ilha de Alcatraz
2 Red & White Fleet Bay Cruise
3 Franciscan
4 Lincoln Park
5 California Palace of the Legion of Honor
6 Cable Car Museum and Powerhouse
7 Grace Cathedral
8 Huntington Park
9 Nob Hill

Se você tem dois dias, siga o roteiro apresentado na pág. 6 e no dia seguinte aproveite para visitar... uma prisão! Para muitos turistas, Alcatraz é atração imperdível, mas a visita requer reserva antecipada dos ingressos. Se não conseguir bilhetes com antecedência, faça um cruzeiro pela baía. Em seguida, vá conhecer o Lincoln Park, local menos badalados mas ainda assim, interessante. Para uma amostra da cidade no século 19, visite a Nob Hill. INÍCIO: **Píer 41, Wharf. *Cable car*: Powell-Mason. Ônibus: 30. Bonde: F.**

1 ★★★ Ilha de Alcatraz. Em espanhol, "alcatraz" é uma ave da família dos pelicanos. Juan Manuel Ayala deu esse nome à ilha em 1775 por causa dos pássaros que faziam ninhos aqui. Entre 1850 e 1933, o local foi usado pelo governo americano como forte, mas em 1934 acabou convertido em prisão de segurança máxima (entre outros, Al Capone e Robert Stroud, o "Homem-Pássaro", estiveram aqui). Por causa das encostas rochosas, águas geladas e correntes fortes, acreditava-se que as fugas seriam impossíveis. Mas os altos custos de manutenção (os suprimentos tinham de vir de barco) e uma fuga de prisioneiros em 1963 levaram à desativação do presídio. A ilha permaneceu desocupada até 1969, quando índios a tomaram para chamar atenção para os direitos dos nativos (foram expulsos dois anos depois). Hoje, o National Park Service administra a ilha. Quem vem visitar recebe um fone de ouvido para as informações do passeio guiado, que incluem relatos sobre as "aventuras" ocorridas no local. Entre outubro e meados de fevereiro, é possível percorrer uma trilha. Realizada no final da tarde, a visita "Alcatraz After Hours" (mais cara) é ainda mais sinistra. *2-3 h, contando o traslado de barco (tente pegar o primeiro do dia). Usar agasalho e sapatos confortáveis, pois é preciso subir a pé até o pavilhão das solitárias (há transporte motorizado para visitantes com limitações de deslocamento). Há lanches à venda no barco, mas não na ilha. Píer 41, Fisherman's Wharf. ☎ 415/773-1188 (informações) e 415/705-5555 (reservas). www.nps.gov/alcatraz.* ***Dica:*** *Vale comprar o audioguia. Ingressos: (traslado e audioguia): US$16, US$14 para maiores de 62 anos, US$11 crianças entre 5 e 11 anos. Sem audioguia: US$12; US$9,75 idosos; US$8,25 criança entre 5 e 11 anos. Inverno: diariam 9h30-14h15; verão: diariam 9h30-16h15. Os barcos saem a cada meia hora (chegar 45 min antes da partida). Os passeios vespertinos saem às 18h15 e 19h (verão) e 16h20 e 17h10 (inverno). Ônibus: 30.* Cable car: *linha Powell-Mason. Bonde: F.*

A prisão de Alcatraz, instalada na ilha homônima da baía de São Francisco.

2 ★ Red & White Fleet Bay Cruise. Se não conseguir ingressos para visitar Alcatraz, faça um cruzeiro de 1 h com informações gravadas. O barco passa sob a Golden Gate e dá a volta na ilha. *1 h. Pier 43½ ☎ 415/673-2900. www.redandwhite.com. Traslado e audioguia: US$20; US$16 maiores de 62 anos e crianças entre 12 e 18 anos; US$12 crianças entre 5 e 11anos. Verifique descontos no site. Transporte: ver item 1.*

3 Para uma refeição rápida, os estabelecimentos de Fisherman's Wharf vendem caranguejos frescos de novembro a maio. $ ***Dica:*** caso não haja animais vivos à vista, trata-se de caranguejos congelados. Para uma refeição à mesa vá ao **Franciscan** (pág. 105) no Pier 43½ ☎ *415/362-7733. $$$*

4 ★ Lincoln Park. Este gracioso parque situado na parte noroeste da cidade tem amplos gramados, árvores de eucaliptos, campo de golfe e lindas vistas. Caminhe até a trilha Land's End para apreciar Marin Headlands e a Golden Gate. *30 min; melhor chegar à tarde, quando o nevoeiro diminui e o sol dá tons dourados às colinas de Marin. Clement Ave. e 33rd Ave.* Cable car *linha Powell-Hyde até Geary St., depois ônibus 38 até Geary Blvd. e 33rd Ave.; e a pé ou ônibus 18 até a Legion of Honor.*

5 ★★★ California Palace of the Legion of Honor. Todo o encanto do Lincoln Park combina com este memorial em estilo neoclássico, erguido em homenagem aos soldados californianos mortos na Primeira Guerra. Réplica do Pallais de de Légion d'Honneur de Paris, abriga um acervo de arte que abrange 4 mil anos, com obras de artistas europeus como Monet e Rembrandt, entre outros, além de tapeçarias e gravuras. Exibe ainda um dos melhores acervos de esculturas do francês Rodin, como o molde original de *O Pensador*. *1 h. Clement St. e 34th Ave. ☎ 415/863-3330. www.thinker.org. Ingressos US$15, US$13 maiores de 65 anos, US$12 jovens entre 12 e 17 anos, US$3 crianças entre 5 e 11 anos; grátis às ter. Ter-dom 9h30-17h. Transporte: ver item 4.*

6 Cable Car Museum and Powerhouse. Após testemunhar um acidente com os bondes puxados por cavalos nas íngremes ruas de São Francisco, Andrew Hallidie decidiu criar um sistema de transporte mecânico e, em 1873, o primeiro *cable car* se deslocou pela cidade (hoje há apenas três linhas em circulação). Esses veículos não têm motor, pois são presos em um sistema de cabos movidos a eletricidade que os mantêm a uma velocidade constante (15 quilômetros por hora). Para parar, o motorneiro solta a tenaz que prende o carro aos cabos. Neste museu de ingresso gratuito é possível conhecer cada parte desse mecanismo. *20 min. 1201 Mason St. (esquina com Washington St.) ☎ 415/474-1887. www.cablecarmuseum.com. Grátis.*

Em Fisherman's Wharf, é possível comer caranguejos-gigantes frescos.

Vista do edifício Transamerica do alto da Nob Hill.

Diariam. 10h-17h; até 18h abr-out. Fechado nos principais feriados. Cable car: *linha Powell.*

7 ★ Grace Cathedral. Após a destruição de sua mansão, a família Crocker doou o local para a construção da Grace Cathedral. Concluída em 1964, foi erguida em concreto batido para obter o efeito de pedra. Alguns detalhes que merecem atenção especial são as portas (que seguiram os moldes das *Portas do Paraíso*, de Ghiberti, criadas para o Batistério de Florença) e a torre do carrilhão, que reúne 44 sinos. Na parte interna, os destaques são o órgão (construído em1840) e os incríveis vitrais, alguns com representações de personagens modernos, como o poeta californiano Robert Frost e o cientista Albert Einstein. *25 min. 1100 California St. e Taylor St. www.gracecathedral.org. ☎ 415/749-6300. Grátis. Seg-sex 7h-18h, sáb 8h-18h, dom 7h-19h. Ônibus: 1.* Cable car: *todas as linhas.*

8 Huntington Park. David Colton, que participou do projeto de construção da Southern Pacific Railroad, foi dono da mansão que existia aqui até vender o imóvel a Collis Huntington, em 1892. Com o terremoto de 1906, a bela casa pegou fogo e o terreno permaneceu desocupado por nove anos, até Huntington doá-lo à cidade. Cercado pelas paredes de granito que faziam parte da mansão da família Colton, o parque é um agradável oásis de calma numa área bastante urbanizada de São Francisco. *15 min. Taylor St. e California St. Ônibus: 1.* Cable car: *todas as linhas.*

9 Nob Hill. Este famoso bairro de geografia acidentada deve seu nome aos antigos moradores, a elite da cidade, que era alcunhada de "nabobs". No final da década de 1870, os quatro grandes "barões" da Southern Pacific Railroad (Leland Stanford, Mark Hopkins, Charles Crocker e Collis Huntington) construíram na região suntuosas mansões, todas destruídas no incêndio que se seguiu ao terremoto de 1906. O local se mantém elitista: os hotéis mais sofisticados da cidade estão todos instalados em Nob Hill. *20 min. Taylor St. e Sacramento St. Ônibus: 1 a partir da Clement St. e 33rd Ave. até esquina da Taylor St. e Sacramento St. Melhor visitar durante o dia, mas a vista do Top of the Mark (ver pág. 124), um badalado lounge, também pode ser apreciada à noite.*

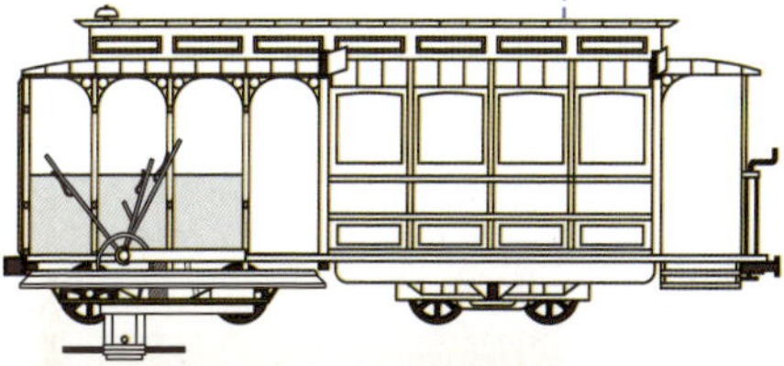

No Cable Car Museum, uma aula sobre esse tipo de transporte.

O melhor em três dias

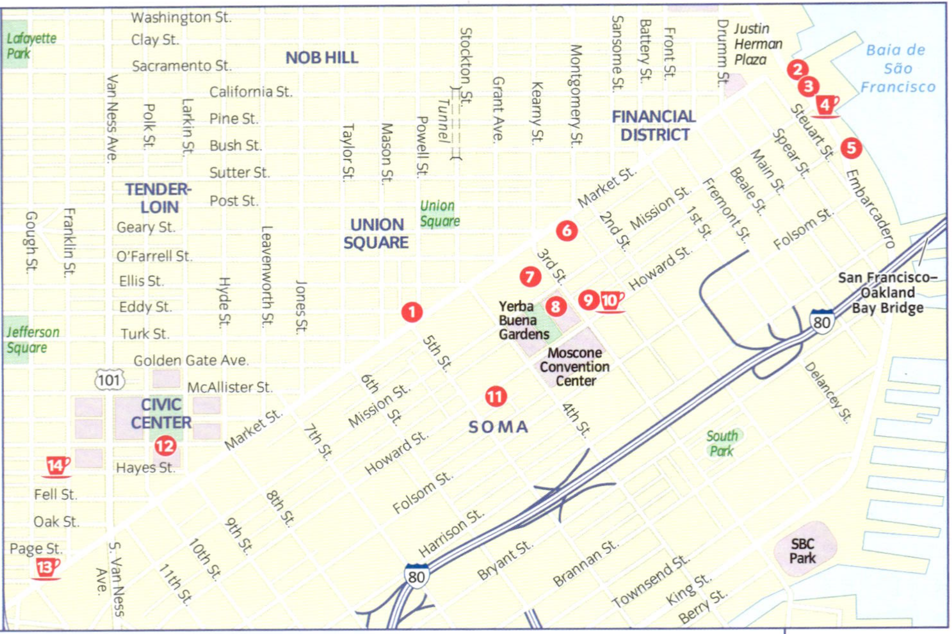

1. Bonde da F-Market
2. Ferry Building
3. Ferry Plaza Farmer's Market
4. Frog Hollow Farm
5. Embarcadero Promenade
6. Garden Court
7. SoMa (South of Market)
8. Yerba Buena Center for the Arts
9. San Francisco Museum of Modern Art (SFMOMA)
10. Caffe Museo
11. California Academy of Sciences
12. Civic Center
13. Zuni Café
14. Vicolo Pizzeria

Caso você tenha conseguido visitar todas as atrações listadas até agora, no terceiro dia aproveite para conhecer melhor o ambiente descontraído e a agitada vida cultural e artística da cidade. Para isso, é preciso dedicar o dia todo. Pode-se fazer todo o trajeto a pé, mas andar no bonde elétrico (diferente do *cable car*) F-Market é uma atração por si só. ***Dica:*** embora o Civic Center fique a poucas quadras do SoMa, os quarteirões são extensos. INÍCIO: **Na Union Square, pegue o bonde F-Market até o ponto da Powell Street; desça no retorno do Ferry Terminal.**

1 ★ Bonde da F-Market. Vários bondes antigos circulam pela Market Street, mas a linha F passa pela bela região próxima ao mar. Os veículos foram trazidos de diversas partes do mundo e há alguns que funcionam desde o início do século 20. *15 min. A partir da Union Square, suba no ponto da Powell St. e desça na curva do Ferry Terminal. Bilhetes: US$1,25, US$0,35 idosos e crianças entre 5 e 7 anos. Evite os horários de maior movimento (seg-sex antes 9h30 e 16h30-18h30).*

2 ★★ Ferry Building. Este terminal de ferryboats foi construído em 1898 e reaberto em 2003, após reforma caríssima. Na parte externa, destaca-se a torre do relógio. No interior, as atrações são os restaurantes e lojas de alimentos que oferecem queijos, chocolates artesanais e outras delícias. Para apreciar a Bay Bridge, dê a volta no prédio. Se tiver sorte, poderá ver o **Farmer's Market**, montado aqui alguns dias. *1 h. 1 Ferry Building (Embarcadero St. e Market St.). Seg-sex 10h-18h; sáb 9h-18h; dom 11h-17h. www.ferrybuildingmarketplace.com. F ou qualquer outro bonde da Market St. com destino ao Ferry Bldg. ou Embarcadero; ônibus 2, 7, 14, 21, 66 ou 71 até Stuart St. e Market St.*

3 ★★★ Ferry Plaza Farmers Market. Às terças, quintas, sábados e domingos, produtores locais montam barracas de alimentos nos arredores do Ferry Building. Como os moradores da cidade costumam vir comprar produtos orgânicos aos sábados, este é o dia mais cheio (você pode deixar para tomar o café da manhã aqui, pois não faltam opções). Animado e variado, este mercado é uma das amostras mais charmosas da vida em São Francisco (os restaurantes e bares não escondem a preferência por produtos locais e frescos). *1 h. 1 Ferry Building (Embarcadero St.e Market St.). Ter, qui e dom 10h-14h; sáb 8h-14h.*

Antigo bonde elétrico faz a linha F-Market.

4 **Frog Hollow Farm.** Peça um café e um doce com recheio de frutas antes de caminhar à beira-mar. *Ferry Building Marketplace. ☎ 415/445-0990. $.*

5 ★★ **Embarcadero Promenade.** O terremoto de 1989 destruiu a via elevada que encobria este belo trecho à beira-mar entre o SBC Park e Fisherman's Wharf. A ampla área para pedestres e a graciosa paisagem fazem daqui um destino disputado para quem quer caminhar, andar de bicicleta ou correr. Observe a Embarcadero Ribbon, uma linha de vidro de 4 quilômetros fixada no concreto, além das torres metálicas de 3,9 metros e placas de bronze, que exibem fotografias, desenhos ou informações históricas sobre esta área da cidade. *30 min-1 h. É agradável caminhar aqui a qualquer hora do dia, mas convém evitar o movimento do final da tarde (16h-18h). Volte para a Market St. e pegue o bonde F-Market até o ponto da Montgomery St. ou siga a pé.*

6 **Garden Court.** Quando ficou pronto, o suntuoso Palace Hotel impressionou os moradores e causou a ruína do proprietário, que, segundo dizem, se suicidou na véspera da inauguração, em 1875. Três décadas depois, o hotel foi atingido pelo incêndio posterior ao terremoto de 1906. Passou por restauro e foi reaberto em 1909, revelando a magnífica Garden Court, coberta por um teto que reúne 80 mil painéis de vidro. Vale a pena observar este ambiente impressionante, onde funciona o salão de refeições do Garden Court Restaurant, e depois seguir até o bar Pied Piper para dar uma olhada no mural *O Flautista de Hamelin*, de Maxfield Parrish, avaliado em US$2,5 milhões. *20 min. 2 New Montgomery St. (Market St.). ☎ 415/546-5089. www.gardencourt-restaurant.com. Seg-sex 6h30-14h; sáb 6h30-10h; dom 10h-14h; chá sáb 14h-16h. BART/Muni: Powell ou Montgomery.*

7 ★★★ **SoMa (South of Market).** Esta antiga região industrial localizada ao sul da Market Street deu lugar a um importante centro de atividades artísticas e de lazer, com museus e galerias de arte. *para passear pela região: 2 a 4 h. Melhor visitar durante o dia. **Dica:** O SFMOMA (ver item 9) fecha às quartas-feiras.*

O telhado do Garden Court é uma obra-prima feita de vidro.

8 ★★★ **Yerba Buena Center for the Arts** é o principal ponto de referência cultural de SoMa. Reúne diversas atividades de lazer e arte, com programas que agradam aos adultos e atrações especiais para as crianças. Os lindos jardins propiciam um bom lugar para descanso. ***Melhor visitar o local de dia.*** *Durante a semana, trabalhadores da região almoçam nos jardins, enquanto nos finais de semana as famílias tomam conta da paisagem.*

Yerba Buena Center for the Arts/ Yerba Buena Gardens

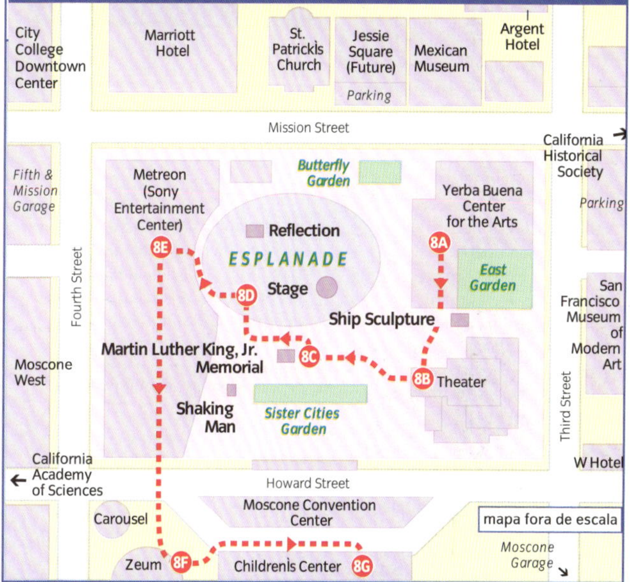

8A ★★★ **Yerba Buena Center for the Arts** reúne três galerias com exposições tradicionais e high-tech, além de áreas para dançar. O 8B **Center for the Arts Theater** sedia espetáculos de dança, música e teatro. Um arquiteto, um escultor e um poeta se reuniram para projetar o 8C **Martin Luther King Jr. Memorial** e sua queda-d'água. De maio a outubro, o Yerba Buena Festival reúne músicos no 8D **Esplanade** para shows gratuitos. O 8E **Sony Metreon Entertainment Center** é um complexo com cinemas, lojas e atrações como *Where the Wild Things Are*, de Maurice Sendak. *1 h. 101 4th St. 800/638-7366. www.metreon.com. Grátis. Atrações US$6-12. Diariam. 10h-22h.* O 8F **Zeum** é um museu de ciências que agrada a crianças maiores. *701 Mission St. 415/777-2800. www.zeum.com. Ingressos US$7, US$5 entre 4 e 18 anos. Qua-dom 11h-17h.* O 8G **Children's Center** tem carrossel, pista de boliche, patinação no gelo e playground. *Patinação e boliche: 750 Folsom St. 415/777-3727. Patinação: US$7, US$5,50 até 13 anos. Boliche: dom-qui 10h-22h, até 24 sex e sáb. US$3,50 a partida ou US$20 a hora. 1-3 h. Entre 3rd, 4th, Mission St. e Folsom St.*

9 ★★★ San Francisco Museum of Modern Art (SFMOMA). Em 1995, o SFMOMA transferiu-se para a nova sede, estimada em U$ 62 milhões e assinada pelo arquiteto Mario Botta. O acervo permanente inclui mais de 15 mil obras de artistas como Henri Matisse, Jackson Pollock e Georgia O'Keeffe. Primeiro grande museu a reconhecer a fotografia como arte, o SFMOMA também abriga excelentes trabalhos de Ansel Adams e Man Ray, entre outros. Além do magnífico acervo permanente, sedia mostras de alta qualidade. *1½ h. 151 3rd St. (entre Mission St. e Howard St.). ☎ 415/357-4000. www.sfmoma.org. Ingressos: US$10; US$7 maiores de 62 anos; US$6 estudantes (com identificação) e grátis para menores de 13 anos. Meia-entrada qui 18h-21h. Grátis primeira ter do mês. Qui 11h-21h; sex-ter 11h-18h. Fecha quartas e feriados. No verão, abre 10h. Ônibus: 15, 30, 45. BART/Muni: Montgomery St. Melhor ir durante a semana.*

10 Caffe Museo. O café do FMOMA serve ótimas sopas, sanduíches e saladas *(151 3rd St.; ☎ 415/357-4500; $).*

11 ★ California Academy of Sciences. O quarto maior museu de história natural do país permaneceu em SoMa até a construção da nova sede, no Golden Gate Park. Seja qual for a localização, esta instituição destaca-se pelas exposições elogiadas, pelo rico Steinhart Aquarium e pela atração que é a hora de alimentar os pinguins. *1-2 h. Melhor em dia de semana à tarde (pela manhã são comuns as excursões escolares). 875 Howard St. (5th St.). ☎ 415/321-8000. www.calacademy.org.*

A nova sede do SFMOMA destaca-se pela ousadia arquitetônica.

Ingressos: US$7; US$4,50 idosos e crianças entre 12 e 17 anos; US$2 entre 4 e 11 anos; grátis na primeira qua do mês. Diariam.10h-17h.

12 ★★ Civic Center. Menos de uma década depois que o terremoto de 1906 destruiu a prefeitura, São Francisco concluiu o ambicioso projeto de um centro cultural e administrativo em grandioso estilo Beaux-Arts. Fazem parte do complexo a City Hall, com sua cúpula de 92 metros de altura, a sede da sinfônica, da ópera e do balé da cidade, a principal biblioteca, o Asian Art Museum e outras instalações. Para mais detalhes sobre a região, vale a pena conferir o trajeto específico na pág. 48. *1 h. A maior parte das instalações do Civic Center fica perto da Hayes St., Franklin St., Hyde St. e Golden Gate Ave. Melhor ir de dia, durante a semana.*

13 Zuni Café. Para uma refeição numa verdadeira instituição de São Francisco, precursor da inovadora culinária da Califórnia *(1658 Market St. ☎ 415/552-2522; $$$; ver pág. 116).* Uma opção mais em conta é a **14 Vicolo Pizzeria,** lugar discreto, mas que serve memoráveis pizzas crocantes *(150 Ivy Alley ☎ 415/863-2382; $; ver pág. 115).* ●

2 Roteiros **temáticos**

São Francisco à **beira-mar**

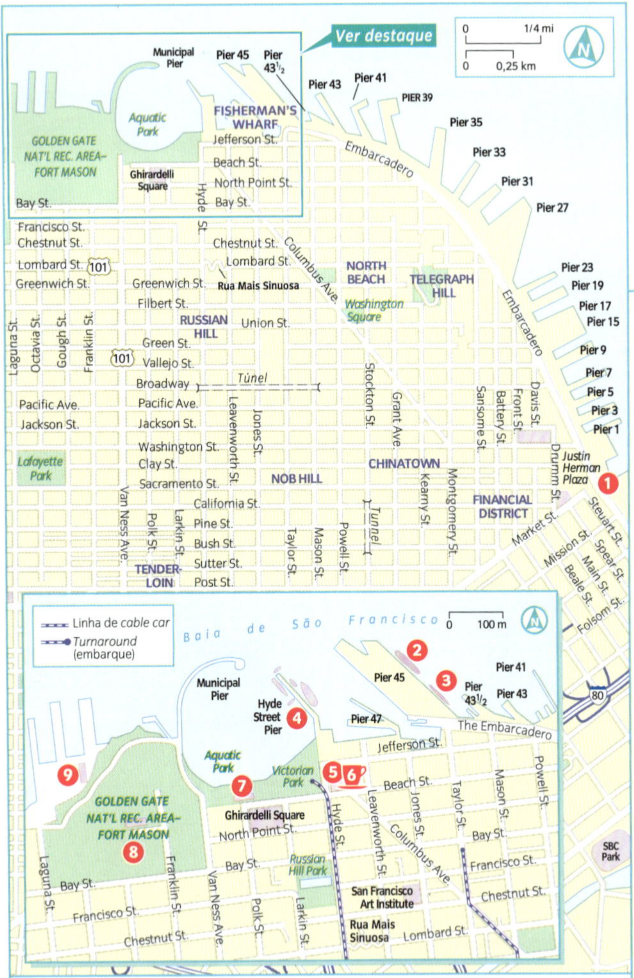

1 Ferry Building Marketplace
2 *SS Jeremiah O'Brien*
3 *USS Pampanito*
4 Hyde Street Pier
5 National Maritime Historical Park Visitors Center
6 San Francisco Crepe Cart
7 Maritime Museum
8 Fort Mason
9 Maritime Library

Cercada pelo oceano Pacífico a oeste e pela baía a norte e leste, São Francisco tem um passado de tradição marítima. No início do século 19, aqui surgiu um entreposto comercial e, após a descoberto do ouro, a baía passou a acomodar centenas de barcos. Nos conflitos do século 20, os portos foram usados para embarque das tropas que partiam para outras partes do Pacífico. Vale a pena explorar a área à beira-mar da cidade (mas não esqueça de trazer um casaco). Quem faz o passeio numa manhã de terça-feira, quinta-feira ou sábado pode conhecer o animado Farmers Market, feirão realizado no ponto inicial do itinerário. INÍCIO: **Ferry Building (Embarcadero St. e Misson St.). Bonde elétrico: F até Ferry Terminal. Ônibus 2, 7, 14, 21, 66 ou 71 até Steuart St. e Market St.**

1 ★★ **Ferry Building Marketplace.** Vale a pena se perder entre as delícias do mercado montado no **Ferry Building** (pág. 15, item 2). Aqui, os produtores oferecem excelentes produtos frescos, como pães, doces, queijos, chocolates, cafés, chás orgânicos e até sushis. Na parte externa, a pedida é observar os barcos que partem para Angel Island, Marin County, Oakland e Alameda. Antes da construção da Golden Gate e da Bay Bridge, um sistema de balsas transportava pessoas e mercadorias. Se tiver a sorte de estar aqui quando ocorrer o **Ferry Plaza Farmers Market** *(ter e qui 10h-14h; sáb 8h-14h, em frente à porta principal do mercado; pág. 15, item 3)*, você certamente vai dedicar mais uma hora para explorar as barracas com produtos frescos, flores e até pratos prontos preparados por alguns restaurantes. *25 min. 1 Ferry Building (Embarcadero St. e Mission St.) Bonde: F até o Ferry Terminal. Ônibus: 2, 7, 14, 21, 66 ou 71 até Steuart St. e Market St. Depois de passear pelo mercado, pegue a linha F do bonde no sentido de Fisherman's Wharf. Desça na esquina da Jones St. e Beach St. e caminhe duas quadras até chegar ao Pier 45. Fique com a máquina fotográfica à mão, pois o bonde passa por paisagens inspiradoras.*

Flores, frutas e verduras frescas à venda no Ferry Plaza Farmers Market.

2 ***SS Jeremiah O'Brien.*** Na Segunda Guerra, os Estados Unidos revolucionaram a fabricação naval com a pré-montagem simultânea de várias partes em estaleiros diferentes. A técnica permitiu construir navios com mais rapidez do que a Alemanha conseguia afundar. Uma dessas embarcações foi o *O'Brien*, que participou da invasão da Normandia, em 1944, e da comemoração dos 50 anos do Dia D. Pode-se

conhecer quase o navio todo; não deixe de ver os aposentos do capitão, a sala de máquinas e as imensas tubulações para vapor. *30 min. Pier 45. 415/544-0100. ww.ssjeremiahobrien.org. Ingressos: US$7; US$5 idosos; US$4 crianças entre 6 e 14 anos; grátis para militares com identificação e menores de 6 anos (famílias com 2 adultos e até 4 menores de 18 anos pagam US$20). Diariam. 10h-16h.*

3 ★ **USS Pampanito.** Em suas seis missões durante a Segunda Guerra Mundial, este submarino afundou seis barcos japoneses e atingiu mais quatro, além de ajudar a salvar 73 prisioneiros de guerra ingleses e australianos. O curioso audioguia de 20 minutos é narrado por antigos tripulantes. *45 min. Pier 45. 415/775-1943. www.maritime.org. Ingressos (incluindo audioguia) US$9; US$5 idosos; US$3 crianças entre 6 e 12 anos. O ingresso familiar para 2 adultos e até 4 menores de 18 anos (US$ 20) dá direito a visitar os navios do Hyde St. Pier (abaixo). Dom-qui 9h-18h, sex-sáb 9h-20h; verão qui-ter 9h-20h, qua 9h-18h.*

4 ★★★ **Hyde Street Pier.** Este simpático píer abriga oito navios antigos que passaram por reforma, três deles abertos à visitação. O imponente *Balclutha* fez seu trajeto inaugural partindo de Cardiff, no País de Gales, em 1887, e durante sua atividade transportou carvão, trigo e salmão vindo do Alasca. Quando se aposentou, virou cenário do filme *O Grande Motim*. Os aposentos do capitão, com um retrato da filha Inda Francis (nascida a bordo em uma viagem entre a Índia e São Francisco), são especialmente interessantes. O *Eureka*, ferryboat com roda d'água fabricado em 1890, foi a última embarcação com rodas propulsoras a navegar pela baía (fez o último trajeto em 1957). O terceiro navio em exposição é o *Hercules*, um rebocador de 1907. *25 min. Jefferson St. e Hyde St. 415/561-6662. www.maritime.org. O passeio pelo píer é gratuito, mas para visitar os navios é preciso comprar ingressos; US$5, grátis para menores de 16 anos. Diariam. 9h30-17h; verão até 17h30.*

5 **National Maritime Historical Park Visitors Center.** Vale a pena dedicar tempo para conhecer este centro de apoio ao visitante, instalado em ala reformada de Cannery, antiga fábrica de conservas responsável pelas embalagens dos produtos californianos destinados à exportação. Contém réplicas dos barcos ancorados no Hyde

Navios para visitação no Hyde Street Pier.

O USS Balclutha *e o* Eureka *são dois dos barcos permanentemente ancorados no Hyde Street Pier, que faz parte do National Maritime Historical Park.*

Street Pier e sedia boas exposições sobre temas náuticos. *15 min. 415/561-6662. www.maritime.org. Grátis. Diariam. 9h30-17h; verão até 19h. Fechado nos feriados.*

6 ★ **San Francisco Crepe Cart.** Não deixe de provar um crepe de presunto e queijo ou de chocolate com banana nesse carrinho instalado no pátio de Cannery. Com sorte, um dos cantores que costumam se apresentar na área próxima vai garantir a trilha sonora da refeição. Não aceita cartão de crédito. *Cannery (Jefferson St. e Hyde St.). $.*

7 ★ **Maritime Museum.** Esta construção de três andares tem visual inspirado, claro, em uma embarcação. Seu acervo reúne reproduções de barcos de diversas épocas e modelos, de veleiros a porta-aviões. Fotos antigas retratam a São Francisco de um século e meio atrás (uma imagem tirada em 1851 mostra centenas de barcos abandonados por suas tripulações, que deixaram a vida no mar para se aventurar na Corrida do Ouro). No segundo andar pode-se conhecer uma sala de rádio, enquanto o terceiro piso do edifício reproduz um convés. *30 min. 900 Beach St. (Polk St.). 415/561-7100. www.maritime.org. Grátis. Diariam. 10h-17h. Fechado nos feriados. Não há horários mais indicados, pois o museu raramente lota.*

8 ★ **Fort Mason.** Caminhe rumo ao Municipal Pier. No início do píer, pegue o caminho que leva para cima, à esquerda. Este conjunto de píeres e de construções pertenceu ao governo norte-americano até 1972, e durante a Segunda Guerra Mundial e a Guerra da Coreia foi usado para o embarque de mais de meio milhão de soldados. *30 min. Marina Blvd. (Buchanan St.)*

9 **Maritime Library.** Para quem deseja conhecer mais sobre a história marítima, esta biblioteca especializada oferece livros, revistas, relatos orais gravados, projetos de navios e cerca de 250 mil fotos sobre o tema. Para um passeio guiado, convém fazer reserva. Todos os meses, promove palestras. *15-30 min. Building E, 3º andar, Fort Mason Center. 415/561-7038. Grátis. Ter 17h-20h; qua-sex 13h-17h; sáb 10h-17h. Fechado nos feriados.*

São Francisco romântica

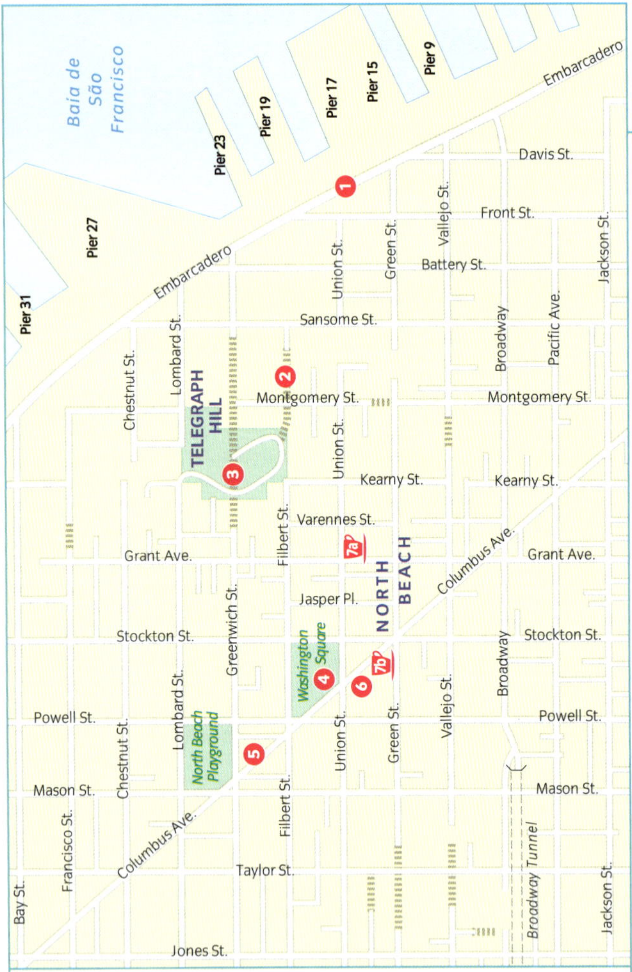

1 The Embarcadero
2 Filbert Steps
3 Coit Tower
4 Washington Square
5 XOX Truffles
6 Patricia's Flowers
7a Café Jacqueline
7b L'Osteria del Forno

Escadaria

0 200 m

Com vistas magníficas e restaurantes acolhedores, São Francisco é, sem dúvida, uma cidade para apaixonados. Este roteiro inclui os lugares mais encantadores (e em geral discretos) até North Beach. O ideal é começar o passeio por volta das 3 ou 4 da tarde e concluir com um jantar romântico. INÍCIO: **Embarcadero no Pier 17. Bonde elétrico: linha F até Green St.**

1 ★★ **Embarcadero.** Comece com as magníficas vistas para a Bay Bridge, Treasure Island e East Bay. ◷ *15 min. Embarcadero no Pier 17. Bonde: linha F até Green St.*

2 ★★ **Filbert Steps.** Neste recanto da cidade a rua fica tão íngreme que não permite a passagem de carros. No caminho rumo ao alto, o visitante atravessa elaborados jardins que enfeitam casas em estilo revival gótico (com telhados inclinados e arcos sobre as janelas), muitas erguidas na década de 1870. ◷ *30 min. A escadaria começa na Filbert St. e Sansome St.*

3 ★★ **Coit Tower.** É sempre delicioso apreciar o crepúsculo sobre a simpática "Frisco". Quem chega antes das 18h pode ir até o alto para um entardecer inesquecível. Mais informações sobre a Coit Tower, ver pág. 9, item **5**. ◷ *30 min.* ☎ *415/362-0808. Ingressos para subir na torre: US$3,75. Diariam. 10h-18h.*

No pôr-do-sol, a vista da cidade a partir da Coit Tower é sempre encantadora.

4 ★ **Washington Square.** Este é um dos parques mais antigos e lembra uma praça europeia. A Saint Peter and Saint Paul Church, atração da cidade e cenário da foto de recém-casados de Marilyn Monroe e Joe DiMaggio, em 1957, complementa a bela paisagem. ◷ *15 min. Filbert St. e Stockton St.*

5 ★ **XOX Truffles.** Após subir a Telegraph Hill, você merece parar nesta loja. Há delícias de todos os sabores, mas tente o Clarissas' Favorite. O recheio? Surpresa! ◷ *15 min. 754 Columbus Ave.* ☎ *415/421-4814. Seg-sáb 9h-18h. Fechado aos dom.*

6 ★ **Patricia's Flowers.** Dê uma parada nesta florista e compre uma rosa. ◷ *15 min. 571 Columbus Ave.* ☎ *415/956-4947.*

7A ★★ **Café Jacqueline.** Para encerrar o programa com elegância, aposte nos suflês daqui *(1454 Grant Ave., entre Green St. e Union St.;* ☎ *415/981-5565 $$$; pág. 101).* Uma alternativa mais em conta é a **7B** ★★ **L'Osteria del Forno**, um acolhedor restaurante italiano *(519 Columbus Ave., entre Union St. e Green St.* ☎ *415/982-1124 $$; pág. 108).*

Galerias de arte

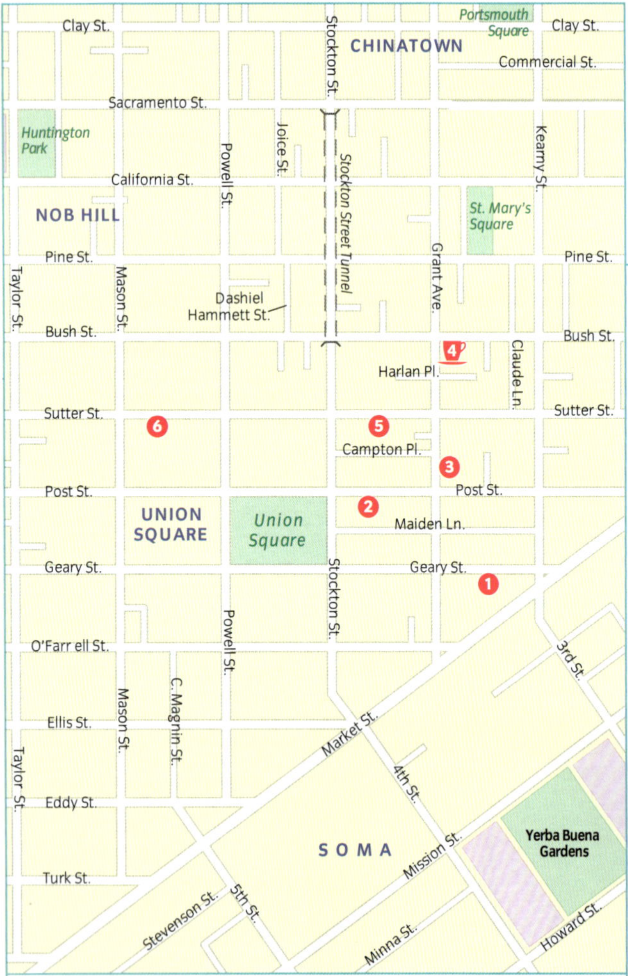

1. 49 Geary
2. Meyerovich Gallery
3. John Berggruen
4. Café de la Presse
5. Caldwell Snyder Gallery
6. Hang Gallery

No cenário artístico, São Francisco sempre ocupou um lugar de vanguarda – e a rica oferta de galerias reforça essa vocação. Aqui é possível apreciar nomes famosos do passado e também obras contemporâneas, além de magníficas fotografias. A maioria das galerias oferece o "San Francisco Bay Area Gallery Guide", que permite ficar em dia com as mostras. ***Dica:*** o horário de funcionamento das galerias em geral é entre 10h (ou 12h, nos fins de semana) e 17h30, mas na primeira quinta-feira de cada mês ficam abertas até mais tarde (muitas servem vinhos e queijos). Vá numa quinta à noite e curta a animação da região. ***2 a 4 horas.*** **INÍCIO: Ônibus 16, 17, 49; bonde elétrico linha F; BART/Muni: Powell St.**

1 ★★★ 49 Geary. Esta construção especial reúne várias galerias, de gêneros diversos. Entre as mais apreciadas estão a **Fraenkel Gallery** (☎ 415/981-2661; fechada dom-seg) e a **Stephen Wirtz Gallery** (☎ 415/433-6897; fechada dom-seg). Ambas exibem obras contemporâneas e magníficas mostras de fotografias. A **Catharine Clark Gallery** (☎ 415/399-1439; fechada dom-seg) oferece uma seleção que prioriza a arte acessível a todos, mas o incrível olho para novos talentos atrai colecionadores. *49 Geary St. (entre Grant Ave. e Kearny St.). Ônibus 16, 17, 49; bonde linha F, Muni: Powell St.*

2 ★ Meyerovich Gallery. Para quem procura pinturas, esculturas, desenhos e gravuras de mestres como Chagall, Matisse, Miró e Picasso. A Meyerovich reúne ainda trabalhos de Lichtenstein, Motherwell, Dine e Hockney. *251 Post St., 4o andar (entre Grant St. e Stockton St.). ☎ 415/421-7171. Fechada dom.*

3 ★ John Berggruen. Especializada em obras do século 20, de artistas como Diebenkorn, Calder, Matisse, Ruscha e O'Keeffe. *228 Grant Ave. (entre Post St. e Sutter St.). ☎ 415/781-4629. Fechada dom.*

4 Café de la Presse. Peça um expresso neste animado café, decorado com pôsteres de cinema e com jornais para leitura. *352 Grant Ave. (Bush St.). ☎ 415/398-2680. $.*

5 Caldwell Snyder Gallery. Obras de artistas norte-americanos, latino-americanos e europeus podem ser encontradas neste espaço grandioso. *341 Sutter St. (entre Grant Ave. e Stockton St.). ☎ 415/296-7896. Fechada dom.*

6 ★★ Hang Gallery. Para quem procura obras de artistas desconhecidos, ainda a ser descobertos. Vale checar também o anexo, do outro lado da rua. *556 & 557 Sutter St. (entre Powell St. e Mason St.). ☎ 415/434-4264. Diariam.*

Obras de vanguarda em exposição na Hang Gallery.

São Francisco literária

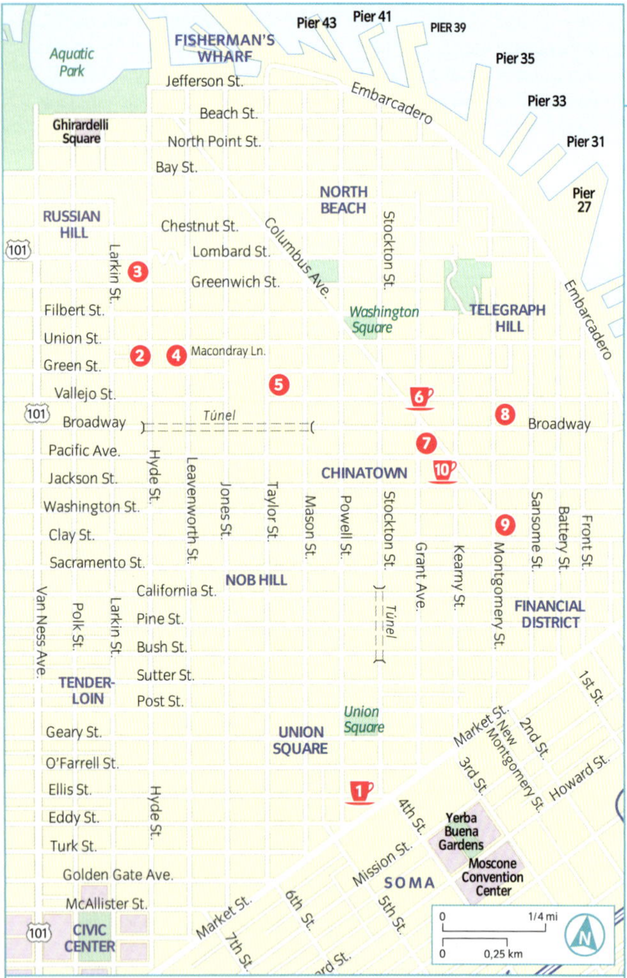

1 John's Grill
2 29 Russell St.
3 Sterling Glade
4 Macondray Lane
5 Ina Coolbrith Park
6 Caffé Trieste
7 City Lights Bookstore
8 Antiga casa de Alan Ginsberg
9 Montgomery Block/ Transamerica Pyramid
10 Vesuvio's

Poetas, romancistas e autores de diversos gêneros (ou apenas apreciadores da boa literatura) costumam se sentir em casa em São Francisco. Este roteiro passa por locais que remontam ao passado literário da cidade. ***2 a 3 horas.*** INÍCIO: **região da Union Square, bonde elétrico linha F, BART/Muni: Powell St.**

1 **John's Grill.** Reduto favorito de Dashiell Hammet. Embora o principal personagem do escritor, o detetive Sam Spade, adorasse batatas assadas com costelas, a comida não é o forte daqui. Vale mais pelo ambiente dos anos 40. Não deixe de conhecer a sala *Falcão Maltês*, no andar superior, e depois pegue o *cable car* da linha Powell-Hyde, na esquina. ***63 Ellis St. (entre Stockton St. e Powell St.).*** ☎ ***415/986 0069. Bonde linha F, BART/Muni: Powell St.***

Neal Cassady (aprox. 1950) inspirou Jack Kerouc na criação do personagem Dean Moriarty, na obra On the Road.

2 **29 Russel St.** Em 1952, Jack Kerouac morou por seis meses no sótão desta casa, junto com Neal Cassady e a esposa. Aqui, o escritor revisou sua obra-prima, *On the Road*, romance baseado em suas andanças pelo país ao lado de Cassady, e escreveu parte do livro *Visões de Cody.* O local hoje é uma residência particular. ***10 min. 29 Russel St. (perto da Hyde St., entre Green St. e Union St.). Desça do*** cable car ***na Green St.***

3 ★ **Sterling Glade.** Em 1872, o poeta George Sterling fundou o San Francisco's Bohemian Club, um influente grupo de jornalistas, literatos e poetas do qual faziam parte o escritor John Muir e um amigo de Sterling, Jack London. O poema de Sterling *A Wine of Wizardry* foi publicado em 1907 na revista *Cosmopolitan* (na ocasião, Ambrose Bierse comparou Sterling a Milton e Keats). O poeta suicidou-se em 1926, aos 57 anos. Dois anos depois, a cidade homenageou-o com esta área verde. ***15 min. Larkin St. (entre Greenwich St. e Lombard St.).***

4 **Macondray Lane.** Muitas pessoas acreditam que esta via íngreme, acessível apenas a pé, serviu de inspiração para a Barbary Lane, casa na Russian Hill na qual vivem os personagens criados por Armistead Maupin em *Histórias de uma Cidade* (em 1994, o seriado de televisão virou mania). ***15 min. Perto da Jones St. (entre Union St. e Green St.).***

O ambiente que lembra a década 1940 persiste no John's Grill.

Bob Donlin, Neal Cassady, Allen Ginsberg, Robert LaVigne e Lawrence Ferlinghetti, por volta de 1956, diante da livraria City Lights, de Ferlinghetti.

5 **Ina Coolbrith Park.** Josephine Donna Smith era sobrinha de Joseph Smith, fundador da igreja mórmon. Chegou em São Francisco em 1862, aos 21 anos. Divorciada, mudou seu nome para Ina Coolbrith. Poeta, passou a integrar um círculo de escritores que incluía Mark Twain e Ambrose Bierce e, em 1873, tornou-se bibliotecária da Oakland Public Library, onde apresentou a um então pobre Jack London os clássicos da literatura que, mais tarde, o inspiraram a escrever obras canônicas como *O Apelo da Selva* e *Caninos Brancos*. Em 1899, Ina tornou-se a única mulher aceita no Bohemian Club (ver item 3) e, de acordo com a placa instalada no alto deste parque acidentado, foi a primeira poeta laureada oficialmente no estado, em 1919.
A subida até o local onde se encontra a placa é premiada com lindas vistas para North Beach. ***15 min. Taylor St. e Vallejo St.***

6 ★ **Caffé Trieste.** O primeiro da Costa Oeste a servir expresso ainda pertence à mesma família. No passado, os beatniks se reuniam aqui (há fotos nas paredes). Bom cappuccino e grossas fatias de pizza. ***609 Vallejo St. (entre Columbus Av. e Grant Av.). ☎ 415/392-6739.***

Kerouac e a Beat Generation

Em 1957, a publicação de *On the Road* situou **Jack Kerouac** como figura central da **beat generation**, movimento de contracultura que reuniu escritores, poetas e artistas. Seu cenário era a cidade de São Francisco. O movimento Beat (que valorizava a liberdade artística e pessoal) era uma reação ao conformismo da sociedade norte-americana do pós-guerra. Incluía nomes como Neal Cassady, William Burroughs, Robert LaVigne, Allen Ginsberg e Lawrence Ferlinghetti. O termo "beat" remete tanto a "beatitude" (estado de espírito almejado pelos seguidores do movimento) quanto à batida do jazz bebop. O colunista Herb Caen, do *San Francisco Chronicle*, cunhou a expressão beatnik para designar essa geração de artistas.

7 ★ City Lights Bookstore. Fundada em 1953 e pertencente a Lawrence Ferlinghetti, um dos primeiros poetas beats a chegar a São Francisco, a City Lights hoje é atração turística, uma espécie de "meca" dos apreciadores das letras, além de um dos últimos redutos do movimento beat ainda em atividade. Participante ativo do movimento, Ferlinghetti montou a loja como ponto de encontro de escritores e leitores, onde se podia (e ainda se pode) promover récitas de poesia e outros eventos. Este vibrante cenário da vida literária (e bem abastecida livraria) se orgulha dos títulos especializados em arte, poesia e publicações de cunho social e político. *30 min. 261 Columbus Ave. (com Broadway). ☎ 415/362-8193. www.citylights.com. Diariam. 10h-24h.*

8 Casa de Allen Ginsberg. Foi aqui que, em 1955, Ginsberg, um dos líderes do movimento beat, escreveu o polêmico poema *Uivo*, uma avaliação sem censura da vida moderna. *5 min. 1010 Montgomery St. (com Broadway).*

9 Montgomery Block/ Transamerica Pyramid. O Transamerica Pyramid ocupa o lugar do antigo Montgomery Block, que em 1853, com quatro andares, era a

Placa sobre a Jack Kerouac Street.

construção mais alta do Oeste americano. Alguns dos escritores que viveram aqui foram Mark Twain, Ambrose Bierce, Jack London e George Sterling. O Montgomery Block sobreviveu ao terremoto de 1906, mas foi demolido em 1959. *15 min. Columbus Ave. e Montgomery St.*

10 ★ Vesuvio's. Este bar era o ponto de encontro preferido dos integrantes da geração beat. Peça um "Jack Kerouac", preparado com rum, tequila, suco de laranja e lima, ou então um Bohemian coffee, que leva conhaque, *amaretto* e suco de limão. Inaugurado em 1949, ainda preserva o ambiente boêmio original. *255 Columbus Ave. (Jack Kerouac St.). ☎ 415/362-3370.* *(ver pág. 122.)*

Mural na parede externa do Vesuvio's, famoso ponto de encontro da geração beat.

Circuito das **compras**

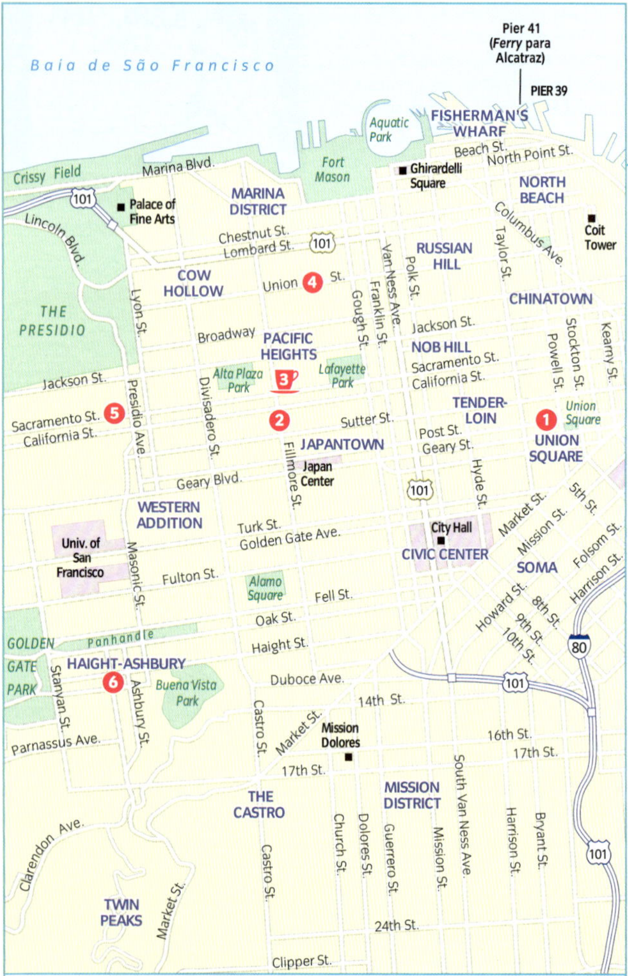

1 **Union Square**
2 **Fillmore Street**
3 **La Méditerranée**
4 **Union Street**
5 **Sacramento Street**
6 **The Haight**

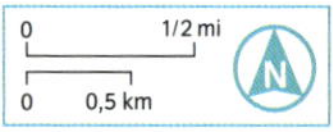

São Francisco tem lojas peculiares, onde o visitante encontra moda atual, criativos artigos para a casa, livros raros e outros tesouros. É possível definir algumas áreas específicas de compras. Uma boa ideia é escolher algumas e dedicar uma manhã ou o dia inteiro a esse roteiro (convém ir durante a semana pela manhã, para evitar o maior movimento). Para o melhor das compras, consulte o capítulo específico (pág. 69-70). **INÍCIO: BART/Muni: Powell St.**

1 **Union Square.** As lojas mais comuns (Macy's, Levi's etc.) cercam esta praça, além de grifes caras como Louis Vuitton e Tiffany's. Gap, Old Navy e outras marcas ficam bem perto daqui. Quem procura artigos para o lar deve ir à William Sonoma e à Crate & Barrel. Apesar da predominância das lojas de rede há marcas locais, como a Gump's (pág. 77), famosa pelas porcelanas. *Entre Market St., Post St., Powell St. e Grant St. BART/Muni: Powell St.*

2 **Fillmore Street.** A clientela desta rua repleta de cafés inclui quem não se preocupa muito com o valor exibido na etiqueta. Um dos destaques é a loja Mrs. Dewson's Hats, que já adornou a cabeça de famosos, e a Nest, que oferece itens para a casa. Faça uma parada na Kiehl's (pág. 77) para conhecer as novidades em cosméticos antes de se encantar com as joias à venda na Heide Says. *Fillmore St. (entre Sutter St. e Jackson St.). Ônibus: 1, 2, 3, 4, 22.*

Mrs. Dewson's e seus chapéus coloridos.

3 **La Méditerranée.** Para o almoço, peça homus, charuto de uva com pão sírio ou o saboroso frango Cilicia. *2210 Fillmore St. (entre California St. e Sacramento St). ☎ 415/921-2956. $. (pág. 108).*

4 **Union Street.** Quem está em busca de lojas de roupas com preços moderados deve seguir a Fillmore Street até a Union Street, destino disputado pelos clientes de classe média (bem) alta. *Union St. (entre Divisadero St. e Franklin St.). Ônibus: 22, 41, 45.*

5 **Sacramento Street.** Uma alternativa para a Union Street é ir direto para Presidio Heights em busca de vitrines realmente chiques. Lojas como Fetish, Sue Fisher King e Dottie Doolittle oferecem peças femininas, artigos para a casa e roupas infantis. *Sacramento St. (entre Lyon St. e Spruce St.). Ônibus: 1 até California St. e Presidio Ave. Caminhe uma quadra até Sacramento St.*

6 **Haight Street.** Caso seu estilo seja mais anticonvencional, não pense duas vezes: seu destino é a Haight Street. Entre as muitas lojas de artigos de segunda mão, não faltam oportunidades de encontrar vestidos de poliéster dos anos 1960 ou camisetas de rock. Uma das mais apreciadas é a retrô Wasteland (pág. 75). *Ver também pág. 36, item 4. Haight St. (entre Masonic St. e Stanyan St.). Ônibus: 6, 7, 43.*

Haight hippie

1. Buena Vista Park
2. Antiga casa de Janis Joplin
3. Magnolia Pub & Brewery
4. Haight Street
5. Esquina de Haight Street e da Ashbury Street
6. Antiga casa de Grateful Dead
7. Anubis Warpus
8. Ashbury Tobacco Center
9. Distractions
10. Free Medical Clinic
11. Antiga casa de Charles Manson
12. Rainbow Mural

Em 1967, no período que ficou conhecido como "verão do amor", milhares de jovens se reuniam na esquina das ruas Haight e Ashbury (segundo os moradores, apenas "The Haight") em busca de amor livre, drogas e música. Epicentro da cultura *hippie*, a região povoou o imaginário mundial durante os anos 1960. Apesar da mudança dos tempos (há uma loja da Gap bem perto da famosa esquina), a região mantém o inconformismo. Ruas emolduradas por casas de estilo vitoriano, onde moraram famosos como Janis Joplin, Timothy Leary e integrantes do Jefferson Airplane, hoje acomodam uma mistura de novos e moderados habitantes, jovens de 20 e poucos anos, moradores de rua e personagens engraçados (ou gente estranha, depende do ponto de vista). Este roteiro é imperdível para quem se interessa pela psicodélica década de 1960. Alguns locais são residências privadas ou lojas (e não atrações turísticas), mas testemunharam o frenético passado da área. ***3 a 4 h. Melhor horário: tarde.*** **INÍCIO: Buena Vista Park: Ônibus: 6, 7, 66 ou 71.**

1 ★ **Buena Vista Park.** Siga a trilha e rume até o alto para uma vista esplêndida da Haight Street, com as respeitáveis casas de estilo vitoriano que cercam o parque, e a cidade ao fundo. Em 1867, esta área foi transformada no primeiro parque municipal de São Francisco. O muro de arrimo (acrescido em 1930) inclui pedaços de mármore do antigo cemitério (dá para ver antigas inscrições de lápides) . *30 min. Ônibus: 6, 7, 66, 71.*

2 ★ **Casa de Janis Joplin.** Talvez você não ouça ninguém cantarolando *Me and Bobby McGee* neste peculiar complexo onde Janis Joplin morou durante o "verão do amor", mas vale a pena passear aqui – nem que seja por pura nostagia ou para admirar a elaborada arquitetura das casas de estilo vitoriano. *15 min. 122 Lyon St.*

3 ★ **Magnolia Pub & Brewery.** Peça a Blue Bell Bitter ou a Prescription Pale Ale (fabricada no porão). Antes de se tornar cervejaria, esta construção histórica sediou um negócio que marcou época. Na década de 1960, aqui funcionava o Drogstore (grafado com "o" mesmo) Café, famoso reduto hippie. A ex-dançarina Magnolia Thunderpussy fez a fama do local criando sobremesas memoráveis (até hoje, mais de 40 anos depois, as pessoas comentam algumas receitas imbatíveis, como a Montana Banana). Só podia ser na Haight. *1398 Haight St.* ☎ *415/864-7468. www.magnoliapub.com. $$.*

Na Haight Street, não faltam cores vibrantes.

Uma das esquinas mais famosas dos anos 1960 e da contracultura.

4 ★ **Haight Street.** Esta quadra representa o espírito libertário que fez a fama da rua. Aqui estão lojas peculiares como **Dreams of Katmandu** *(1352 Haight St.; ☎ 415/255-4968)*, cuja fachada de cor azul-turquesa oculta tapetes para meditação vindos do Tibete, imagens de Buda e máscaras. Perto daqui, a eclética e bem próxima **Ceiba** *(1463 Haight St.; ☎ 415/437-9598)* anuncia "moda, música e arte," enquanto do outro lado da rua funciona a **Recycled Records** *(1377 Haight St.; ☎ 415/626-4075)*, com incrível acervo de discos de vinil antigos. Outro destaque é a **Pipe Dreams** *(1376 Haight St. ☎ 415/431-3553)*, considerada a loja de artigos para fumantes mais antiga de São Francisco. À venda, de isqueiros a camisetas e incenso. Outra loja interessante é a **Bound Together Bookstore** *(1369 Haight St. ☎ 415/431-8355)*, livraria sem fins lucrativos antes conhecida como Anarchist Collective: endereço ideal para quem procura livros sobre contestadores como Che Guevara, Henry David Thoreau e Noam Chomsky, além da curiosa The Anarchist Yellow Pages. *25 min. Haight St. (entre Central Av. e Masonic Av.). A maioria das lojas funciona entre 11h e 20h.*

5 **Esquina da Haight Street e Ashbury Street.** Esta esquina constitui o coração do bairro. Você com certeza já viu fotos das placas que sinalizam o famoso cruzamento: aproveite e faça a sua. *5 min.*

6 **Casa do Grateful Dead.** O grupo Grateful Dead morou nesta casa entre junho de 1966 e outubro de 1967, quando a polícia invadiu o local e prendeu os moradores por posse de maconha. O líder Jerry Garcia tinha saído para fazer compras. Semanas depois, o grupo instalou-se em Marin County, mas a lembrança permaneceu entre muitos hippies da Haight – e também nas camisetas e outros objetos vendidos na região. Hoje uma casa particular, exibe poucos traços do passado agitado (como alguns bilhetes deixados pelos fãs). *15 min. 710 Ashbury St.*

7 **Anubis Warpus.** Os anúncios avisam: aqui é o paraíso para quem se interessa por piercings e tatuagens, mas essa ala da loja, na verdade, funciona nos fundos. Vale a pena entrar para admirar a incrível oferta de camisetas e os sapatos nada convencionais. Outros destaques das prateleiras são os livros sobre contracultura e uma coleção peculiar, com guias sobre maconha e alguns volumes do *Fetish Times*, por exemplo). *15 min. 1525 Haight St. 415/431-2218. Seg-sex 12h-19h, sáb-dom 12h-20h.*

8 Ashbury Tobacco Center. Esta loja, que, segundo alguns, serviu como fonte de inspiração para a música *Red House*, de Jimi Hendrix, vende objetos relacionados à década de 1960 e acessórios para fumantes. *15 min. 1524 Haight St. (esquina com Ashbury St.). 415/552-5556. Diariam. 10h-21h30.*

9 Distractions. Quem entra nesta loja corre o risco de ficar perdido em meio à oferta de todo tipo de parafernália, de incenso a lâmpadas. *15 min. 1552 Haight St. 415/252-8751. Seg-sex 11h-19h40, dom 11h-19h.*

10 Free Medical Clinic. Esta clínica foi fundada em 1967 com a proposta de fornecer atendimento médico gratuito e sem nenhum tipo de discriminação. No início das atividades, era bastante procurada por vítimas de overdose de LSD, mas hoje o programa está mais direcionado ao apoio a moradores de rua e a usuários que querem abandonar as drogas. *15 min. 558 Clayton St.*

Na década de 1960, o grupo Grateful Dead viveu nesta casa histórica.

11 Casa de Charles Manson. Em 1967, o assassino de Sharon Tate (esposa de Roman Polanski) viveu neste endereço. Era aqui que recrutava seguidores para sua seita. *15 min. 636 Cole St.*

12 Rainbow Mural. Um pouco ao norte destaca-se este colorido painel que retrata a evolução, pintado em 1967 por Yana Zegri. De tempos em tempos, a artista vem da Flórida para retocar a obra. *15 min. Haight St. e Cole St.*

Clínica de tratamento de saúde gratuito.

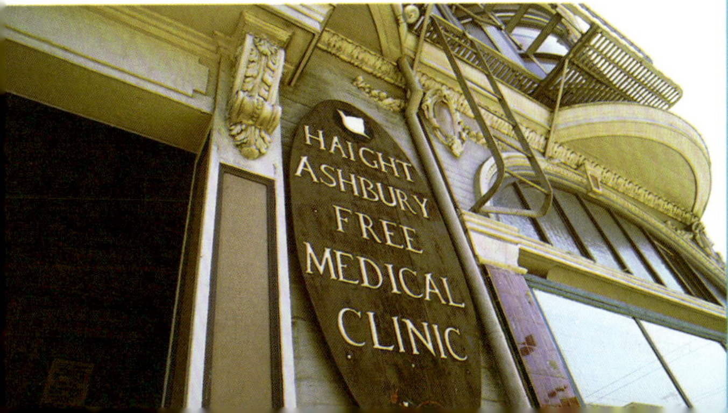

Travessia da Golden Gate

A brilhante e vermelha ponte Golden Gate, muitas vezes encoberta pela neblina típica de São Francisco, passa por cima de ondas e correntes marítimas para unir a cidade a Marin County, ao norte. Atravessar este cartão-postal é um desafio inspirador. Dependendo do transporte escolhido, a travessia pode levar de duas a três horas, ou até um dia inteiro, caso o visitante decida incluir a visita à ponte como parte de um passeio a **Sausalito** (pág. 152). Durante o verão, convém ir somente depois das 10 da manhã. Antes desse horário, a neblina espessa não permite ver nada. ***Dica:*** se você decidir fazer da ponte um programa, talvez possa combiná-lo com o passeio The Golden Gate Promenade, pág. 84.

1 **De ônibus.** Para chegar na Golden Gate de transporte público, pegue um ônibus com destino ao norte (direção Marin County) e, na volta, um com destino ao sul (SF-bound). Ou continue em direção ao norte e conheça **Sausalito** (pág. 152). *35 min. Golden Gate. 415/923-2000. goldengatetransit.org. Ingresso (ida): US$3,10, US$1,55 idosos, US$2,80 até 12 anos. Todos os ônibus para o norte (direção Marin Bounty) param na ponte; partidas a cada 30-60 min. Ônibus para Sausalito (2 e 10) parte aprox. um a cada hora; convém telefonar para checar horários. De São Francisco, os ônibus saem do Transbay Terminal (Mission St. e 1st St.) e param na Market St. e 7th St., no Civic Center e nos pontos da Van Ness Ave. e Lombard St.* ***Dica:*** *caso continue até Sausalito, uma opção é descer do ônibus na extremidade sul, atravessar a ponte a pé e pegar novamente o ônibus para Sausalito na parte norte da ponte.* ***Para voltar a São Francisco, deve-se pegar o ônibus na ponta sul (o ponto da extremidade norte é para ônibus que rumam para o norte).***

2 **A pé.** Não é uma tarefa fácil (em geral faz frio, venta e a ponte vibra). Mas a vista que se tem da cidade compensa o esforço. *45 min, só ida.*

Vista da cidade a partir da Golden Gate.

Quem atravessa a Golden Gate de carro jamais esquece a experiência.

3 **De bicicleta.** O melhor modo de cruzar a ponte é sobre duas rodas (há locação de bicicletas no Pier 41). Comece pedalando no passeio à beira-mar Golden Gate Promenade (detalhes na pág. 84) e na bem sinalizada ciclovia que leva até a Golden Gate. Para voltar, retorne pela ponte. Caso decida seguir rumo ao norte pela US 101, basta pegar a descida que leva a **Sausalito** (pág. 152), de onde saem balsas de volta até o Pier 41. *2-3 h, só ida. 3-4 h, até Sausalito e balsa; ver pág. 153, item 1). Aluguel de bicicletas na Blazing Saddles. Pier 41/Fisherman's Wharf, Blue & Gold Fleet Ferry Terminal. ☎ 415/202-8888. www.blazingsaddles.com. US$7/h ou US$28/24 h.*

4 **De carro.** O modo mais rápido de cruzar a imensa estrutura é de carro. Atravesse a ponte e faça uma parada na primeira saída de Marin County (indicação VISTA POINT) para obter lindas vistas de San Francisco. Antes de voltar, uma opção é estacionar o carro e caminhar por um trecho. Se seu programa inclui uma visita a **Sausalito** (pág. 152), basta seguir rumo ao norte após o término da ponta. *5 min. A partir do centro, pegue o sentido norte na Van Ness Ave. Vire à esquerda na Lombard St., que passa a se chamar Hwy. 101 N. Pedágio de US$5 no sentido sul.*

Golden Gate

Contrariando a crença generalizada de que não era possível construir uma ponte assim, o engenheiro-chefe Joseph Baerman Strauss gastou US$35 milhões e levou quatro anos e meio para colocar de pé o seu "projeto mamute". No dia 27 de maio de 1937, a Golden Gate foi aberta para o trânsito de pedestres (no dia seguinte, começou a circulação de carros). Cerca de 200 mil pessoas atravessaram os 2,8 quilômetros da ponte a pé. Batizada por causa do estreito sobre o qual foi erguida (Golden Gate Strait), a ponte tem torres que medem 224 metros de altura, e a distância entre as duas (1.260 metros) permaneceu a maior do mundo durante 27 anos. A Golden Gate também foi projetada para suportar ventos de até 160 quilômetros por hora. *www.goldengatebridge.org.*

3 As melhores **caminhadas**

Pacific Heights e **Cow Hollow**

1. Haas-Lilienthal House
2. Gough Street
3. Spreckels Mansion
4. Mary Phelan Mansion
5. Fillmore Street
6. The Coffee Bean and Tea Leaf
7. Alta Plaza Park
8. Casa de *Uma Babá Quase Perfeita*
9. The Hamlin School
10. Vedanta Temple
11. Union Street
12. Octagon House
13. Pane e Vino

Lindas casas em estilo vitoriano, ladeiras íngremes e graciosas ruas comerciais, além de belas vistas para a baía, são algumas das características desta região da cidade. Hollywood usou Pacific Heights e Cow Hollow para ambientar filmes como *Uma Babá Quase Perfeita, Instinto Selvagem* e *O Diário da Princesa,* entre outros. Alguns locais do roteiro abaixo são residências, e não atração turística, mas estão aqui citados como bons exemplos da arquitetura vitoriana. 2 a 3 horas. INÍCIO: **Franklin St. (esquina com Washington St.). Ônibus 1, 12, 19, 27, 47, 49, 83. *Cable car*: linha California.**

A Haas-Lilienthal House é um exemplo primoroso da arquitetura vitoriana.

1 Haas-Lilienthal House. Construído em 1886, este magnífico exemplo do estilo Rainha Ana (ver abaixo) exibe características como mansardas, cúpulas, cumeeira ornamentada e torreão. A Architectural Heritage de São Francisco preserva o local e organiza passeios guiados. *1 h. 2007 Franklin St. (Washington St.). 415/441-3004. www.sfheritage.org/house.html. Passeios guiados de 1 h: US$ 8, US$ 5 idosos e menores de 12 anos (início a cada 20-30 min). Qua-sáb 12h-15h; dom 11h-16h. Ônibus: 1, 12, 19, 27, 47, 49, 83.* Cable car*: linha California.*

2 Gough Street. As casas vitorianas deste quarteirão, todas erguidas em 1889, são especialmente belas. As construções de número 2004 a 2010 seguem o estilo Rainha Ana, enquanto a do número 2000 destaca-se pela ornamentação. *Gough St. (entre Washington St. e Clay St.).*

3 Spreckels Mansion. A casa da escritora Danielle Steel é uma das mais extravagantes da cidade. Foi erguida em 1913 para Adolph Spreckels, herdeiro do barão do açúcar Claus Spreckels, que

Estilo Rainha Ana

As casas em estilo Rainha Ana dominaram a arquitetura vitoriana entre 1880 e 1910 (em geral, esse eclético estilo é quase sinônimo de "construção vitoriana"). Algumas características consideradas típicas são a presença de *bay windows*, painéis decorativos, torres, torreões, balcões, balaústres e vigas elaboradas, vitrais, cumeeira decorativa e telhados trabalhados.

enriqueceu refinando açúcar de beterraba e cana-de-açúcar do Havaí. Algumas casas foram removidas para dar lugar à mansão, que ocupa um quarteirão inteiro. A construção original incluía uma piscina coberta e uma sala com fonte. Apesar das proporções, falta espaço para a frota particular de Danielle, que fica estacionada pelo bairro. ***2080 Washington St. (entre Octavia St. e Gough St.).***

4 Mary Phelan Mansion. James Phelan, prefeito de São Francisco entre 1894 e 1902 e senador de 1915 a 1921, encomendou esta casa para sua irmã Mary, que teve o lar destruído pelo terremoto de 1906. ***2150 Washington St.***

5 Fillmore Street. Uma das ruas mais agradáveis para passear na cidade, a Fillmore Street é ocupada por lojas sofisticadas e vários cafés. ***Mais informações sobre as opções de compras, ver pág. 33, item 2.*** ***Fillmore St., entre Jackson St. e Sutter St.***

6 The Coffee Bean and Tea Leaf. Peça um café comum ou um dos chás especiais daqui (como o Moroccan Mint Latte) para saborear nas mesas ao ar livre. ***2201 Fillmore St. ☎ 415/447-9733. $.***

7 Alta Plaza Park. Originalmente uma pedreira, este parque oferece lindas vistas, bela escadaria, playground e um elaborado jardim, que combina pinheiros com canteiros de flores. A atriz Barbra Streisand desceu as escadarias em frente a Pierce St. e à Clay St. no filme *Essa Pequena é uma Parada*, de 1972. Os danos causados ainda são visíveis (os produtores do filme se recusaram a pagar o conserto). ***Dica:*** do alto dos degraus, tem-se a impressão de estar diante de um penhasco. ***Entre Steiner St., Scott St., Clay St. e Jackson St.***

8 Casa de *Uma Babá Quase Perfeita*. Neste filme, o personagem de Robin Williams é um pai divorciado que se disfarça de babá para passar mais tempo com os filhos. O cenário inclui estas belas casas de cores claras. ***2640 Steiner St. (Pacific St. e Broadway Ave).***

9 Hamlin School. Esta mansão de estilo barroco italiano, construída para James Leary Flood, filho do milionário James Flood (um dos "Bonanza Kings" que fizeram fortuna com a descoberta da mina de prata de Comstock Lode, situada em Nevada), hoje abriga uma tradicional escola para meninas. O diretor Garry Marshall gravou partes do filme *O Diário da Princesa* a partir

Frisos elaborados e com cores fortes são elementos típicos do estilo Rainha Ana.

Na Steiner Street,uma oportunidade para apreciar as elegantes casas vitorianas.

do telhado desta construção, aproveitando a fotogênica geografia de São Francisco como cenário para seu conto de fadas moderno. ***2120 Broadway (entre Webster St. e Buchanan St.). ☎ 415/674-5426.***

10 Vedanta Temple. Erguido entre 1905 e 1908, este templo pertence à Northern California Vedanta Society, um ramo do hinduísmo. A combinação de vários estilos arquitetônicos (colunas mouriscas, domos em forma de cebola e torreões medievais) reflete a ideia hindu de que há diversos caminhos (crenças) para chegar ao mesmo Deus. ***2963 Webster St. (Filbert St.).***

11 Union Street. Esta longa via é o centro comercial de Cow Hollow e deve seu nome às várias fazendas de laticínios que existiam aqui na década de 1860. As elegantes lojas atraem compradores o tempo todo. ***Mais informações sobre as opções de compras aqui pág. 33, item 4.***

12 Octagon House. Esta peculiar construção octogonal e com cúpula no alto, construída em 1861, é preservada pela National Society of Colonial Dames of America. O pequeno museu abriga móveis e utensílios antigos. Entre os documentos históricos, a assinatura de 54 dos 56 signatários da Declaração de Independência. ***30 min. 2645 Gough St. ☎ 415/441-7512. Grátis; aceita doação. Horários restritos: 2º dom e 2ª e 4ª qui do mês 12h-15h. Fechado em jan e feriados.***

13 Pane e Vino. Os moradores da cidade adoram os clássicos desta casa, como o expresso, o *tiramisù*, o *carpaccio* ou as saborosas entradas. ***1715 Union St. ☎ 415/346-2111. $$.***

Todos os credos são bem-vindos no Hindu Vedanta Temple.

A Marina

1 The Marina Green
2 The Palace of Fine Arts
3 The Exploratorium
4 Chestnut Street
5 The Grove

0 200 m

Pode ser difícil acreditar, mas o seleto e rico Marina District (chamado apenas de "Marina") no passado era uma região pantanosa. O lamaçal foi aterrado para a Panama-Pacific Exposition de 1915, evento promovido para comemorar o término da construção do canal do Panamá. A mesma exposição ensejou a criação do Palace of Fine Arts, que vale uma visita. Hoje, a Marina atrai jovens a passeio e pais com crianças, que empurram os carrinhos na área plana, raridade em São Francisco. A Marina Green, ponto de partida do roteiro, proporciona lindas vistas para a baía, a Golden Gate, a Angel Island e as marinas repletas de barcos, que deram nome ao bairro. Reserve de 2 a 3 horas para esta caminhada.

INÍCIO: **Marina Blvd. (entre Fillmore St. e Scott St.). Ônibus: 22.**

1 ★★ **Marina Green.** Esta área verde é disputada por quem gosta de caminhar, correr ou andar de bicicleta. Preste atenção na escultura **Wave Organ** (pág. 85, item 1). Nas tardes com vento, há muitas pipas no ar. *Marina Blvd. (Fillmore St. e Scott St.). Ônibus: 22.*

2 ★★★ **Palace of Fine Arts.** A maior parte das construções para a Panama-Pacific Exposition foi feita para ser desmanchada, mas este palácio permaneceu de pé, tendo sido restaurado na década de 1960. Abriga o Exploratorium (a seguir). A clássica rotunda com colunas com arcos, inspirada em ruínas gregas e romanas, é coberta por cúpula alaranjada e fica em frente a um belo lago com patos e gansos. *3601 Lyon St. (Marina Blvd.).*

O Palace of Fine Arts foi erguido para a Panama-Pacific Exposition, em 1915.

3 ★★★ **Exploratorium.** Definido pela *Scientific American* como "o melhor museu de ciências do mundo", esta estrutura que parece um hangar reúne mais de 650 mostras interativas, as quais encantam tanto crianças quanto adultos. *3601 Lyon St., The Palace of Fine Arts.* ☎ *415/397-5673. www.exploratorium.org. Ingressos: US$ 12; US$ 9,50 idosos, estudantes e crianças entre 13 e 17 anos; US$ 8 entre 4 e 12 anos. Grátis primeira qua do mês. Ter-dom 10h-17h. Fechado seg, exceto feriados. Costuma lotar sempre, mas há menos excursões escolares dos dias de semana à tarde ou sáb e dom pela manhã.*

4 **Chestnut Street.** Para terminar o passeio, faça uma caminhada pela cara rua de lojas do Marina District. Os preços assustam, mas o charme compensa. *Chestnut St. (entre Fillmore St. e Broderick St.).*

5 **The Grove.** Acomode-se em uma mesa ao ar livre e aprecie o movimento daqui. *2250 Chestnut St. (Avila St.).* ☎ *415/474-4843. $.*

Civic Center e **Hayes Valley**

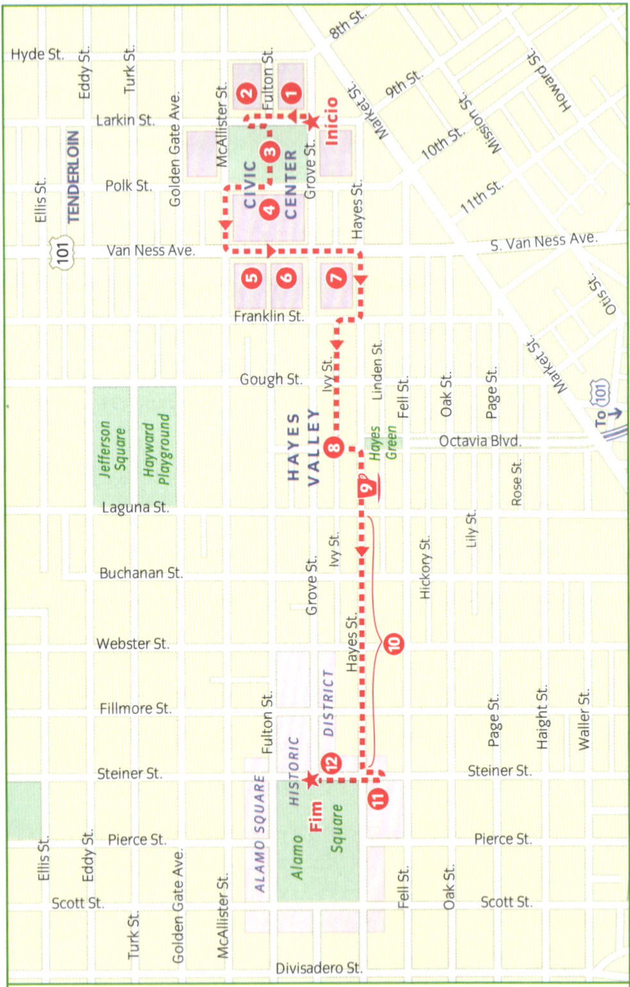

1 San Francisco Main Library
2 Asian Art Museum
3 Civic Center Plaza
4 City Hall
5 Veterans Building
6 War Memorial Opera House
7 Louise M. Davies Symphony Hall
8 Hayes Valley
9 Frjtz
10 Hayes Street
11 Alamo Square Historic District
12 "Painted Ladies"

0 200 m

O Civic Center, região situada a sudoeste da Market Street, não está exatamente bem cuidado, mas abriga a incrível Civic Center Plaza e diversos museus e construções que merecem uma visita, por causa de sua beleza arquitetônica. Após o passeio, continue pelo Hayes Valley, onde se oculta a maior concentração das famosas casas em estilo vitoriano de São Francisco. O trecho mais apreciado e bastante fotografado recebeu, não sem motivo, o apelido de "rua de cartão-postal". ⏲ 2 a 4 h. INÍCIO: **100 Larkin St. (Grove St.). BART/Muni: Civic Center.**

1 ★ San Francisco Main Library. A principal biblioteca da cidade ocupa uma área de 35 mil metros quadrados e foi inaugurada em 1996. O granito usado na fachada veio da mesma pedreira que forneceu material para outras construções do Civic Center, erguidas oito décadas antes. Vale entrar para apreciar o átrio de cinco andares e as pontes que os ligam. A longa escadaria acompanha um painel que exibe 160 nomes de autores, projetados por meio de raios de luz de fibra optica. Os benfeitores da biblioteca continuam a acrescentar nomes ao painel, que tem capacidade para acomodar mais 200 inscrições. ⏲ *30 min. 100 Larkin St. (Grove St.)* ☎ *415/557-4400. Seg 10h-18h; ter 9h-20h; sex, sáb, ter 12h-18h.*

2 ★★★ Asian Art Museum. Depois de 35 anos no Golden Gate Park, o museu foi transferido para a nova sede em 2003. Gae Aulenti, arquiteta milanesa famosa pelo uso criativo das estruturas históricas em museus (transformou uma estação de trem de Paris no Musée d'Orsay), reformou a antiga biblioteca central da cidade, abrindo um espaço de 3.500 metros quadrados destinado a exposições. Conta com um dos maiores acervos do mundo de arte asiática, que abrange 6 mil anos e engloba diversas culturas. Entre as obras expostas, esculturas, pinturas, bronzes e cerâmicas. ⏲ *1-2 h. 200 Larkin St. (Fulton St.).* ☎ *415/581-3500. www.asianart.org. Ingressos: US$ 10; US$ 7 idosos; US$ 6 entre 13 e 17 anos; grátis para menores de 12 anos. US$ 5*

Com mais de 15 mil obras de arte no acervo, o Asian Art Museum impressiona.

Estilo beaux-arts

Entre 1885 e 1920, a arquitetura belas-artes floresceu nas ricas cidades norte-americanas. Arquitetos formados na École des Beaux--Arts, de Paris, projetaram estruturas grandiosas, que combinavam formas clássicas gregas e romanas com o estilo renascentista francês e italiano. O apreço por grandes estruturas de pedra decoradas com colunas, florões e outros adornos logo se estendeu para edificações do governo, estações de trem, bibliotecas públicas e museus. Os arquitetos faziam parte do movimento City Beautiful, que tentava melhorar o ambiente urbano por meio de elementos visuais neoclássicos. A expectativa era que a criação de paisagens mais acolhedoras estimulasse o orgulho cívico e elevasse o moral e a cultura dos moradores, equiparando as cidades norte-americanas às europeias. Depois do terremoto de 1906, a reconstrução de São Francisco no estilo Beaux Arts registrou o esforço para encorajar os moradores, incentivando-os a se recuperar da tragédia.

após 17h todas as qui; grátis primeira ter do mês. Ter-dom 10h-17h (qui até 21h).

3 **Civic Center Plaza.** No meio da praça, faça uma parada e aprecie as construções em estilo neoclássico (inspirados nas ideias do movimento City Beautiful; ver acima). Hoje, todo o bairro de Civic Center é considerado patrimônio histórico nacional. *Entre Polk St., McAllister St., Grove St. e Van Ness Av.*

4 **City Hall.** A notável cúpula de 92 metros de altura desta construção de 1915 é mais alta que a do Capitólio, em Washington e uma das maiores do mundo. A prefeitura de São Franscisco, outro grande exemplar da arquitetura Beaux Arts, foi decorada com ouro na parte externa e na cúpula. A rotunda interna é toda feita de carvalho e calcário, e inclui uma monumental escadaria de mármore. *400 Van Ness Ave. (entre McAllister St. e Grove St.). ☎ 415/554-4000. Seg-sex 8h-17h.*

5 **Veterans Building.** Em 1932, Arthur Brown, criador da prefeitura e do War Memorial Opera House, projetou este local em homenagem aos veteranos da Primeira Guerra Mundial. O teatro sedia eventos culturais e apresentações de música clássica. *401 Van Ness Ave. (entre McAllister St. e Grove St.). ☎ 415/621-6600. Seg-sex 8h-17h.*

6 **War Memorial Opera House.** A sede da Ópera de São Francisco, construída para relembrar os soldados mortos na Primeira Guerra Mundial, foi palco da assinatura do tratado de paz com o Japão, em 1951, que marcou o final oficial da Segunda

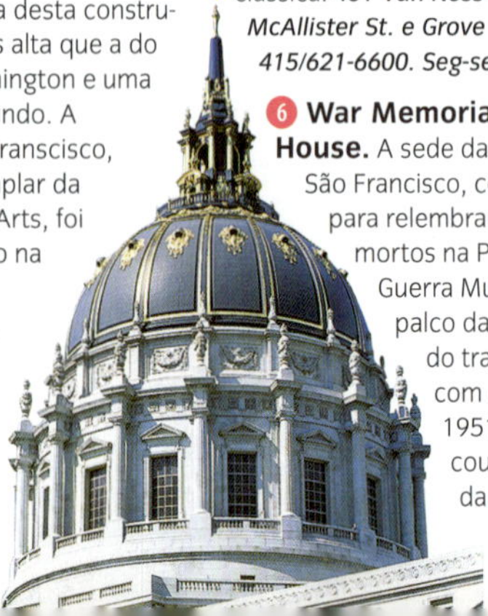

O domo da prefeitura (City Hall) é um belo exemplo da arquitetura Beaux Arts, comum nas edificações do Civic Center.

Este conjunto de sobrados, chamados de "Painted Ladies", são uma presença constante nos cartões-postais da cidade.

Guerra. *301 Van Ness Ave. (Grove St.). ☎ 415/621-6600.*

7 **Louise M. Davies Symphony Hall.** Esta estrutura moderna, de formas curvas e batizada com o nome de seus benfeitores, foi concluída em 1980. Em 1992, o local passou por reforma de US$ 10 milhões para ter sua acústica melhorada. *201 Van Ness Ave. (Grove St.). ☎ 415/552-8000.*

8 **Hayes Valley.** No passado, este bairro animado era reduto de moradores de rua. O terremoto de 1989 destruiu as duas pistas barulhentas que afastavam os pedestres e o comércio. Hoje, a região tornou-se centro de designers e artistas. Por aqui não faltam restaurantes, bares e galerias.

9 **Frjtz.** Este local divertido também é conhecido como "DJ Art teahouse". As batatas-fritas servidas em cones de papel e os crepes são ótimos. *579 Hayes St. (Laguna St.). ☎ 415/864-7654. www.frjtzfries.com. $.*

10 **Hayes Street.** A principal rua de compras reúne lojas singularmente ecléticas, que vendem de antiguidades e roupas de criadores locais a elegantes sapatos italianos (mais detalhes sobre as lojas daqui no capítulo sobre compras, pág. 67).

Se quiser conhecer uma galeria local, tente a **Octavia's Haze Gallery** (498 Hayes St.; ☎ 415/255-6818), que oferece peças de vidro feitas artesanalmente na Itália, em Seattle e na Bay Area. Já a a **Polanco** (393 Hayes St.; ☎ 415/252-5753) é especializada em arte mexicana. *Hayes St. (entre Franklin St. & Buchanan St.).*

11 **Alamo Square Historic District.** As mais bonitas casas de estilo vitoriano de São Francisco foram destruídas no incêndio posterior ao terremoto de 1906. Para evitar que o fogo se alastrasse para oeste, os bombeiros dinamitaram as mansões da Van Ness Avenue. Embora o fogo tivesse conseguido atravessar a avenida em alguns lugares, a medida surtiu o efeito desejado. Um pequeno trecho da Alamo Street abriga uma concentração dessas casas e foi tombado como área histórica. *Historic District entre Divisadero St., Webster St., Fell St. e Golden Gate Ave.*

12 **"Painted Ladies".** Os seis sobrados de estilo vitoriano que ainda resistem ficam na extremidade sul da Alamo Street e são conhecidos como "Painted Ladies", por causa das cores das fachadas. Para fazer uma fotografia do gracioso conjunto, vale a pena seguir até o Alamo Park. *Hayes St. (entre Steiner St. e Scott St.).*

Russian Hill e North Beach

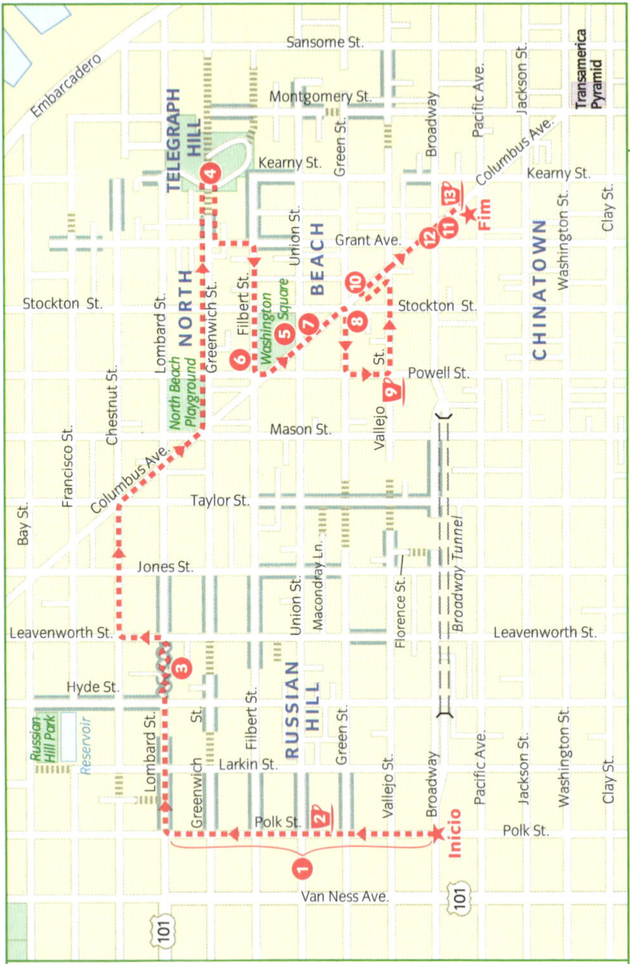

1 Polk Street
2 Boulange de Polk
3 Lombard Street
4 Telegraph Hill & Coit Tower
5 Washington Square Park
6 Saints Peter & Paul Church
7 Firemen Statue
8 North Beach Museum
9 Molinari Delicatessen
10 Biordi Arts Imports
11 City Lights Bookstore
12 Bill Weber Mural
13 Tosca

Rua com inclinação superior a 18%
Escadaria

0 200 m

Percorra os encantos da colorida paisagem de North Beach (também conhecida como bairro italiano) e a Russian Hill. Depois, explore a Lombard Street, com seus belos jardins e vistas maravilhosas. Se tiver tempo, faça como os moradores daqui, que param nos cafés com mesas na calçada e apreciam o movimento. Reserve de 2 a 3 horas pela manhã ou no fim da tarde para este roteiro. INÍCIO: **Ônibus 19; *Cable car*: linha Powell-Hyde.**

1 Polk Street. Esta é a principal via da Russian Hill, cujo nome celebra os navegadores russos que vinham do Alasca para caçar lontras: quem morria nas expedições era enterrado nesta colina, perto da atual Vallejo Street, mas hoje não há sinal dessas sepulturas. O ambiente jovial e urbano da Polk Street contribui para dar personalidade ao bairro, ainda menos badalado do que **Pacific Heights** (pág. 42) ou a **Marina** (pág. 46). *Polk St. (entre California St. e Chestnut St.). Ônibus: 19.* Cable car: *linha Powell-Hyde.*

2 Boulange de Polk. Prepara *croissants* tão bons quanto os de Paris, além de ótimo café com leite. *2310 Polk St. ☎ 415/345-1107. $.*

3 Lombard Street. Os moradores não entendem por que os turistas se dispõem a esperar em fila (sobretudo nos fins de semana de verão) para vir aqui, mas a geografia e as casas da Lombard Street têm seu charme. O melhor a fazer, porém, é percorrê-la a pé. Na primavera, com as flores, o cenário fica ainda mais belo, mas no resto do ano a vista da Coit Tower e da Bay Bridge garante o programa. *Lombard St. (entre Hyde St. e Leavenworth St.).*

Dentro da Coit Tower, murais feitos por artistas locais retratam a vida na Califórnia no início da década de 1930.

4 Telegraph Hill e Coit Tower. Batizada por causa de um semáforo que, por volta de 1850, avisava os moradores da chegada de navios, esta colina foi o primeiro reduto de diversos grupos de imigrantes, de chilenos e peruanos a irlandeses e italianos. Quando as chamas de 1906 atingiram a Telegraph Hill, alguns italianos salvaram suas casas com vinho tinto (a bebida era usada para molhar toalhas e panos). O destaque é a **Coit Tower** (pág. 9, item 5). *Se faltar disposição para andar, pegue o ônibus 39 na Union St. & Columbus Ave., que vai para a Coit Tower.*

Na Lombard Street, detalhes como esta curiosa placa com o número de uma casa são vistos por quem está a pé.

O Washington Square Park, diante da Saint Peter and Saint Paul Church, é uma revigorante área verde em North Beach.

5 Washington Square Park. Esta área foi transformada em local público em 1847 e é um dos parques mais antigos da cidade. Com ares de praça europeia, é aqui que moradores de todas as idades vêm para tomar sol, ler livros e jornais ou acompanhar as crianças que se divertem no playground. *Columbus St. e Filbert St.*

6 Saint Peter and Saint Paul Church. Este é o centro religioso da comunidade italiana do bairro. Como os imigrantes que chegaram a North Beach na década de 1870 em geral trabalhavam na pesca, ficou conhecido como "igreja dos pescadores" – até hoje, as procissões para abençoar navios pesqueiros partem daqui. Na parte interna, não deixe de ver o elaborado altar entalhado por artesãos italianos, as colunas enfeitadas e os vitrais. Há missas em inglês, italiano e chinês. *666 Filbert St. (entre Powell St. e Stockton St.).* ☎ *415/421-0809. Missas em inglês aos dom 7h30, 8h45 e 13h; em chinês aos dom 10h15; em italiano aos dom 11h45.*

7 Firemen Statue. Esta estátua de bronze que retrata três bombeiros e uma moça em apuros foi feita em 1933, a pedido de Lillie Hitchcock Coit, que, quando garota, foi salva de um incêndio pelos bombeiros. Quando morreu, em 1929, a benfeitora deixou um terço de sua fortuna para a cidade, "com o objetivo de contribuir para o embelezamento de São Francisco". O dinheiro foi usado na construção da Coit Tower (pág. 9, item 5), que, ao contrário do que muitos acreditam, não teve seu projeto inspirado em uma mangueira. *Columbus Ave. (entre Union St. e Filbert St.).*

8 North Beach Museum. Este minúsculo museu exibe apenas fotos sobre a vida em North Beach. Aproveite para conhecer mais sobre os irlandeses, chineses e italianos que viveram aqui. *Dentro do US Bank, 2º andar. 1435 Stockton St. (Columbus Ave.).* ☎ *415/391-6210 (número do banco, pois o museu não tem telefone específico). Grátis. Seg-sex 9h-17h; sáb 9h-13h.*

9 ★ **Molinari Delicatessen.** Desde 1896, esta loja garante o fornecimento de produtos italianos importados ou artesanais. Um alerta: os sanduíches são deliciosos, porém gigantescos! *373 Columbus Ave. ☎ 415/421 2337. www. molinarideli.com. $.*

10 ★ **Biordi Art Imports.** Desde 1964, a Biordi importa belas porcelanas da Itália. As cerâmicas são de impressionar. *412 Columbus Ave. (entre Green St. e Vallejo St.) ☎ 415/392-8096. Ver pág. 74.*

11 ★ **City Lights Bookstore.** Esta lendária livraria é um dos últimos redutos em atividade da geração beat. Pertence ao poeta beatnik Lawrence Ferlinghetti. *261 Columbus Ave. ☎ 415/362-8193. www.citylights.com. Diariam. 10h-24h. Ver pág. 31, item 7.*

12 **Bill Weber Mural.** Impossível não notar este mural recuperado em 2004, que ocupa dois lados de uma propriedade particular. Retrata a história de North Beach e de Chinatown e inclui ícones locais como músicos de jazz, pescadores italianos, o dragão imperial e Herb Caen, autor de artigos publicados no *San Francisco Chronicle* e que

Vitrine da histórica livraria City Lights.

ocupou o epicentro da vida política e social de São Francisco durante quase seis décadas. *Broadway St. e Columbus St.*

13 ★ **Tosca.** Um dos cafés mais antigos da cidade (abriu em 1919), durante anos acolheu socialites e políticos. Peça o bom "house cappuccino", preparado com conhaque. *242 Columbus Ave. ☎ 415/986-9651. $.*

Produtos italianos à venda na Molinari's Deli.

Japantown

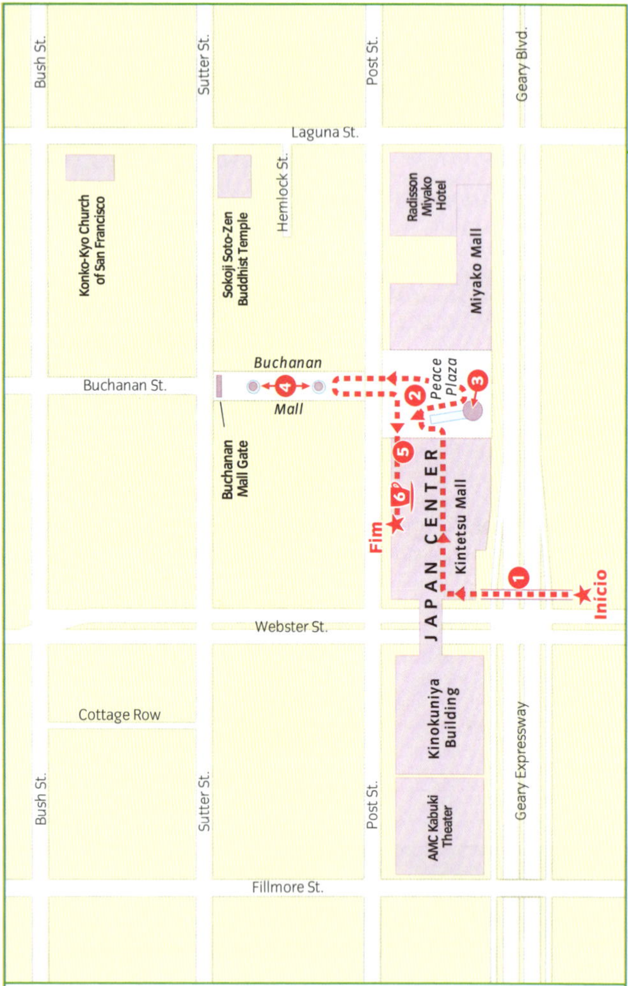

1. Webster Bridge
2. Peace Plaza
3. Peace Pagoda
4. Origami Fountains
5. Lojas de Japantown
6. Isobune

Japantown já foi o lar de 100 mil descendentes de japoneses. Na Segunda Guerra Mundial, os moradores do bairro foram enviados para campos de concentração e outros ocupantes chegaram, entre eles negros recrutados para trabalhar nos estaleiros. Hoje, a comunidade nipônica em São Francisco não chega a 15 mil pessoas, mas Japantown ainda permanece como referência cultural. Reserve 2 horas. INÍCIO: **Webster St. e Geary Blvd. Ônibus: 2, 3, 4, 22, 38.**

1 Webster Bridge. Erguida segundo o projeto de uma passarela japonesa, esta via em forma de arco cobre diversas pistas da principal artéria do trânsito da cidade, o Geary Boulevard. Do alto, pode-se ter uma vista ampla de Japantown, que hoje ocupa apenas seis quadras (eram 40 na década de 1930). *Webster St. e Geary Blvd. Ônibus: 2, 3, 4, 22, 38.*

2 Peace Plaza. O Japan Center, conjunto de lojas e restaurantes japoneses, foi inaugurado em 1968. Moderno na época, não chega a impressionar hoje. A serena área vazia entre as duas construções é chamada de Peace Plaza. Observe a fonte austera, com cascatas que caem sobre uma superfície de cimento. *Entre Fillmore St., Laguna St., Posts St. e Geary Blvd.*

3 Peace Pagoda. Esta estrutura de concreto foi criada pelo arquiteto japonês Yoshiro Taniguchi para simbolizar a boa relação entre Japão e Estados Unidos. *Peace Plaza.*

4 Origami Fountains. A reconhecida artista americana de origem japonesa Ruth Asawa criou estas esculturas de bronze com inspiração nos origamis, tradicionais dobraduras japonesas. O aspecto delicado, que remete a leques de papel, contrasta com os sólidos bancos de pedra que a cercam (excelente lugar para descansar e observar o movimento da água pelas "dobras" da escultura). *Nihonmachi Pedestrian Mall, Buchanan St. (entre Post St. e Bush St.).*

Com cinco "andares", este monumento em forma de pagode celebra a amizade EUA-Japão.

5 Lojas de Japantown. Conheça a variedade de lojas japonesas que vendem bonsais, quimonos e peças de cerâmica. Caso tenha interesse por louças japonesas, não deixe de ir ao subsolo da **Soko Hardware** (pág. 78). *Japan Center.*

6 Isobune. Apreciadores de sushi adoram "pescar" as delícias que passam de barco sobre uma esteira rolante, bem em frente aos clientes. Venha na hora do almoço ou do jantar, para não encontrar apenas o que sobrou da refeição anterior. *1737 Post St. (Japan Center). ☎ 415/563-1030. $$.*

Chinatown

1. The Dragon's Gate
2. Grant Avenue
3. St Mary's Square
4. Old St. Mary's Cathedral
5. Waverly Place
6. Tin How Temple
7. Golden Gate Fortune Cookie Co.
8. Stockton Street
9. Chinese Historical Society
10. Bank of Canton
11. Portsmouth Square
12. R&G Lounge

Os primeiros chineses chegaram à Califórnia no século 19, para trabalhar como serviçais. Durante a Corrida do Ouro, milhares deixaram as guerras e a fome do país natal para procurar fortuna na América. Por volta de 1851, 25 mil chineses trabalhavam na região e a maioria vivia em Chinatown. Mas o sonho não se tornou realidade: primeiro nas minas e depois na construção de ferrovias, os chineses eram discriminados e submetidos a trabalho duro. O terremoto e o incêndio de 1906 destruíram boa parte de Chinatown, e parte dos moradores buscou abrigo fora do centro da cidade. As iniciativas das autoridades para mudar a comunidade de lugar não tiveram êxito, e Chinatown voltou a crescer, em parte porque até 1950 não era permitido aos chineses comprar imóveis fora da região. A comunidade permanece presente no século 21, conferindo charme a este bairro. *3-4 h.* INÍCIO: **Bush St. e Grant St. Ônibus: 2, 3, 4, 15, 30, 45 to BART/Muni: Montgomery St.**

1 Dragon's Gate. O famoso portão de entrada do bairro lembra os tradicionais portais das aldeias chinesas. Os leões de pedra de cada lado do arco têm a incumbência de afastar os maus espíritos, enquanto os dragões e peixes do alto representam prosperidade. *Bush St. e Grant St. Ônibus: 2, 3, 15, 30, 45. BART/Muni: Montgomery St.*

2 Grant Avenue. A movimentada avenida está cercada de lojas (que vendem de joias a ervas medicinais) e cafés com mesas na calçada. É a principal via de Chinatown. Observe as cores intensas dos letreiros: o vermelho simboliza a boa sorte; o dourado, a prosperidade; o verde, a longevidade. *Grant Ave. (Bush St. e Jackson St.).*

3 St. Mary's Square. O escultor italiano Beniamino Bufano criou a imponente estátua metálica de Sun Yat-Sen, primeiro presidente da República da China, que viajou metade do globo para conseguir recursos e apoio para derrubar a dinastia Qing. Acredita-se que quando morou em São Francisco, em 1911, Yat-Sen

Cavalos-marinhos desidratados são alguns dos peculiares ingredientes da medicina tradicional chinesa, que utiliza remédios de origem animal, vegetal e mineral.

escreveu a Constituição de seu país. *Leste da Grant Ave. (entre Pine St. e California St.).*

4 **Old St. Mary's Cathedral.** A primeira catedral da Califórnia foi construída em 1854 por trabalhadores chineses. A obra incluiu granito trazido da China. Sua parte interna não resistiu ao incêndio que começou após o terremoto de 2006 e foi reconstruída três anos depois. Hoje, a igreja é sede de comunidade ativa, que promove vários eventos. *660 California St. (Grant Ave.).* ☎ *415/228-3800. www.oldsaint-marys.org. Missa seg-sex 8h30 e 12h05, sáb 12h05, dom 8h30 e 11h.*

5 **Waverly Place.** Esta via entre a Sacramento Street e a Washington Street também é conhecida como a "rua das varandas pintadas". Na verdade, dos balcões às chaminés, tudo exibe cores intensas, em especial vermelho, amarelo e verde. Há algumas lojas interessantes, como a **Clarion Music Center** *(816 Sacramento St., Waverly Place;* ☎ *415/391-1317)*, que vende instrumentos musicais de todas as partes do mundo, e a **Bonsai Villa** *(825 Clay St., Waverly Place;* ☎ *415/837-1688)*, repleta de árvores em miniatura. Vários locais oferecem tratamentos da medicina tradicional chinesa, como a acupuntura. *Leste da Grant Ave. (entre Sacramento St. e Washington St.).*

6 **Tin How Temple.** Suba três lances de escada para chegar a um dos templos chineses mais antigos dos Estados Unidos. Aberto em 1852, tem um elaborado altar com a imagem de Tien Hou, "rainha dos céus e deusa dos sete mares". Sempre há fiéis que vêm rezar ou meditar aqui. A entrada é gratuita, mas contribuições são sempre bem-vindas. *125 Waverly Place (entre Clay St. e Washington St.).*

7 **Golden Gate Fortune Cookies Co.** O destaque desta minúscula fábrica são os biscoitos feitos na hora: os moradores daqui compram o *fortune cookie* antes de ser dobrado e sem o bilhete da sorte. Observe também o mural que retrata a vida em Chinatown. *56 Ross Alley (entre Washington St. e Jackson St.).* ☎ *415/781-3956. $.*

8 **Stockton Street.** A Grant Street costuma encantar os turistas, mas os moradores de Chinatown preferem comprar aqui. Nas lojas de alimentos, há leitões pendurados em ganchos e uma explosão de frutas e verduras exóticas, além de rãs vivas, tartarugas, enguias e outros

Biscoitos da sorte feitos à mão na Golden Gate Fortune Cookie Co.

Na movimentada Stockton Street não faltam produtos frescos, bem como exóticos ingredientes culinários chineses.

seres marinhos. As casas de ervas oferecem plantas desidratadas e partes de animais, para uso nas receitas da medicina tradicional chinesa. Em alguns estabelecimentos, é possível encontrar "dinheiro" e outros artigos especiais para as oferendas aos antepassados (não se assuste se achar um aparelho de DVD ou uma máquina de lavar de papel, confeccionados para essa finalidade). ***Stockton St. (entre Sacramento St. e Broadway St.).***

9 Chinese Historical Society. Fundada em 1963 para registrar a história e a contribuição da comunidade chinesa nos Estados Unidos, esta entidade exibe documentos, fotografias e objetos que pertenceram aos imigrantes, além de ervas tradicionais e a lista telefônica original de Chinatown. ***965 Clay St. (entre Stockton St. e Powell St.). ☎ 415/391-1188. Ter-sex 11h-16h; sáb-dom 12h-16h. Ingressos: US$ 3; US$ 2 universitários e idosos; US$ 1 entre 6 e 17 anos.***

10 Bank of Canton. Inaugurada em 1909, esta colorida estrutura em forma de pagode é a construção em estilo asiático mais antiga do bairro. Até 1945 abrigou a China Telephone Exchange, que se celebrizou pelos atendentes fluentes em vários dialetos chineses, além do inglês (e que sabiam de memória os números de telefone de todos os moradores de Chinatown). ***743 Washington St. (entre Grant Ave. e Kearny St.).***

11 Portsmouth Square. Em 1846, o capitão John Montgomery, do *USS Portsmouth*, hasteou uma bandeira aqui para declarar que São Francisco pertencia aos Estados Unidos. Um ano depois foi aberta a primeira escola pública nesta praça, e no ano seguinte Sam Brannan anunciou a descoberta de ouro na região. Hoje a praça é um importante centro social dos moradores, que vêm praticar tai chi chuan, jogar cartas ou trazer as crianças para passear. ***Perto da Kearny St., entre Washington St. e Clay St.***

12 R&G Lounge. Se você tem vontade de provar um autêntico prato da culinária cantonesa, mas acha difícil escolher entre tantas opções de restaurante, faça como os moradores: vá ao R&G. ***(Ver pág. 112). 631 Kearny St. (Commercial St.). ☎ 415/982-7877. $$.***

Mission e Castro

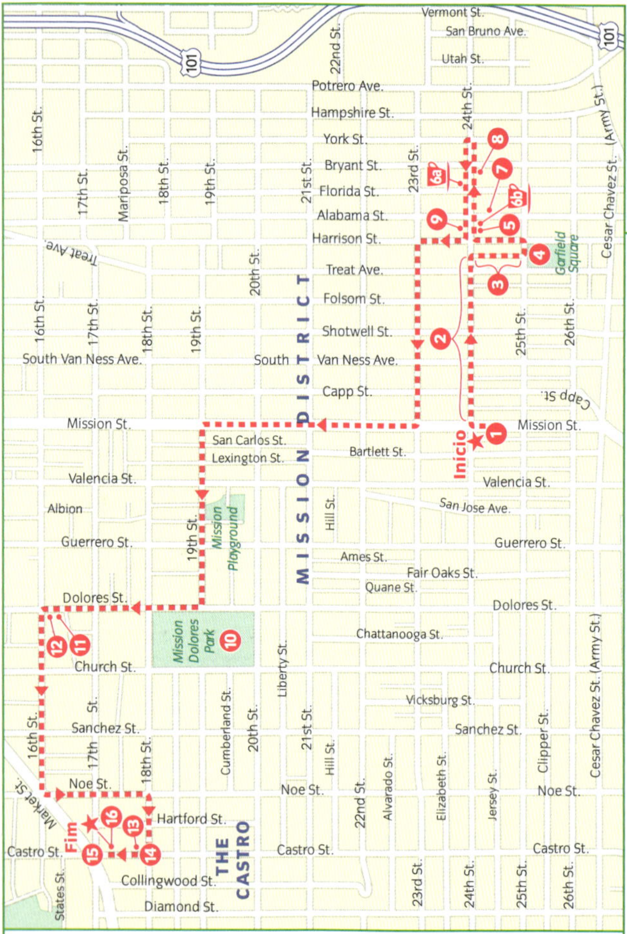

1. Mission Cultural Center
2. 24th Street
3. Balmy Alley
4. Garfield Square
5. Precita Eyes Mural Arts Center

6a. Palma Mexicatessen

6b. Dominguez Mexican Bakery

7. St. Peter's Church
8. Galeria de la Raza
9. Discolandia
10. Mission Dolores Park
11. Mission Dolores
12. The Basilica Parish of Mission Dolores
13. A Different Light
14. Gayest Corner in the World
15. Harvey Milk Plaza
16. Castro Theater

Um dos últimos redutos da cidade ainda poupados pela especulação imobiliára, o dinâmico bairro de Mission atrai muitos imigrantes latino-americanos e uma população jovem, de estilo alternativo. Além dos charmosos mercados de produtos latinos e das casas da era vitoriana, centenas de murais coloridos enfeitam construções e paredes, numa profusão de imagens com temas religiosos, históricos e políticos bem-humorados. Ao lado, fica Castro, bairro agitado e politicamente engajado (basicamente, ativismo gay) e com forte espírito de comunidade. Dedique de 3 a 4 horas para explorar esta região. INÍCIO: **Bart: 24th St.**

1 **Mission Cultural Center.** Esta organização sem fins lucrativos promove a cultura latina e oferece cursos de dança, pintura e arte. Observe o mural da entrada, que retrata deuses astecas, esqueletos dançarinos e camponeses num deserto. *30 min. 2868 Mission St. (25th St.). 415/643-5001. www.missionculturalcenter.org. A galeria abre 10h-17h ter-sáb. Ingressos: US$ 2. BART: 24th St.*

2 **24th Street.** Esta rua colorida, repleta de estabelecimentos mexicanos e de outras comunidades latinas, é o centro comercial do bairro. Entre os vários murais coloridos, um destaque é o da esquina da South Van Ness Avenue, chamado *Carnaval*. Mostra a festa popular dos moradores, realizada todos os anos no último fim de semana de maio. *24th St. (entre Mission St. e York St.).*

3 ★★ **Balmy Alley.** Esta "galeria a céu aberto" é um dos atrativos de Mission. Os murais surgiram há cerca de três décadas, mas em 1984 um grupo chamado PLACA começou a disseminá-los por muros, portas de garagens e paredes das casas desta pequena rua. Alguns têm temática política e todos são interessantes. *Balmy Alley (entre 24th St. e 25th St.).*

4 **Garfield Square.** Os visitantes vêm aqui por causa dos murais, como *The Primal Sea*, na 26th Street, ou o pintado em 1937 por Diego Rivera, com temas maias e astecas, na Harrison Street.

Um dos murais da Balmy Alley.

Não deixe de observar as casas enfeitadas, como a situada em frente ao painel de Diego Rivera. *Entre 25th St., 26th St., Harrison St. e Treat Ave.*

5 **Precita Eyes Mural Arts Center.** Este grupo assina boa parte dos murais do bairro, entre eles *The Primal Sea*. O Precita Eyes apoia o muralismo e oferece aulas sobre a técnica. Bom lugar para saber onde estão as novidades. *2981 24th St. (entre Harrison St. e Alabama St.). ☎ 415/ 285-2287. www.precitaeyes.org.*

Aprecie um acepipe mexicano (as *tortillas* são feitas no local) nesta casa apreciada pelos moradores: 6A **La Palma Mexicatessen** *(2884 24th St. Bryant St.; ☎ 415/647-1500; $)*; ou um *pan dulce* na 6B **Dominguez Mexican Bakery** *(2951 24th St. perto da Alabama St.; ☎ 415/821-1717; $).*

7 **St. Peter's Church.** O tocante mural que enfeita esta igreja retrata deuses astecas, conquistadores espanhóis e nativos subjugados. *24th St. (Florida St.).*

8 **Galeria de la Raza.** Dedicada a estimular o conhecimento das pessoas sobre arte e cultura "chicanas", esta pequena galeria organiza mostras interessantes. Na loja, que merece uma visita, artigos de várias partes da América Latina. *2857 24th St. (Bryant St.). ☎ 415/ 826-8009. www.galeriadelaraza.org.*

9 **Discolandia.** Não perca esta renomada loja de CDs latino-americanos: difícil será conter a vontade de sair dançando salsa. *2964 24th St. (Alabama St.).*

10 **Mission Dolores Park.** Passear aqui permite apreciar a cidade. Fundado em 1905, o parque foi usado para abrigar mais de 1.600 famílias que perderam as casas com o terremoto e os subsequentes incêndios de 1906. *Dolores St. (entre 18th St. e 20th St.).*

11 ★★ **Mission Dolores.** Oficialmente chamada de Mission of San Francisco de Assisi, esta era a sexta das 21 missões estabelecidas na costa da Califórnia. Foi fundada em 1776 pelo padre Junipero Serra, mas a estrutura só surgiu 15 anos depois, utilizando uma combinação de técnicas de edificação espanhola e nativa. É a construção mais antiga

Tortillas *artesanais da La Palma Mexicatessen.*

Vitral com a imagem de santa Clara instalado na Mission Dolores, a construção mais antiga da cidade.

de São Francisco e sobreviveu a diversos terremotos. Observe o teto pintado com pigmentos vegetais, que retrata padrões tribais, e um cemitério de 1830. Embora algumas lápides de madeira não sejam mais legíveis, ainda dá para identificar alguns nomes dos pioneiros. (Hitchcock filmou aqui cenas de *Um Corpo que Cai*). ***3321 16St. (Dolores St.) ☎ 415/621-8203. Ingresso: US$ 3, US$ 2 crianças. Mai-out: diariam. 9h-16h30; nov-abr: diariam. 9h-16h. www.missiondolores.org.***

⓬ Basilica Parish of Mission Dolores. Esta igreja, concluída em 1918, substituiu uma anterior, que ocupava o local e foi destruída no terremoto de 1906. O brasão com a insígnia papal sobre o altar atesta a condição especial de basílica, atribuída em 1952. O vitral retrata o santo padroeiro da cidade, são Francisco de Assis, e as 21 missões fundadas na Califórnia. ***3321 St. (Dolores St.). ☎ 415/621-8203. Diariam. 8h-12h e 13h-16h.***

⓭ A Different Light. Melhor livraria gay e lésbica da cidade, também é ativa promotora de eventos. Destaque para os títulos sobre a história de Castro. Se puder, visite também a Cliff´s Variety (pág. 77). ***489 Castro St. (18th St.). ☎ 415/431-0891. www.adlbooks.com. Diariam. 10h-23h.***

⓮ Gayest Corner in the World. O apelido de "principal esquina gay do mundo" para o cruzamento da 18th Street e Castro Street está associado à complicada trajetória do bairro – e sua orgulhosa capacidade de resistir. Nenhuma placa confirma o título, mas os moradores de Castro apontam para as numerosas bandeiras com o arco-íris para justificar a aposta. Na década de 1970, a população homossexual ocupou este bairro de perfil operário e abriu estabelecimentos declaradamente gays. A eleição de Harvey Milk deu à comunidade uma maior inserção social. O assassinato do político e a disseminação da Aids, uma década depois,

Placa dedicada a Harvey Milk, político californiano que se destacou na luta pelos direitos dos homossexuais na década de 1970.

impulsionaram de vez o ativismo político de Castro. *Esquina da 18th St. e Castro St.*

⑮ **Harvey Milk Plaza.** Esta praça homenageia o primeiro político assumidamente gay dos Estados Unidos e é ponto inicial de várias manifestações pela causa. Milk, que fez parte da administração da cidade, e o prefeito George Moscone foram assassinados na prefeitura (City Hall) em 1978 por Dan White, que acabou condenado a apenas sete anos de prisão. Inconformado com o veredito, um grupo de gays e heterossexuais tomou a **City Hall** (pág. 50, item ④) no dia 21 de maio de 1979. Em 1997, no vigésimo aniversário da eleição de Milk, o então prefeito Willie Brown instalou uma bandeira com o arco-íris no mastro da praça. Há diversas placas no local e uma delas relaciona os nomes de servidores públicos abertamente homossexuais. *Castro St. (Market St.).*

⑯ **Castro Theatre.** Não deixe de conhecer esta construção em estilo Art Déco, erguida em 1922 e assinada pelo arquiteto Timothy Pfleuger. Verdadeiro "templo do cinema", tem um órgão Wurlitzer que entra em cena em ocasiões especiais. Na tela, só filmes clássicos. *429 Castro St. (entre 17th e 18th St.). ☎ 415/621-6120. www.castrotheatresf.com. Ingressos US$ 8,50, US$ 5,50 crianças.* ●

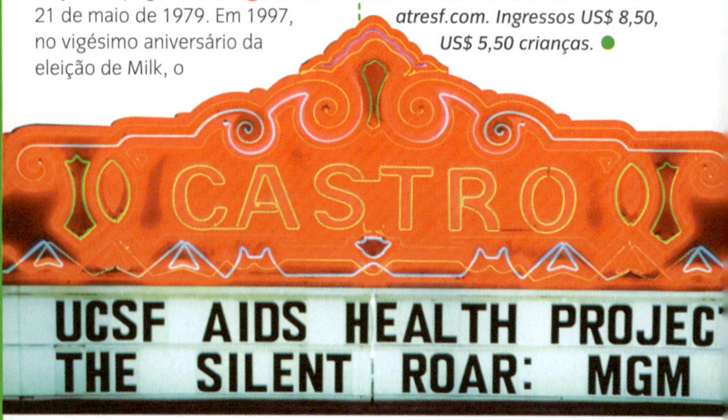

O Castro Theatre é uma das salas de cinema ao estilo dos anos 1920 mais bem preservadas dos Estados Unidos.

4 O melhor das **compras**

Endereços de **destaque**

Presentes
★★ Canton Bazaar, *616 Grant Ave. (pág. 76)*

Sapatos
★★ Gimme Shoes, *50 Grant Ave.; 416 Hayes St.; 2358 Fillmore St. (pág. 74)*

Vinhos
★★ Wine Club San Francisco, *953 Harrison. (pág. 81)*

Champanhe e uísque
★★ D&M, *2200 Fillmore St. (pág. 80)*

Galeria de arte
★★ 49 Geary St., *49 Geary St. (pág. 71)*

Cristais
★★ Gump's, *135 Post St. (pág. 77)*

Brinquedos
★ Ambassador Toys, *Two Embarcadero Center (pág. 81)*

Sebo
★ Green Apple Books and Music, *506 Clement St. (pág. 72)*

Acessórios e roupas ousados
★ Piedmont, *1452 Haight St. (pág. 75)*

Loja de museu
★★ SFMOMA MuseumStore, *151 3rd St. (pág. 77)*

Brechó
★ Crossroads Trading, *1519 Haight St.; 2231 Market St.; 1901 Fillmore St. (pág. 75)*

Grifes a bom preço
★★ Jeremy's, *2 S. Park St. (pág. 73)*

Instrumentos musicais
★★ Lark in the Morning, *The Cannery, 2801 Leavenworth St. (pág. 79)*

Queijos
★★ Cowgirl Creamery's Artisan Cheese Shop, *Ferry Building Marketplace (pág. 80)*

A D & M, na Fillmore Street, destaca-se pela oferta de champanhes e uísques.

Leste da Van Ness Ave.

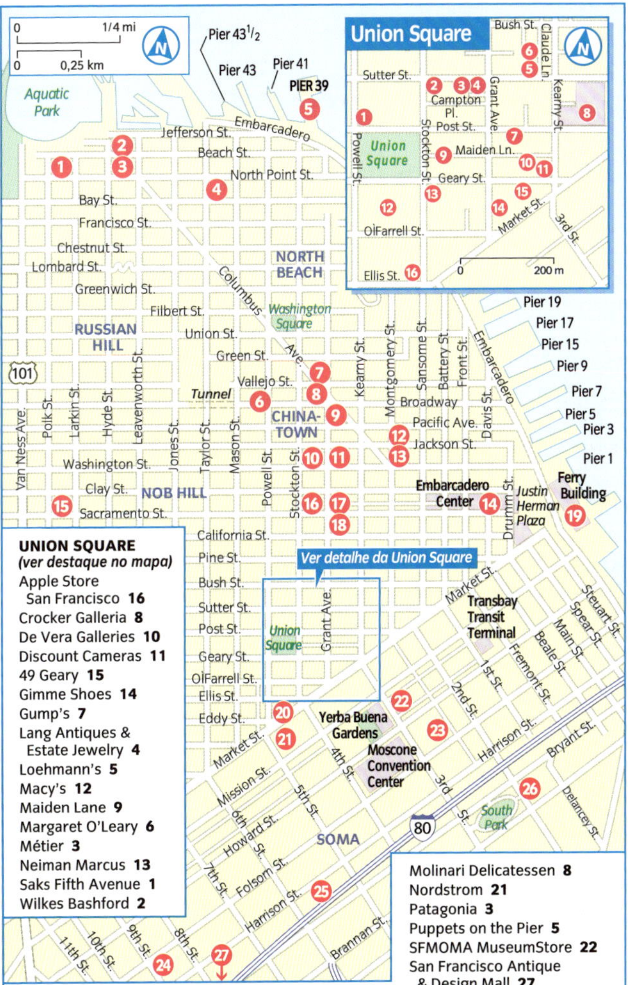

UNION SQUARE
(ver destaque no mapa)

Apple Store San Francisco **16**
Crocker Galleria **8**
De Vera Galleries **10**
Discount Cameras **11**
49 Geary **15**
Gimme Shoes **14**
Gump's **7**
Lang Antiques & Estate Jewelry **4**
Loehmann's **5**
Macy's **12**
Maiden Lane **9**
Margaret O'Leary **6**
Métier **3**
Neiman Marcus **13**
Saks Fifth Avenue **1**
Wilkes Bashford **2**

Ambassador Toys **14**
Barnes & Noble **4**
Biordi Art Imports **7**
Book Passage **19**
The Cannery **2**
Canton Bazaar **18**
Chinatown Kite Shop **16**
City Lights Bookstore **9**
Cowgirl Creamery's Artisan Cheese Shop **19**
Crown Point Press **23**
Ghirardelli Square **1**
Golden Gate Fortune Cookies Co. **10**
Good Vibrations **15**
Grand Central Station Antiques **24**
Jeremy's **26**
Kathleen Taylor, The Lotus Collection **13**
Lark In The Morning Musique Shoppe **2**
Molinari Delicatessen **8**
Nordstrom **21**
Patagonia **3**
Puppets on the Pier **5**
SFMOMA MuseumStore **22**
San Francisco Antique & Design Mall **27**
San Francisco Shopping Centre **21**
Sharffen Berger Chocolates **19**
Shoe Pavilion **20**
Tai Yick Trading Company **6**
Ten Ren Tea Company **11**
William Stout Architectural Books **12**
Wine Club San Francisco **25**
The Wok Shop **17**

Oeste da Van Ness Ave.

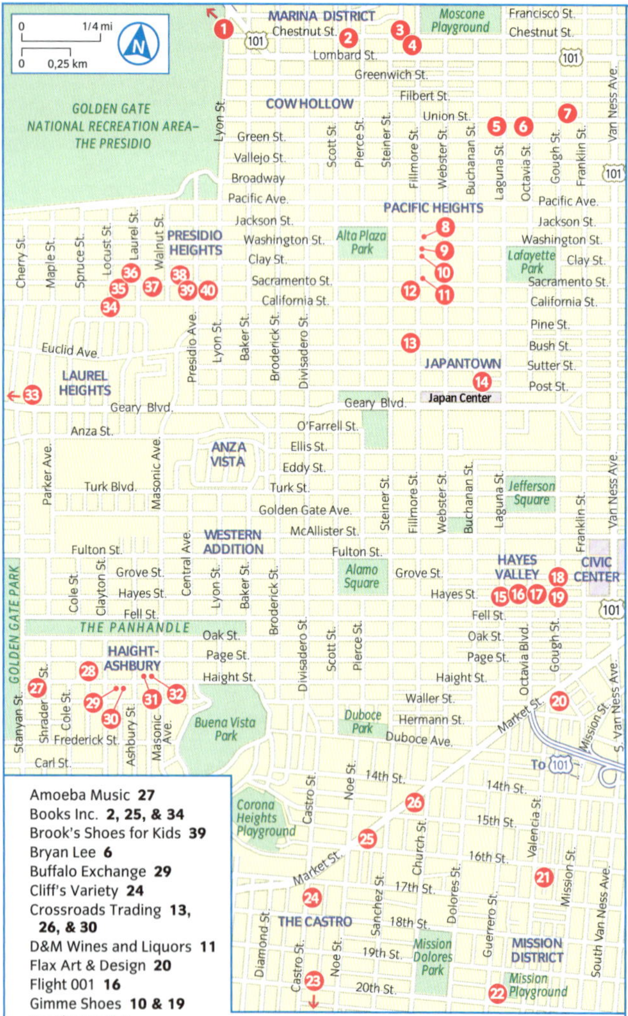

Amoeba Music **27**
Books Inc. **2, 25, & 34**
Brook's Shoes for Kids **39**
Bryan Lee **6**
Buffalo Exchange **29**
Cliff's Variety **24**
Crossroads Trading **13, 26, & 30**
D&M Wines and Liquors **11**
Flax Art & Design **20**
Flight 001 **16**
Gimme Shoes **10 & 19**
Good Byes **37**
Good Vibrations **21**
Green Apple Books and Music **33**
Jorja **4**
Kiehl's **9**
MAC Modern Appealing Clothing **18**
Maison de Belles Choses **40**
Manifesto **17**
Margaret O'Leary **8**
Mudpie **7**
Nomad's **15**
Piedmont **31**
Pumpkin, Hip Clothes for Cool Kids **38**
Rabat **3 & 23**
Ruby's Artist Cooperative **22**
Shabby Chic **12**
Shoe Biz **32**
Soko Hardware **14**
Sports Basement **1**
Steel Gallery **36**
Union Street Goldsmith **5**
Wasteland **28**
Woodchuck Antiques

Compras

Antiguidades

Grand Central Station Antiques SOMA Boa oferta de móveis antigos europeus e norte-americanos, a preços razoáveis. *333 9th St. (Folsom St. e Harrison St.) ☎ 415/252-8155. www.gcsantiques.com. DISC, MC, V. Ônibus: 12, 19. Mapa pág. 69.*

Kathleen Taylor, the Lotus Collection FINANCIAL DISTRICT Ideal para quem procura peças antigas de decoração, como toalhas de mesa, painéis de parede e tapetes. *445 Jackson St. (Sansome St. e Montgomery St.) ☎ 415/398-8115. www.ktaylor-lotus.com. AE, MC, V. Fechado dom. Ônibus: 12, 15. Mapa pág 69.*

★★ Lang Antiques & Estate Jewelry UNION SQUARE Vale conhecer este acervo de relógios de bolso, brincos e anéis antigos. *323 Sutter St. (Stockton St. e Grant Ave.) ☎ 415/982-2213. www.langantiques.com. AE, DC, DISC, MC, V. Fechado dom. Ônibus: 2, 3, 4, 30, 45. Mapa pág. 69.*

★ San Francisco Antique & Design Mall POTRERO HILL Mais de 200 antiquários expõem suas preciosidades neste espaço imenso. *701 Bayshore Blvd. ☎ 415/656-3530. www.sfantique.com. AE, DISC, MC, V. Ônibus: 9. Mapa pág. 69.*

★ Woodchuck Antiques PRESIDIO HEIGHTS Moradores sofisticados vêm para cá em busca de lustres, abajures e candelabros do final do século 19 e início do século 20. *3597 Sacramento St. (Locust St.) ☎ 415/922-6416. www.sanfranciscoantiquedealers.com/woodchuck. AE, MC, V. Fechado dom. Ônibus: 1, 4. Mapa pág. 70.*

A loja Kathleen Taylor é o melhor lugar para comprar tecidos especiais, como este brocado chinês.

Arte

★ Crown Point Press SOMA Excelentes gravuras de artistas americanos e estrangeiros, com preços a partir de US$ 1 mil. *20 Hawthorne St. (2nd St. e 3rd St.) ☎ 415/974- 6273.www.crownpoint.com. MC, V. Fechado dom-seg. Ônibus: 15, 30, 45. Mapa pág. 69.*

★★ 49 Geary Street UNION SQUARE Há muitas galerias de arte aqui, na Sutter St. e Post St. (ver pág. 26). *49 Geary Grant Ave. e Kearny St.) Bonde: F. A maioria fecha dom-seg. Ônibus: 16, 17, 50. BART/Muni: Powell St. Mapa pág. 69.*

Steel Gallery PRESIDIO HEIGHTS A galeria de Danielle Steel é especializada em pinturas e esculturas contemporâneas de novos artistas. *3524 Sacramento St. (Laurel St. e Locust St.) ☎ 415/885-1655. www.steelgalleryinc.com. MC, V. Fechado dom-seg. Ônibus: 1, 4. Mapa pág. 70*

Livros

Barnes & Noble FISHERMAN'S WHARF Imensa filial da conhecida rede de livrarias. *2550 Taylor St. (Bay St. e N. Point St.) ☎ 415/292-6792. AE, DISC, MC, V. Cable car: linha Powell/Hyde. Mapa pág. 69.*

★ **Book Passage** FINANCIAL DISTRICT Nas estantes desta livraria independente, títulos sobre culinária, agricultura sustentável, ecologia e história da região. *Ferry Building Marketplace, Embarcadero (Market St.) ☎ 415/863-8688. www.bookpassage.com. AE, DISC, MC, V. Bonde: F. Mapa pág. 69.*

★ **Books Inc.** PRESIDIO HEIGHTS, COW HOLLOW E CASTRO A livraria independente mais antiga da cidade tem atendimento diferenciado. *3515 California St. (Locust St.) ☎ 415/221-3666. Ônibus: 1, 4. 2251 Chestnut St. (Avila St.) ☎ 415/931-3633. Ônibus: 22, 30. 2275 Market St. (Noe St.) ☎ 415/864-6777. Bonde: F. www.booksinc.net. AE, DISC, MC, V. Mapa pág. 70.*

★ **City Lights Bookstore** NORTH BEACH Fundada por Lawrence Ferlinghetti em 1953, esta livraria histórica oferece títulos alternativos. *261 Columbus Ave. (Broadway St.) ☎ 415/362-8193. www.citylights.com. AE, DISC, MC, V. Ônibus: 15, 30, 41. Mapa pág. 69.*

★ **Green Apple Books and Music** RICHMOND A Green Apple vende livros usados (além de mais de 60 mil títulos novos). Nas prateleiras, gibis raros, livros de culinária e títulos de arte. *506 Clement St. (6th Ave.) ☎ 415/387-2272. www.greenapplebooks.com. DISC, MC, V. Ônibus: 2, 38. Mapa pág. 70.*

★ **William Stout Architectural Books** FINANCIAL DISTRICT Dá para se perder entre a profusão de livros sobre arquitetura e design. *804 Montgomery St. (Jackson St.) ☎ 415/391-6757. www.stoutbooks.com. MC, V. Fechado dom. Ônibus: 12, 15, 30, 41. Mapa pág. 69.*

Lojas de departamento

Macy's UNION SQUARE Muitos acham difícil encontrar os produtos nesta loja gigantesca, mas as liquidações são um evento. A parte de moda masculina fica do outro lado da rua. *170 O'Farrell St. (Powell St. e Stockton St.) ☎ 415/397-3333. www.macys.com. AE, MC, V. Bonde: F. Ônibus: 30, 38, 45. Mapa pág. 69.*

Neiman Marcus UNION SQUARE A maioria dos artigos à venda aqui são muito caros, mas no terceiro andar é possível achar peças de grifes como Theory e Marc Jacobs em promoção. *150 Stockton St. (Geary St.) ☎ 415/362-3900. www.neimanmarcus.com. AE. Ônibus: 30, 38, 45. Bonde: F. Mapa pág. 69.*

★ **Nordstrom** UNION SQUARE O excelente setor de calçados, o atendimento atencioso e as opções para toda família são alguns atrativos desta loja de departamentos.

Na City Lights, é grande a oferta de títulos de arte, poesia e obras de cunho político.

865 Market St. (5th St.) ☎ *415/243-8500. www.nordstrom.com. AE, DC, DISC, MC, V. Ônibus: 27, 30, 38, 45. Bonde: F. Mapa pág. 69.*

Saks Fifth Avenue UNION SQUARE Roupas de etiquetas famosas a preços bem elevados (a loja masculina fica na mesma rua). *384 Post St. (Powell St.)* ☎ *415/986-4300. Loja masculina: 220 Post St.* ☎ *415/986-4300. www.saksfifthavenue.com. AE, DC, DISC, MC, V. Ônibus: 2, 3, 4, 38.* Cable car: *linha Powell. Mapa pág. 69.*

Eletrônicos

★ Apple Store San Francisco UNION SQUARE Magnífica loja com as novidades eletrônicas da badalada marca de computadores. *1 Stockton St. (Market St.)* ☎ *415/392-0202. www.apple.com. AE, DC, DISC, MC, V. Ônibus: 30, 38, 45. Bonde: F. Mapa pág. 69.*

Discount Cameras UNION SQUARE Revendedor autorizado das maiores marcas de aparelhos fotográficos e de equipamentos de vídeo. Também faz consertos (prazos entre três e cinco dias). *33 Kearny St. (Geary St. e Post St.)* ☎ *415/392-1103. www.discountcamera.com. AE, DC, DISC, MC, V. Ônibus: 38. Bonde: F. Mapa pág. 69.*

Moda infantil

★ Maison de Belles Choses PRESIDIO HEIGHTS Peças da prestigiada marca de roupas infantis chegam aqui direto da França (mas custam uma fortuna). *3263 Sacramento St. (Presidio Ave.)* ☎ *415/345-1797. AE, DISC, MC, V. Ônibus: 1, 3, 4. Mapa pág. 70.*

Mudpie COW HOLLOW Trajes elegantes para crianças e bebês, além de acessórios e móveis infantis, a preços mais do que adultos. No subsolo, algumas peças em promoção. *1694 Union St. (Gough St.)* ☎ *415/771-9262. AE, MC, V. Ônibus: 41, 45. Mapa pág. 70.*

★★ Pumpkin, Hip Clothes for Cool Kids PRESIDIO HEIGHTS Roupas modernas (e caras) para meninos e meninas de até 12 anos que querem se vestir com personalidade. *3366 Sacramento St. (Walnut St. e Presidio Ave.)* ☎ *415/567-6780. www.pumpkinbabes.com. AE, DISC, MC, V. Ônibus: 1, 3, 4. Mapa pág. 70.*

Pontas de estoque

★★ Jeremy's SOMA Grande oportunidade de encontrar peças (de sapatos a ternos) de criadores famosos a preços reduzidos. *2 S. Park St. (Bryant St. e Brannan St.)* ☎ *415/882-4929. www.jeremys.com. AE, MC, V. Ônibus: 10, 15. Mapa pág. 69.*

Loehmann's UNION SQUARE Loja da rede nacional de marcas com preços de ocasião, instalada no centro de São Francisco. *222 Sutter St. (Grant Ave. e Kearny St.)* ☎ *415/982-3215. www.loehmanns.com. DISC, MC, V. Ônibus: 2, 3, 4, 15, 30, 45. Mapa pág. 69.*

Moda masculina

Bryan Lee COW HOLLOW Esta loja sofisticada está pronta para vestir tanto quem vai a uma festa como quem procura trajes para o dia a dia no escritório. *1814 Union St. (Octavia St.)* ☎ *415/923-9918. AE, DC, DISC, MC, V. Ônibus: 22, 41, 45. Mapa pág. 70.*

Nomads HAYES VALLEY Calças, camisas e jaquetas de couro com ar retrô assinadas por criadores europeus e norte-americanos. *556 Hayes St. (Laguna St. e Octavia St.)* ☎ *415/864-5692. www.nomads-sf.com. AE, DC, DISC, MC, V. Ônibus: 21. Mapa pág. 70.*

★★★ **Wilkes Bashford** UNION SQUARE Melhor loja de roupas masculinas da cidade. Moradores sofisticados (e também o ator Robin Williams) vêm aqui em busca de grifes europeias. *375 Sutter St. (Stockton St.)* ☎ *415/986-4380. www.wilkesbashford.com. AE, DC, DISC, MC, V. Ônibus: 2, 3, 4, 30, 45. Mapa pág. 69.*

Sapatos

Brook's Shoes for Kids PRESIDIO HEIGHTS Elegantes marcas europeias e norte-americanas oferecidas por uma equipe atenciosa e eficiente. *3307 Sacramento St. (Presidio Ave.)* ☎ *415/440-7599. www.brooksshoesforkids.com. AE, DISC, MC, V. Ônibus: 1, 3, 4. Mapa pág. 70.*

★★ **Gimme Shoes** UNION SQUARE, HAYES VALLEY E PACIFIC HEIGHTS Para quem procura os sapatos mais simpáticos da cidade. *50 Grant Ave. (Geary St. e O'Farrell St.)* ☎ *415/434-9242.* Cable car: *linhas Powell-Mason ou Powell-Hyde. 416 Hayes St. (Gough St.)* ☎ *415/864-0691. Ônibus: 21. 2358 Fillmore St. (Washington St. e Clay St.)* ☎ *415/441-3040. Ônibus: 1, 22. www.gimmeshoes.com. AE, DISC, MC, V. Mapa pág. 69 e 70.*

Shoe Biz HAIGHT Adolescentes e jovens na faixa dos 20 anos adoram os calçados daqui (tênis, sapatos esportivos e botas vermelhas, entre outros itens), vendidos a preços moderados. *1446 Haight St. (Ashbury St. e Masonic Ave.)* ☎ *415/864-0990. Ônibus: 6, 7, 66, 71. 3810 24th St. (Church St. e Blanche St.)* ☎ *415/821-2528. Bonde: J. BART até 24th St. e ônibus 48. www.shoebizsf.com. AE, DISC, MC, V. Mapa pág. 70.*

Shoe Pavilion UNION SQUARE Esta rede que fica na Costa Oeste oferece modelos de coleções antigas e sapatos com assinaturas famosas a preços sedutores. *838 Market St. (Stockton St. e Powell St.)* ☎ *415/834-1436. www.shoepavilion.com. AE, DISC, MC, V.* Cable car: *Linhas Powell-Hyde ou Powell-Mason. Bonde: F. Mapa pág. 69.*

Moda unissex

★ **MAC Modern Appealing Clothing** HAYES VALLEY Peças atuais e com preços razoáveis assinados por criadores como Paul Smith e Laurie B. *387 Grove St.*

Acabou com os sapatos nas colinas de Nob hill? Procure um par novo na Gimme Shoes.

Famosas pernas com sapatos vermelhos na entrada da loja Piedmont.

(Gough St.) ☎ 415/863-3011. AE, MC, V. Ônibus: 21. Mapa pág. 70.

★ **Manifesto** HAYES VALLEY Dois criadores locais mostram suas inovações com visual retrô em peças que vão de suéteres a chapéus. *514 Octavia St. (Hayes St.) ☎ 415/431-4778. www.manifesto clothing.com. AE, MC, V. Fechado seg. Ônibus: 21. Mapa pág. 70.*

Brechós

Buffalo Exchange HAIGHT Loja situada na badalada Haight, destaca-se pelas peças com inspiração nas décadas de 1960, 1970 e 1980. Bom lugar para conhecer as novidades na moda das ruas. *1555 Haight St. (Clayton St. e Ashbury St.) ☎ 415/431-7733. www. buffaloexchange.com. MC, V. Ônibus: 6, 7, 66, 71. Mapa pág. 70.*

★ **Crossroads Trading** HAIGHT, CASTRO E PACIFIC HEIGHTS Ao contrário de muitas outras lojas, a Crossroads oferece peças adquiridas de atacadistas (o que amplia a oferta de tamanhos). *1519 Haight St. (Ashbury St.). ☎ 415/355-0555. Ônibus: 6, 7, 66, 71. 2231 Market St. (Noe St. e Sanchez St.) ☎ 415/ 626-8989. Bonde: F. 1901 Fillmore St. (Bush St.) ☎ 415/775-8885. Ônibus: 1, 2, 3, 4, 22. www.crossroads trading.com. MC, V. Mapa pág. 70.*

Good Byes PRESIDIO HEIGHTS Bom endereço para homens e mulheres que procuram trajes de alta qualidade. *3464 Sacramento St. e 3483 Sacramento St. (Laurel St. e Walnut St.) ☎ 415/346-6388. www.goodbyessf.com. DISC, MC, V. Ônibus: 1, 3, 4. Mapa pág. 70.*

★ **Piedmont** HAIGHT O que existe de mais ousado e chamativo em moda e acessórios femininos é vendido, aqui, para homens. Se você já sonhou em entrar no paraíso das drag queens, não perca a oportunidade! As pernas gigantes instaladas sobre a entrada da loja são a cara da Haight Street. *1452 Haight St. (Ashbury St.) ☎ 415/864-8075. www.piedmontsf. com. AE, MC, V. Fechado seg. Ônibus: 21. Mapa pág. 70.*

★ **Wasteland** HAIGHT Uma equipe atenciosa ajuda a escolher entre modelos retrô e modernos, ao gosto do cliente. *1660 Haight St. (Belvedere St.) ☎ 415/863-3150. AE, MC, V. Ônibus: 6, 7, 66, 71. Mapa pág. 70.*

Moda feminina

★★ **Jorja** COW HOLLOW Para um evento importante, a Jorja oferece vestidos e acessórios entre US$ 200 e US$ 800 que parecem ter custado o triplo. *2015 Chestnut St. (Fillmore*

St.) ☎ *415/674-1131. AE, MC, V. Ônibus: 22, 30. Mapa pág. 70.*

★★★ **Maiden Lane** UNION SQUARE Criadores badalados, como Marc Jacobs, têm lojas nesta pequena rua (Louis Vuitton, Kate Spade e outros ficam bem perto). Outras grifes sem loja específica na cidade podem ser encontradas na Saks Fifth Avenue ou Neiman Marcus (ver "Lojas de departamentos"). *Maiden Ln., Stockton St. Ônibus: 30, 38, 45. Mapa pág. 69.*

★★ **Margaret O'Leary** PACIFIC HEIGHTS E FINANCIAL DISTRICT A irlandesa O'Leary começou a oferecer seus elegantes suéteres de lã na cidade em 1987. Hoje conta com vários endereços, alguns com peças de outros criadores. *2400 Fillmore St. (Washington St.).* ☎ *415/771-9982. Ônibus: 1, 12, 22. 1 Claude Ln. (Grant Ave. e Kearny St.)* ☎ *415/391-1010. (Claude Ln. fechado dom-seg). Ônibus: 2, 3, 4, 15, 30, 45. www.margaretoleary.com. AE, DISC, MC, V. Mapa pág. 69 e 70.*

★★ **Métier** UNION SQUARE Para peças clássicas (e caras) de criadores europeus, além das curiosas peças da designer de joias Cathy Waterman, vá à Métier. *355 Sutter St. (Stockton St. e Grant Ave.)* ☎ *415/989-5395. www.metiersf.com. AE, MC, V. Fechado dom. Ônibus: 2, 3, 4, 30, 45. Mapa pág. 69.*

★★ **Rabat** MARINA E NOE VALLEY O ambiente minimalista combina perfeitamente com as roupas e os acessórios da designer. Os sapatos valem a visita. *2080 Chestnut St. (Mallorca Way)* ☎ *415/929-8868. Ônibus: 22, 30. 4001 24th St. (Noe St.)* ☎ *415/282-7861. Bonde: J. BART para a 24th St. depois ônibus 48. AE, DISC, MC, V. Mapa pág. 70.*

Presentes

★ **Biordi Art Imports** NORTH BEACH Lindas peças de cerâmica maiólica pintadas à mão e conjuntos de jantar que dão pena de colocar na mesa. *412 Columbus Ave. (Vallejo St.)* ☎ *415/392-8096. www.biordi.com. AE, DC, DISC, MC, V. Fechado dom. Ônibus: 15, 30, 41.* Cable car: *Powell-Mason. Mapa pág. 69.*

★★ **Canton Bazaar** CHINATOWN Loja imensa e repleta de peças de porcelana e de jade, antiguidades e móveis entalhados à mão. *616 Grant Ave. (California St. e Sacramento St.)* ☎ *415/362-5750.*

Prateleiras com utensílios de pintura elaborada, à venda na Biordi Art.

Há mais de seis décadas a Flax Art & Design oferece material de desenho e artes.

AE, DISC, MC, V. Ônibus: 1, 15, 30, 45. Mapa pág. 69.

★★ **Cliff's Variety** CASTRO Quem vem a esta loja peculiar encontra artigos únicos, úteis, necessários ou apenas divertidos. *479 Castro St. (18th St.) ☎ 415/ 431-5365. AE, DC, DISC, MC, V. Bonde: F. Mapa pág. 70.*

★★ **Flax Art & Design** MISSION Flax vende artigos para desenho e atividades artísticas de todos os tipos, além de itens especiais para crianças, molduras e calendários. *1699 Market St. (Valencia St.) ☎ 415/552-2355. www.flaxart.com. AE, DISC, MC, V. Bonde: F. Mapa pág. 70.*

Good Vibrations MISSION E NOB HILL Sex shop repleta de livros, vídeos e acessórios. Destina-se sobretudo (mas não exclusivamente) ao público feminino. *603 Valencia St. (17th St.) ☎ 415/522-5460. Ônibus: 22, 26. Bart até 16th St. 1620 Polk St. (Sacramento St.). ☎ 415/345-0400. Ônibus: 1, 19.* Cable car: *linha California. www.goodvibes.com. AE, DISC, MC, V. Mapa pág. 70.*

★★ **Kiehl's** PACIFIC HEIGHTS Rara unidade própria desta empresa de cosméticos com mais de 150 anos de atividade. *2360 Fillmore St. (Washington St.) ☎ 415/359-9260. www.kiehls.com. AE, DC, MC, V. Ônibus: 1, 22. Mapa pág. 70.*

★★ **SFMOMA MuseumStore** SOMA Com livros de arte, acessórios e brinquedos criativos, esta é uma das lojas de presentes mais originais de SF. *151 3rd St. (Mission St. e Howard St.) ☎ 415/357-4035. www.sfmoma.com. AE, DISC, MC, V. Ônibus: 9, 15, 30, 45. Mapa pág. 69.*

Tai Yick Trading Company CHINATOWN Verdadeiro achado para quem procura conjuntos de chá e peças de porcelana de todos os tipos. *1400 Powell St. (Broadway St.) ☎ 415/986-0961. www.taiyick.com. AE, DC, DISC, MC, V. Ônibus: 12, 15, 30, 45.* Cable car: *Powell-Mason. Mapa pág. 69.*

Artigos para a casa

★★ **Gump's** UNION SQUARE Fundada em 1861, esta tradicional loja oferece itens para o lar, como

Uma instituição da cidade, a Gump's oferece peças refinadas para o lar.

peças de cristal, louças elegantes e outros acessórios ideais para um jantar de impressionar. *135 Post St. (Grant Ave. e Kearny St.)* ☎ *415/982-1616. www.gumps.com. AE, DISC, MC, V. Ônibus: 2, 3, 4, 15, 30, 45. Mapa pág. 69.*

★ **Shabby Chic** PACIFIC HEIGHTS Os padrões britânicos de Rachel Ashwell ficaram conhecidos graças aos livros de design. Esta é uma das primeiras lojas da marca e aqui é possível encontrar móveis, roupas de cama e itens para a casa. *2185 Fillmore St. (California St. e Sacramento St.)* ☎ *415/771-3881. www.shabbychic.com. AE, DISC, MC, V. Ônibus: 1, 3, 22. Mapa pág. 70.*

★ **Soko Hardware** JAPANTOWN Ótima oferta de pratos de cerâmica, conjuntos para chá, recipientes para saquê e outros itens, a preços que seduzem. *1698 Post St. (Buchanan St.)* ☎ *415/931-5510. MC, V. Ônibus: 2, 3, 4, 38. Mapa pág. 70.*

The Wok Shop CHINATOWN Aqui o visitante encontra todos os itens para a culinária chinesa, de *woks* a facas para ostras, entre outros utensílios de cozinha. *718 Grant Ave. (Sacramento St.)* ☎ *415/989-3797 ou 888/780-7171. www.wokshop.com. AE, DC, DISC, MC, V. Ônibus: 1, 30, 45.* Cable car: *linha California. Mapa pág. 69.*

Joias

★ **De Vera Galleries** UNION SQUARE As joias e peças de vidro criadas pelo designer Frederico de Vera são lindas demais para ignorar – e, invariavelmente, caras demais para comprar. *29 Maiden Ln. (Grant Ave. e Kearny St.)* ☎ *415/788-0828. www.deveraobjects.com. AE, MC, V. Fechado dom-seg. Ônibus: 30, 38, 45. Bonde: F. Mapa pág. 69.*

★★ **Ruby's Artist Cooperative** MISSION Como o nome sugere, trata-se de uma cooperativa de criadores de joias locais (e de um bom lugar para conhecer o que há de novo). *3602 20th St. (Valencia St.)* ☎ *415/550-8052. www.rubygallery.com. MC, V. Ônibus: 12, 27. Bonde: J. BART até 16th ou 24th St. Mapa pág. 70.*

★ **Union Street Goldsmith** COW HOLLOW Vitrine dos ourives da Bay Area, esta loja refinada vende artigos selecionados, feitos de ouro e platina. *1909 Union St. (Laguna St.)* ☎ *415/776-8048. www.unionstreetgoldsmith.com. AE, DC, DISC, MC, V. Ônibus: 22, 41, 45. Mapa pág. 70.*

Instrumentos musicais

★★ **Amoeba Music** HAIGHT Grande loja de discos da juventude de São Francisco, com imensa coleção de álbuns de vinil, CDs e até fitas cassete. *1855 Haight St. (Shrader St. e Stanyan St.)* ☎ *415/831-1200. www.amoebamusic.com. DISC, MC, V. Ônibus: 6, 7, 66, 71. Mapa pág. 70.*

Na dúvida entre um xilofone ou uma flauta? Há tudo isso (e muito mais) à escolha na loja Lark in the Morning.

★★ Lark in the Morning Musique Shoppe FISHERMAN'S WHARF Instrumentos musicais para todos os gostos, além de livros, vídeos e material musical de mais de 50 culturas. *The Cannery, 2801 Leavenworth St. (Beach St.)* ☎ *415/922-4277. www.larkinthe morning.com. AE, DC, DISC, MC, V. Ônibus: 10, 30.* Cable car: *Powell-Hyde. Mapa pág. 69.*

Na Amoeba Music, é possível comprar CDs e discos de vinil.

Shopping centers

The Cannery FISHERMAN'S WHARF Variedade de lojas que agradam aos turistas. O local já abrigou uma fábrica de conservas. *2801 Leavenworth St. (Jefferson St.)* ☎ *415/771-3112. www.delmonte square.com. Ônibus: 10, 30. Bonde: F. Mapa pág. 69.*

Crocker Galleria FINANCIAL DISTRICT Neste pavilhão coberto com cúpula de vidro, lojas sofisticadas expõem criações caras de designers clássicos. *50 Post St. (Kearny St. e Montgomery St.)* ☎ *415/393-1505.www.shopatgalle ria.com. Ônibus: 2, 3, 4, 15, 30, 45. Mapa pág. 69.*

★ Ghirardelli Square FISHERMAN'S WHARF Este é o lugar ideal para comprar o famoso chocolate de São Francisco: a loja principal da marca, a Ghirardelli Soda Fountain & Chocolate Shop (ver pág. 106), situa-se na praça com o mesmo nome. *900 North Point St. (Larkin St.)* ☎ *415/775-5500. www.ghi rardellisq.com. Ônibus: 10, 30. Bonde: F. Mapa pág. 69.*

San Francisco Shopping Centre SOMA Com a Nordstrom como âncora, este shopping center conta ainda com outras lojas de rede, como a Kenneth Cole. *865 Market St. (5th St.) ☎ 415/495-5656. www.westfield.com/sanfrancisco. Ônibus: 27, 30, 38, 45. Bonde: F. Mapa pág. 69.*

Bebidas e comidas sofisticadas

Para localizar o **chocolate Ghirardelli,** *ver "Ghirardelli Square", na página anterior.*

★★ Cowgirl Creamery's Artisan Cheese Shop FINANCIAL DISTRICT Ampla variedade de queijos, americanos e importados, além de ampla oferta de itens relacionados (tábuas para frios, facas para queijos e livros sobre o tema). *Ferry Building Marketplace, 1 Ferry Building, Embarcadero, Mission St. ☎ 415/362-9354. www.cowgirlcreamery.com. MC, V. Bonde: F. Mapa pág. 69.*

★★ D&M Wines and Liquors PACIFIC HEIGHTS Basta entrar nesta loja para encontrar uma profusão de rótulos de champanhes e conhaques franceses, além de ótima seleção de uísques. *2200 Fillmore St. (Sacramento St.) ☎ 415/346-1325. www.dandm.com. AE, MC, V. Ônibus: 1. Mapa pág. 70.*

★ Golden Gate Fortune Cookies Co. CHINATOWN Esta é sua oportunidade de comprar biscoitos da sorte saindo do forno. Se quiser, traga suas mensagens e peça para inserir nos *cookies*. *56 Ross Alley (Washington St. e Jackson St.). ☎ 415/781-3956. Não aceita cartão de crédito. Ônibus: 30, 45.* Cable car: *Powell-Mason. Mapa pág. 69.*

★ Molinari Delicatessen NORTH BEACH Desde 1896, a Molinari garante o fornecimento de carnes, queijos, vinhos e embutidos importados, em geral a bons preços. *373 373 Columbus Ave. (Vallejo St.) ☎415/421-2337.www.molinarideli.com. MC, V. Fechado dom. Ônibus: 12, 15, 30, 41. Mapa pág. 69.*

★★ Scharffen Berger Chocolates FINANCIAL DISTRICT Em 1996, um antigo produtor de vinho e seu sócio decidiram investir na produção do melhor chocolate possível. Prove e tire suas conclusões. *Ferry Building Marketplace, 1 Ferry Building, Embarcadero, Mission St. ☎ 415/981-9150. www.scharffenberger.com. AE, DISC, MC, V. Bonde: F. Mapa pág. 69.*

O SF Shopping Center é um imenso centro de compras e de diversão, ideal para ser explorado em uma tarde chuvosa ou com tempo fechado.

Chás especiais à venda na Ten Ren Tea, uma simpática lembrança de São Francisco.

★ Ten Ren Tea Company
CHINA-TOWN Além de encontrar uma oferta impressionante de chás, quem entra aqui é recebido com uma xícara da bebida. *949 Grant Ave. (Washington St. e Jackson St.)* ☎ *415/362-0656. www.tenren.com. AE, DC, MC, V. Ônibus: 1, 15, 30, 45.* Cable car: *linha California. Mapa pág. 69.*

Wine Club San Francisco
SOMA Maior loja de vinhos da Costa Oeste, com ofertas que valem a pena. *953 Harrison St. (5th St. e 6th St.)* ☎ *415/512-9086. www.thewineclub.com. AE, MC, V. Ônibus: 12, 19, 27. Mapa pág. 69.*

Esportes

Patagonia FISHERMAN'S WHARF Excelente lugar para quem procura itens de qualidade. *770 North Point St. (Hyde St. e Leavenworth St.)* ☎ *415/771-2050. www. patagonia. com. AE, DC, DISC, MC, V. Ônibus: 10, 30.* Cable car: *linha Powell-Hyde. Mapa pág. 69.*

★★ Sports Basement
PRESIDIO & MISSION BAY Apesar da placa que ainda anuncia a venda de alimentos, esta loja comercializa mesmo artigos esportivos a preços campeões. *610 Mason St. (Presidio)* ☎ *415/437-0100. Ônibus: 28, 29, 76. 1301 6th St. (Owens St. e 16th St.)* ☎ *415/437-0100. Ônibus: 15. www.sportsbasement.com. AE, DC, DISC, MC, V. Mapa pág. 70.*

Brinquedos

★ Ambassador Toys FINANCIAL DISTRICT Bonecas antigas, peças de madeira e livros são alguns dos atrativos desta loja deliciosa. *2 Embarcadero Center (Sacramento St., Front St. e Davis St.)* ☎ *415/345-8697. www.ambassador toys.com. AE, DISC, MC, V. Ônibus: 1.* Cable car: *linha California. Mapa pág. 69.*

As crianças se encantam com as opções à venda na loja Ambassador Toys.

Chinatown Kite Shop CHINATOWN Em busca de uma pipa? As vendidas nesta loja surpreendem até os especialistas no assunto. ***717 Grant Ave. (Sacramento St.)*** ☎ ***415/989-5182. www.chinatownkite. com. AE, DC, DISC, MC, V. Ônibus: 1, 15, 30, 45.*** **Cable car:** ***linha California. Mapa pág. 69.***

Puppets on the Pier FISHERMAN'S WHARF Este é o paraíso dos fantoches, marionetes e afins (vende até bonecos para ventríloquos!) . ***Pier 39, Embarcadero, Grant Ave., Fisherman's Wharf.*** ☎ ***415/781-4435. www.puppetdream.com. AE, DISC, MC, V. Ônibus: 10, 15. Bonde: F. Mapa pág. 69.***

Artigos para viagem

Flight 001 HAYES VALLEY Quem vive dentro de aviões vai adorar os produtos desta loja, que vende bem mais do que malas e bolsas. ***525 Hayes St. (Laguna St. e Octavia St.)*** ☎ ***415/487-1001. www.flight001.com. AE, DISC, MC, V. Ônibus: 21. Mapa pág. 70.***

5 Atividades ao ar livre

Golden Gate Promenade

1 Wave Organ
2 Crissy Field Center
3 Crissy Field
4 Farallones Marine Sanctuary
5 Torpedo Wharf Pier
6 Warming Hut
7 Fort Point

0 — 0,25 km
0 — 1/4 mi

A **Golden Gate Promenade** é um passeio com 5,5 quilômetros de extensão que acompanha a baía. Além de bonita, a principal pista de caminhadas e corridas da cidade é plana! O local pertence à Golden Gate National Recreation Area, um dos maiores parques urbanos do mundo, mantido pelo National Park Service. É possível vir aqui a qualquer horário, mas no verão as manhãs podem ter nevoeiro, e no fim da tarde costuma ventar. Este trajeto pode ser percorrido a pé ou de bicicleta (informações sobre o aluguel na pág. 166). Pode-se aproveitar a ocasião para cruzar a Golden Gate. 2 a 3 horas. INÍCIO: **Ônibus 30 até Broderick St. e Beach St.**

1 ★ **Wave Organ.** Trata-se de um curioso (e divertido) programa artístico. Os tubos que saem da água passam por uma estrutura de concreto e rocha e capturam o movimento das ondas, que se transforma em sons curiosos. *Marina Breakwater. Baker St. e Marina Blvd. Ônibus: 30 até Broderick St. e Beach St. ☎ 415/561-0360. Grátis.*

2 **Crissy Field Center.** Pare aqui para pegar mapas e dados sobre Crissy Field. Este centro de informações também organiza passeios pela região. *15 min. 603 Mason St. (Halleck St.). ☎ 415/561-7690. www.crissyfield.org/center. Qua-dom 9h-17h.*

3 ★★★ **Crissy Field.** Esta área de 40 hectares ocupa o lugar de uma antiga pista de pouso, que ficou abandonada entre 1936 e 1996. O plantio de mais de 100 mil espécies nativas recuperou o ecossistema original. Com praias e trilhas, é um bom local para passear. *Old Mason St. e Baker St.*

4 **Farallones Marine Sanctuary.** Traga as crianças aqui para conhecer mais sobre a vida marinha da região. *15 min. ☎ 415/561-6625. www.farallones.org. Qua-dom 10h-17h.*

5 **Torpedo Wharf Pier.** Quem caminha até o final deste píer tem lindas vistas da Golden Gate e da Ilha de Alcatraz.

Fort Point situa-se abaixo da Golden Gate Bridge.

6 **Warming Hut.** Peça um dos gostosos sanduíches orgânicos e não deixe de visitar a loja ecologicamente correta daqui. Se quiser, faça um piquenique nas mesas. *Diariam. 9h-17h. Presidio Building 983. ☎ 415/561-3040. $.*

7 **Fort Point.** Concluída pelo exército norte-americano no início da Guerra da Secessão, esta impressionante fortificação de tijolos situada aos pés da Golden Gate serviu como base de operações durante a construção da ponte. Na Segunda Guerra, foi ocupada por soldados. *15 min. Sex-dom 10h-17h. Se quiser continuar e atravessar a Golden Gate (pág. 38), siga as indicações para a travessia a pé ou de bicicleta.*

Land's End

1 Lincoln Park
2 Land's End Trail
3 Sutro Baths
4 Sutro Heights Park
5 Cliff House
6 Cliff House Bistro
PRESIDIO
SEACLIFF
China Beach
LINCOLN PARK
Palace of the Legion of Honor
Fort Miley VA Hospital
Land's End Trail
GOLDEN GATE NATIONAL RECREATION AREA
Land's End
Point Lobos
Seal Rocks
SUTRO HEIGHTS PARK
OUTER RICHMOND DISTRICT
GOLDEN GATE PARK
OCEANO PACÍFICO
24th Ave.
26th Ave.
28th Ave.
30th Ave.
32nd Ave.
34th Ave.
36th Ave.
38th Ave.
40th Ave.
42th Ave.
44th Ave.
46th Ave.
La Playa Ave.
Great Highway
Seacliff Ave.
El Camino del Mar
California St.
Clement St.
Geary Blvd.
Legion of Honor Dr.
Anza St.
Balboa St.
Cabrillo St.
Fulton St.
Seal Rock Dr.
Point Lobos Ave.
Merrie Way
1/4 mi
0,25 km

Esta área rochosa conhecida como Land's End (o nome se deve à indescritível sensação de estar no local onde o mundo termina) parece se precipitar contra as águas do oceano Pacífico. Os visitantes se espantam ao encontrar uma paisagem tão natural dentro da área urbana de São Francisco. Como os ventos são comuns na região e costuma fazer frio, venha agasalhado.

1 a 2 horas. INÍCIO: **Ônibus: 1, 38 até Clement St. e 33rd Ave.**

1 **Lincoln Park.** Este parque de 112 hectares é rico em ciprestes e abriga o **California Palace of the Legion of Honor** (pág. 12, item 5). *Clement St. e 33rd Ave. Ônibus: 1, 38.*

2 **Land's End Trail.** Para apreciar as ondas do Pacífico batendo em rochedos, ciprestes retorcidos e formações rochosas curiosas, faça a trilha de 2,4 quilômetros de extensão. *Eagle's Point.* ☎ *415/561-4395 para checar os horários.*

3 **Sutro Baths.** O milionário Adolph Sutro mandou construir estas termas em 1897. As sete piscinas de temperaturas variadas tinham capacidade para acomodar 10 mil pessoas. As termas pegaram fogo em 1966, mas ainda dá para ver as ruínas das imensas piscinas.

4 **Sutro Heights Park.** Este pequeno parque, situado em um penhasco sobre a Ocean Beach, era a morada de Adolph Sutro, um imigrante que abriu o Sutro Tunnel, acesso ao veio de prata de Comstock. Também foi um dos prefeitos de São Francisco. *La Playa Ave. e Geary Blvd.*

5 **Cliff House.** Esta estrutura neoclássica, adquirida pelo National Park Service em 1977, tem deques de observação com vistas para Seal Rocks, onde vivem leões-marinhos e aves aquáticas. Aqui há dois restaurantes: o sofisticado e caro Sutro's e o Cliff House Bistro (abaixo), ambos com lindas paisagens. *1090 Point Lobos (Geary St., a oeste da 48th Ave.).* ☎ *415/386-3330. www.cliffhouse.com. Diariam. 9h-21h30.*

6 **Cliff House Bistro.** Com cardápio baseado em saladas e sanduíches, este local permite fugir do vento. A vista magnífica compensa os preços inflacionados. *Dentro da Cliff House. $$.*

Formações rochosas erguem-se do mar na Ocean Beach.

Golden Gate Park

1 McClaren Lodge
2 Childrenís Playground & Carousel
3 Conservatory of Flowers
4 The Strybing Arboretum & Botanical Gardens
5 Japanese Tea Garden
6 MH de Young Museum
7 Stow Lake
8 Buffalo Paddock
9 Dutch Windmill
10 Beach Chalet

Passeio de bicicleta

0 — 1/4 mi
0 — 0,25 km

O **Golden Gate Park** é a pérola de São Francisco. Trata-se de um retângulo de área verde que se estende terra adentro a partir do Pacífico. Nele se encontram de museus a moinhos, passando por belos jardins floridos. Muitos vêm aqui para caminhar, correr ou andar de bicicleta (ver pág. 166 e item 7 da próxima página sobre o aluguel de bicicletas). Vale a pena reservar um dia inteiro para conhecer as diversas atrações. Se puder faça sua visita num domingo, quando a principal via (JFK Dr.) fecha para a passagem de veículos. INÍCIO: **Fell St. e Stanyan St. Ônibus 5, 21.**

1 **McLaren Lodge and Park Headquarters.** Esta entrada homenageia John McLaren, administrador do parque de 1890 a 1943 e responsável pela transformação do local em refúgio da vida urbana. O botânico escocês escolheu o tipo de grama adequado, ergueu moinhos para drenar a água e dedicou 40 anos para a construção de uma parede natural capaz de impedir a erosão causada pelo mar. Se quiser alugar bicicletas para explorar o parque, ver item 7. *30 min. Fell St. e Stanyan St. ☎ 415/831-2700. www.parks.sfgov.org. Ônibus: 5, 21.*

2 **Children's Playground & Carousel.** Construído em 1887, é o primeiro playground público dos Estados Unidos. Os visitantes encontram enormes tobogãs, locais para escalar e um belo carrossel de 1912 . *30 min. Kezar Dr. (1st Ave.). US$0,50 por passeio.*

3 ★ **Conservatory of Flowers.** Em 1995, um furacão destruiu 40% desta estufa construída em 1878. O local foi reaberto somente em 2003, depois de reforma estimada em US$25 milhões e que recuperou também um centenário filodendro tropical. Na bela estrutura de vidro e nos jardins repletos de caminhos, o visitante encontra a oportunidade de apreciar orquídeas raras, espécies carnívoras e plantas oriundas dos cinco continentes. *1 h. Perto da entrada da Stanyan St. ☎ 415/666-7001. www.conservatoryofflowers.org. Ingressos: US$5; US$3 entre 12 e 17 anos, maiores de 65 anos e estudante; US$1,50 entre 5 e 11 anos. Ter-dom 9h-16h30.*

Construído em 1967, o Conservatory of Flowers é a estufa pública mais antiga do Ocidente.

4 **The Strybing Arboretum & Botanical Gardens.** Mais de 6 mil espécies de plantas, árvores e arbustos são o destaque deste magnífico oásis. Todos os dias, há passeios gratuitos às 13h30. *1 h. 9th Ave. (Lincoln Way). ☎ 415/661-1316. www.strybing.org. Grátis. Seg-sex 8h-16h30; sáb-dom 10h-17h.*

O Japanese Tea Garden foi criado por Makoto Hagiwara, especialista na preservação de jardins japoneses.

5 ★★ **Japanese Tea Garden.** Este jardim inclui lagos ornamentais, árvores japonesas e bonsais. Entre os destaques, uma imagem de Buda feita de bronze em 1790, um pagode de madeira, o jardim zen e a casa de chá a céu aberto. As crianças adoram atravessar a Drum Bridge. *1 h. Music Concourse (Tea Garden Drive, perto da Martin Luther King Jr Drive). ☎ 415/752-4227. Ingressos: US$3,50, US$1,25 idosos e crianças entre 6 e 12 anos, até 6 anos grátis. Entrada gratuita entre 8h30-9h. Diariam. 8h30-17h; verão até 18h.*

6 **MH de Young Museum.** Em outubro de 2005, este museu abriu as portas na sede do Golden Gate Park. No acervo, lindas peças de arte da África, Oceania e América. As novas instalações, assinadas por Herzog & De Meuron, incluem uma vistosa fachada de cobre e imensa área de exposições. *1 h. 75 Tea Garden Dr. ☎ 415/750-3600. www.thinker.org/deyoung. Telefonar para checar horários e preços.*

7 **Stow Lake.** Vale a pena passear de barco por este lago artificial. Se quiser, alugue bicicletas. *Stow Lake Boat House, 50 Stow Lake Dr. ☎ 415/752-0347. Barcos a remo US$13/h., pedalinhos US$17/h. (4 passageiros por barco). Wheel Fun Rentals. ☎ 415/668-6699.* Mountain--bikes: *US$8/h., US$20/4 h, US$25/dia;* cruiser-bikes *US$6/h., US$15/4 h., US$20/dia.*

8 **Buffalo Paddock.** Nesta área, é possível ver enormes búfalos, que descendem dos primeiros animais trazidos para esta região, em 1891. *John F. Kennedy Dr.*

9 **Dutch Windmill.** Este era um dos dois moinhos de vento que bombeavam água para um reservatório na Strawberry Hill, situada no meio do parque. *Great Hwy. & Fulton St.*

10 **Beach Chalet.** O forte daqui, mais do que a comida, são as vistas para o mar. Se não estiver com fome, opte por um chocolate quente ou uma cerveja da casa (fabricada aqui mesmo). Quem quiser pode pedir uma "degustação" e provar seis variedades da bebida. *1000 Great Hwy. (Fulton St. e Lincoln Way). ☎ 415/386-8439. www.beachchalet.com. $$.*

6 O melhor da **gastronomia**

Endereços de **destaque**

Chef-celebridade
★★★ Michael Mina $$$$ *Westin St. Francis Hotel, 335 Powell St. (pág. 109)*

Culinária chinesa
★ R&G Lounge $$ *631 Kearny St. (pág. 112)*

Diner
★ Taylor's Refresher $ *1 Market St. (pág. 114)*

Hambúrguer
★ Burger Joint $ *700 Haight St. (pág. 100)*

Frutos do mar
★★★ Aqua $$$ *252 California St. (pág. 99)*

Padaria
★ Tartine $ *600 Guerrero St. (pág. 114)*

Dim Sum
★★ Ton Kiang $ *5821 Geary Blvd. (pág. 115)*

Pizza no forno a lenha
★★ A16 $$ *2355 Chestnut St. (pág. 99)*

Brunch
★ Ella's $ *500 Presidio Av. (pág. 104)*

O caro Cliff House oferece magníficas vistas para o oceano Pacífico.

Culinária francesa
★★★ Fleur de Lys $$$$ *777 Sutter St. (pág. 104)*

Vale a pena esperar
★★★ The Slanted Door $$$ *1 Market St. (pág. 113)*

Romântico
★★ Café Jacqueline $$$ *1454 Grant Ave. (pág. 101)*

Culinária marroquina
★★ Aziza $$ *5800 Geary Blvd. (pág. 99)*

Para comer a céu aberto
★ Park Chalet $$ *1000 Great Hwy. (pág. 111)*

Ambiente italiano
★★ Antica Trattoria $$ *2400 Polk St. (pág. 98)*

Culinária tailandesa
★ Khan Toke $$ *5937 Geary Blvd. (pág. 107)*

Café com mesas na calçada
★ Boulange de Polk $ *2310 Polk St. (pág. 53)*

Vegetariano
★★ Greens $$$ *Building A, Fort Mason Center (pág. 106)*

Sorvete
★ Mitchell's Ice Cream $ *688 San Jose Ave. (pág. 110)*

Burrito
★ Taqueria Pancho Villa $ *3071 16th St. (pág. 114)*

Visão panorâmica
Cliff House $$$ *1090 Point Lobos (pág. 102)*

Refeição pré-teatro
★★ Cortez $$$ *550 Geary St. (pág. 103)*

Refeição quatro-estrelas com preço duas-estrelas
★ Clementine $$ *126 Clement St. (pág. 102)*

Mission e arredores

Alma **14**
Andalu **3**
Baraka **20**
Burger Joint **11**
Chez Papa **21**
Chow **2**
Delfina **8**
Dolores Park Café **7**
Firefly **15**
Foreign Cinema **13**
La Corneta Taqueria **18**
La Méditerranée **1**
La Rondalla **12**
Limón **6**
Lovejoy's Tea Room **16**
Luna Park **10**
Mitchell's Ice Cream **17**
Taqueria Pancho Villa **5**
Tartine Bakery **9**
Ti Couz **4**
Universal Café **19**

São Francisco **gastronômica**

A16 **1**
Ana Mandara **29**
Antica Trattoria **36**
Betelnut **7**
Blue Mermaid Chowder House **33**
Boulevard **51**
Burger Joint **19**
Café Kati **14**
Café Marimba **2**
Cha Cha Cha's **17**
Citizen Cake **24**
The Citrus Club **16**
Dragon Well **3**
East Coast West Delicatessen **42**
Ella's **12**
Eos Restaurant & Wine Bar **18**
Fog City Diner **40**
Franciscan **35**
Fresca **10**
Fringale **45**
Gary Danko **30**
Ghirardelli Soda Fountain & Chocolate Shop **32**
Greens **6**
Harris' **41**
Hawthorne Lane **46**
Hayes Street Grill **27**

Indian Oven **22**
IN-N-OUT Burger **34**
Isa **4**
Isobune **15**
Jardiniere **25**
Juban Yakiniku House **15**
La Méditerranée **11**
Long Life Noodle Company & Jook Joint **52**
McCormick & Kuleto's **31**
Memphis Minnie's **21**
Okoze **38**
One Market **48**
Ozumo **53**
Pane e Vino **8**
Quince **9**
Restaurant LuLu **44**
RNM **20**
The Slanted Door **50**
Sociale **13**
Suppenkuche **23**
Swan Oyster Depot **43**
Swensen's **37**
Taylor's Refresher **49**
Town's End **47**
Vicolo Pizzeria **26**
Yank Sing **54**
ZA Pizza **39**
Zao Noodle Bar **5, 10**
Zuni Café **28**

BERKELEY *(ver detalhe)*
Chez Panisse **1**

Union Square e arredores

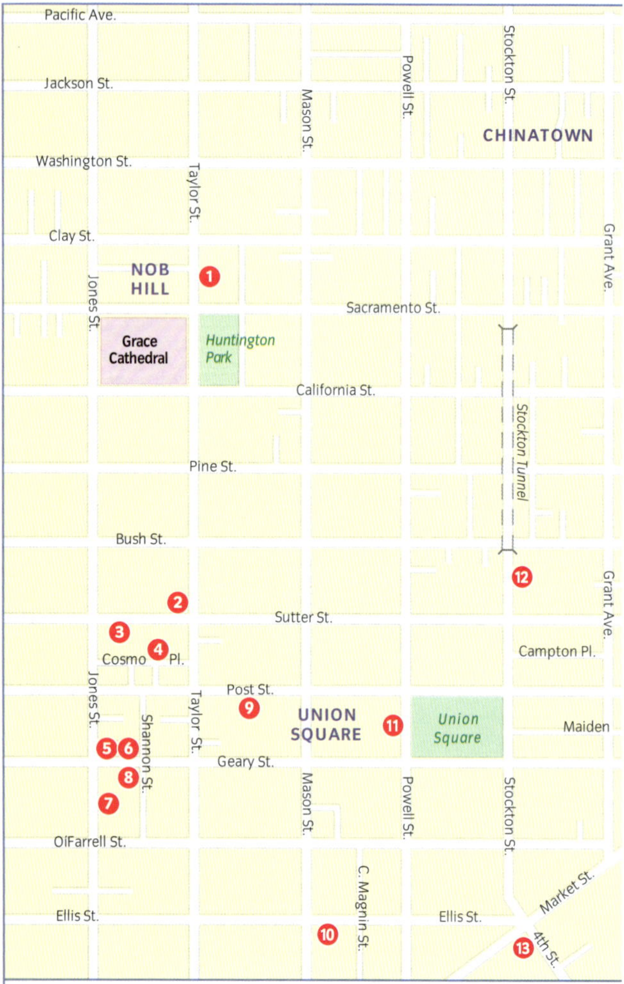

Aqua **24**
B44 **17**
Bocadillos **22**
Brindisi Cucina di Mari **18**
Café Claude **15**
Cortez **6**
Dottie's True Blue Café **7**

Fifth Floor **13**
Fleur de Lys **3**
Garden Court Restaurant **14**
Grand Café **8**
Great Eastern Restaurant **20**
Kokkari Estiatorio **23**
Le Colonial **4**

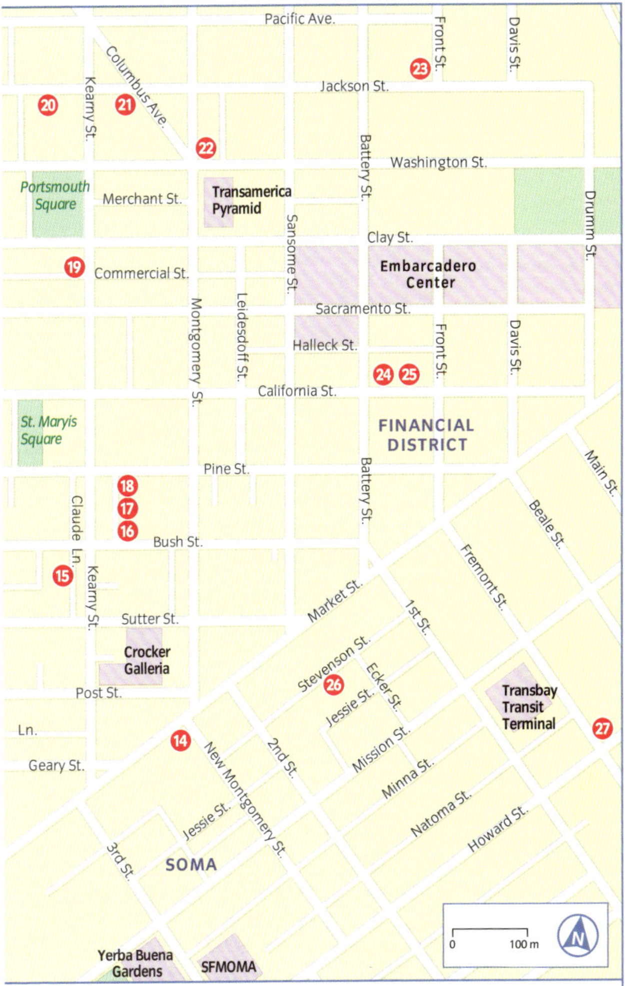

Michael Mina **11**
Millennium **5**
Naan-N-Curry **21**
Nob Hill Café **1**
Postrio **9**
Puccini & Pinetti **10**
R & G Lounge **19**
Sam's Grill **16**
Sanraku **2**
Tadich Grill **25**
The Terrace **12**
Town Hall **27**
Yank Sing **26**
Aqua **24**

North Beach

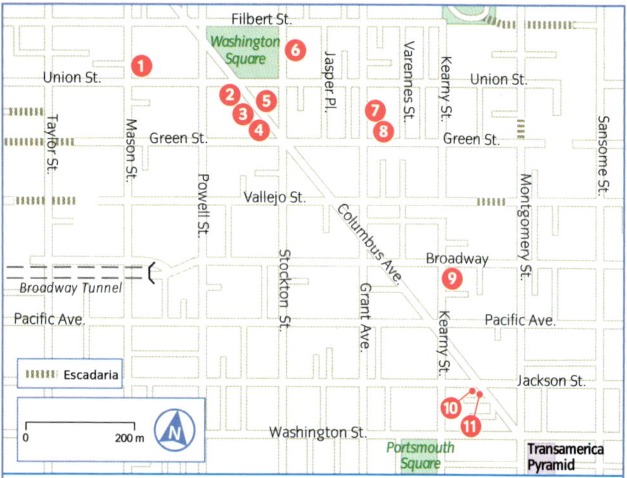

Café Jacqueline **7**
Caffé Macaroni **11**
Il Pollaio **3**
L'Osteria del Forno **4**
Maykadeh **8**
Moose's **6**
Naan-N-Curry **10**
Pasta Pomodoro **2**
Rose Pistola **5**
Tommaso's Restaurant **9**
Trattoria Contadina **1**

Restaurantes

★ **Alma** THE MISSION *LATINO* Criações da linha *nuevo latino*, como empanadas de queijo fresco, servidas em ambiente acolhedor. *1101 Valencia St.(22nd St.) ☎ 415/401-8959. Preços US$16-22. MC. V. Jantar ter-sáb. Ônibus: 14, 49. BART: 24th St. Mapa pág. 93.*

★ **Ana Mandara** FISHERMAN'S WHARF *VIETNAMITA* A arquitetura colonial e a culinária típica transportam os clientes ao Vietnã. Para a sobremesa, prove a sopa de manga com sorvete de durião. *891 Beach St. (Polk St.) ☎415/771-6800. Preços US$18-32. AE, DC, DISC, MC, V. Almoço seg-sex, jantar diariam. Ônibus: 10, 30.* Cable car: *linha Powell-Hyde. Mapa pág. 94.*

★ **Andalu** MISSION *CALIFORNIANO* Pratos ecléticos, de tacos a costelas na brasa preparadas com Coca-Cola, servidos em mesas coletivas neste disputado reduto de Mission. *3198 16th St. (Guerrero St.) ☎ 415/621-2211. Pratos rápidos US$5-13. AE, DISC, MC, V. Jantar ter-sáb. Ônibus: 14, 22, 49. BART: 16th St. Mapa pág. 93.*

★★ **Antica Trattoria** RUSSIAN HILL *ITALIANO* Melhor *trattoria* de bairro da cidade, serve ótimas massas, pescados e carnes, preparados com ingredientes da estação. *2400 Polk St. (Union St.) ☎ 415/928-5797. Preços US$9,50-20. DC, MC, V. Jantar qui-dom. Ônibus: 19, 41, 45. Mapa pág. 94.*

Richmond e Sunset

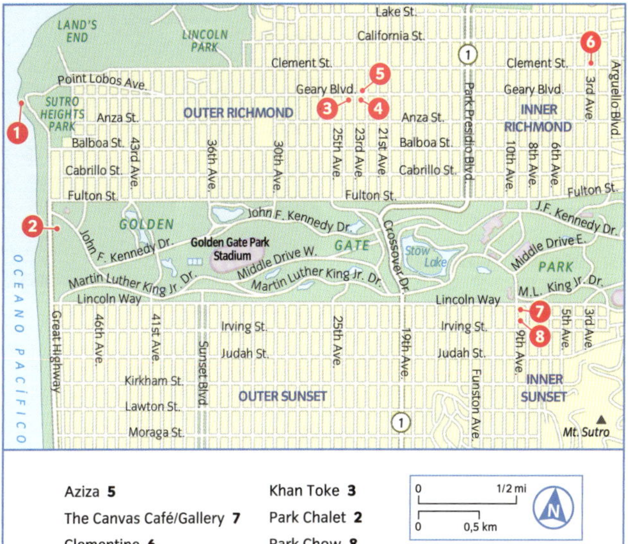

Aziza **5**
The Canvas Café/Gallery **7**
Clementine **6**
Cliff House **1**
Khan Toke **3**
Park Chalet **2**
Park Chow **8**
Ton Kiang **4**

★★★ **Aqua** FINANCIAL DISTRICT *FRUTOS DO MAR/CALIFORNIANO* Pratos de visual magnífico em cenário opulento e chique. *252 California St. (Battery St. e Front St.) ☎ 415/956-9662. Entradas US$30-40. AE, DC, DISC, MC, V. Almoço seg-sex, jantar diariam. BART/Muni: Montgomery St.* Cable car: *linha California. Mapa pág. 96.*

Salmão en papilotte do restaurante Acqua, acompanhado de croquete de batatas e creme de caviar.

★★ **A16** MARINA *ITALIANO* Uma clientela chique vem apreciar pizzas assadas no forno a lenha, além de outros pratos. A ótima carta de vinhos oferece 40 rótulos, vendidos por taça ou garrafa. O nome se refere à estrada que leva a Nápoles, na Itália. *2355 Chestnut (Scott St. e Divisadero St.) ☎ 415/771-2216. Entradas US$8-20. AE, DC, MC, V. Almoço qua-sex, jantar diariam. Ônibus: 22, 30. Mapa pág. 94.*

★★ **Aziza** RICHMOND *MARROQUINO* Endereço estimado por quem aprecia a culinária do Marrocos. Pratos elaborados, servidos em ambiente inspirado por uma equipe cordial. Nos fins de semana, tem apresentações de dança do ventre. *5800 Geary Blvd. (22nd Ave.) ☎ 415/752-2222. Entradas US$10-20. MC, V. Jantar qua-seg. Ônibus: 38. Mapa pág. 99.*

★ **Baraka** POTRERO HILL *MARROQUINO* Os deliciosos pratos marroquinos e o ambiente acolhedor são o destaque. ***288 Connecticut St. (18th St.) ☎ 415/255-0387. Preços US$17-26. AE, MC, V. Jantar diariam. Ônibus: 22. Mapa pág. 93.***

★ **Betelnut** MARINA *ASIÁTICO* Há uma década esta casa de pratos asiáticos vive lotada. Prove as iscas de frango com alface e os bolinhos Shangai. ***2030 Union St. (Buchanan St.) ☎ 415/929-8855. Preços US$14-20. DC, DISC, MC, V. Almoço e jantar diariam. Ônibus: 41, 45. Mapa pág. 94.***

B44 FINANCIAL DISTRICT *CATALÃO* Bistrô ao estilo catalão, serve nove tipos de *paella*. Instalado numa viela, tem mesas ao ar livre. ***44 Belden Place. (Bush St. e Pine St.) ☎ 415/986-6287. Preços US$16-22. AE, DC, MC, V. Almoço seg-sex, jantar diariam. Ônibus: 15. BART/Muni: Montgomery St. Mapa pág. 96.***

Blue Mermaid Chowder House FISHERMAN'S WHARF *AMERICANO* No cardápio, saladas e caldos, além de alguns pratos mais vigorosos . ***495 Jefferson St. (Hyde St.) ☎ 415/771-2222. Preços US$7-22. AE, DC, DISC, MC, V. Café da manhã, almoço e jantar diariam. Ônibus: 10, 30.*** **Cable car:** ***linha Powell-Hyde. Mapa pág. 94.***

★ **Bocadillos** FINANCIAL DISTRICT *ESPANHOL* Boa opção para saborear delícias autênticas, apesar de caras. É preciso sorte para conseguir lugar na mesa coletiva. ***710 Montgomery St. (Washington St.) ☎ 415/982-2622. Preços US$3-12. AE, DC, MC, V. Café da manhã e almoço seg-sex, jantar seg-sáb. Ônibus: 12, 15. Mapa pág. 96.***

★★★ **Boulevard** SOMA *AMERICANO* O ambiente elaborado e a culinária suntuosa atraem clientes elegantes há mais de uma década. ***1 Mission St. (Steuart St.) ☎ 415/543-6084. Preços US$24-32. AE, DC, DISC, MC, V. Almoço seg-sex, jantar diariam. Ônibus: 12. BART/ Muni: Embarcadero. Mapa pág. 94.***

Pratos saborosos e bela ambientação no Boulevard.

Brindisi Cucina di Mare FINANCIAL DISTRICT *ITALIANO/FRUTOS DO MAR* De lula recheadas a massas, pratos a preços moderados e com sabor. ***88 Belden Place. (Pine St.) ☎ 415/593-8000. Preços US$12-22. AE, DISC, MC, V. Almoço e jantar seg-sáb. Ônibus: 15. BART/ Muni: Montgomery St. Mapa pág. 96.***

★ **Burger Joint** HAIGHT *HAMBÚRGUER* Hambúrgueres de carne orgânica e ótimo milkshake em ambiente que remete aos anos 1950. ***700 Haight St. (Pierce St.) ☎ 415/864-3833. Preços US$5-7. MC, V. Almoço e jantar diariam. Ônibus: 6, 7, 66, 71. Mapa pág. 94. 807 Valencia St. (19th St. e 20th St.). ☎ 415/824- 3494. Ônibus: 14, 49. BART: 16th St. Mapa pág. 93.***

★ **Café Claude** FINANCIAL DISTRICT *FRANCÊS* Bistrô parisiense, instalado em uma graciosa viela. ***7 Claude Ln. (Sutter St., entre Grant Ave. e Kearny St.) ☎ 415/392-3515. Preços US$10-18. AE, DC, DISC, MC, V. Almoço seg-sáb, jantar ter-sáb. Ônibus: 2, 3, 4, 15, 30, 45.*** **Cable car:** ***linha Powell. Mapa pág. 96.***

★★ **Café Jacqueline** NORTH BEACH *SUFLÊS* Com frequência indicado o restaurante mais romântico de SF. Mas mesmo "apenas bons amigos" deveriam provar o criativo cardápio. ***1454 Grant Ave. (Green St. e Union St.) ☎ 415/981-5565. Suflês para 2: US$30-50. AE, DC, DISC, MC, V. Jantar qua-dom. Ônibus: 15, 30, 41. Cable car: Powell-Mason. Mapa pág. 98.***

★★ **Café Kati** PACIFIC HEIGHTS *ASIÁTICO* Encontro do Ocidente e do Oriente num apreciado café de bairro. Entre os destaques, o curry de frutos do mar ou a Caesar salad com peixe. ***1963 Sutter St. (Fillmore St. e Webster St.) ☎ 415/775-7313. Preços US$21-27. AE, MC, V. Jantar ter-dom. Ônibus: 2, 3, 4, 22, 38. Mapa pág. 94.***

★ **Café Marimba** MARINA *MEXICANO* Especialidades de Oaxacan, como os tacos de *cioba*, em ambiente colorido. *Tortillas* caseiras e ótimo *guacamole*. ***2317 Chestnut St. (Divisadero St.) ☎ 415/776-1506. Preços US$8-14. AE, MC, V. Almoço e jantar diariam. Ônibus: 22, 30. Mapa pág. 94.***

★ **Caffé Macaroni** NORTH BEACH *ITALIANO* Vigorosos pratos napolitanos, como nhoque com gorgonzola, fazem daqui um achado. Por sorte, há lugares para sentar na área aberta. ***59 Columbus Ave. (Jackson St.) ☎ 415/956-9737. Preços US$9,50-15. Não aceita cartão de crédito. Jantar seg-sáb. Ônibus: 15, 41. Mapa pág. 98.***

The Canvas Cafe/Gallery SUNSET *AMERICANO* Este espaço lembra um loft. Situado perto do Golden Gate Park, funciona como galeria de arte, lounge e café. Peça um sanduíche, sopa, salada, pizza ou a especialíssima torta de *tamales*. ***1200 9th Ave. (Lincoln Way) ☎ 415/504-0060. Preços US$6,35-8,70. AE, MC, V. Café da manhã, almoço e jantar diariam. Música ao vivo qui-dom até 2h (bebidas apenas após 22h). Ônibus: 6, 66, 71. Muni: 9th e Irving. Mapa pág. 99.***

★ **Cha Cha Cha's** HAIGHT *CARIBENHO* Em meio a ritmos latinos e ambientação tropical, delícias caribenhas como camarão *cajun*. ***1801 Haight St. (Shrader St.) ☎ 415/386-7670. Preços US$13-16. MC, V. Almoço e jantar diariam. Ônibus: 7, 66, 71. Mapa pág. 94.***

Chez Panisse BERKELEY *CALIFORNIANO* O restaurante de Alice Water apresenta um cardápio baseado em ingredientes frescos – definição da culinária californiana (ver pág. 103). ***1517 Shattuck Ave. (Cedar St. e Vine St.) ☎ 510/548-5525. Preços US$50-75. AE, DC, DISC, MC, V. Jantar seg-sáb. BART: Downtown Berkeley. Mapa pág. 94.***

Alice Waters, a rainha da culinária californiana, na cozinha do famoso Chez Panisse.

★ **Chez Papa** POTRERO HILL
FRANCÊS Para provar delícias como figos grelhados servidos com queijo de cabra e *prosciutto* ou filé mignon com *foie gras,* vá a este bistrô francês bastante disputado, em Potrero Hill. *1401 18th St. (Missouri St.) ☎ 415/255-0387. Preços US$16-30. AE, DC, MC, V. Almoço seg-sáb, jantar diariam. Ônibus: 22. Mapa pág. 93.*

★ **Chow** CASTRO *AMERICANO*
Ingredientes orgânicos locais são o segredo de delícias como o pastelão de frango, as pizzas assadas no forno a lenha e as carnes assadas. Preços moderados. *215 Church St. (Market St.) ☎ 415/552-2469. Preços US$6-11. MC, V. Almoço e jantar diariam. Ônibus: 22. Muni: Castro. Mapa pág. 93.*

★ **Citizen Cake** HAYES VALLEY
CALIFORNIANO Na origem uma padaria, o Citizen Cake virou destino disputado para uma refeição antes da ópera ou do balé. Deixe espaço para a sobremesa. *399 Grove St. (Gough St.) ☎ 415/861-2228. Preços US$16-30. MC, V. Café da manhã ter-sex, almoço ter-sex e dom, jantar ter-sáb, brunch sáb-dom. Ônibus: 21. Mapa pág. 94.*

The Citrus Club HAIGHT
ASIÁTICO Os moradores fazem fila para provar os pratos de inspiração vietnamita preparados aqui. *1790 Haight St. (Shrader St.) ☎ 415/387-6366. Pratos US$5-8. MC, V. Almoço e jantar diariam. Ônibus: 7, 66, 71. Mapa pág. 94.*

★ **Clementine** RICHMOND
FRANCÊS Nesta joia de sofisticação, o cliente encontra tanto culinária francesa clássica quanto pratos de bistrô, sempre com atendimento impecável. As sobremesas são tradicionais (como *crème brûlée*), mas as porções têm tamanho generoso e preços razoáveis. *126 Clement St. (2nd Ave.) ☎ 415/387-0408. Preços US$15-19. MC, V. Jantar ter-sáb. Ônibus: 2, 38. Mapa pág. 99.*

Cliff House SUNSET *AMERICANO*
Magníficas vistas para o oceano e um gracioso ambiente que lembra o início do século 20, para complementar o sabor dos pratos. *1090 Point Lobos Ave. (a oeste da 48th Ave. O Geary Blvd. passa a se chamar Point Lobos Ave. após a 43rd Ave.) ☎ 415/386-3330. Preços US$13-28. AE, DC, DISC, MC, V. Café da manhã, almoço e jantar diariam. Ônibus: 18, 38. Mapa pág. 99.*

A culinária da Califórnia baseia-se no uso de produtos locais e da estação, como belos tomates-cereja ou peras.

Culinária da Califórnia

Mas o que é a cozinha californiana? O nascimento dessa culinária pode ser associado à *chef* Alice Waters, proprietária do Chez Panisse (pág. 101), em Berkeley, já apontado como o melhor restaurante dos Estados Unidos. Alice revolucionou a cozinha norte-americana ao apostar em ingredientes frescos, sazonais e locais, lição aprendida quando a especialista morou na França, onde vivia perto de um mercado de rua que oferecia produtos de primeira qualidade.

O fato de a inspiração de Alice vir de fora do país destaca o traço multicultural da culinária da Califórnia, que, catalisando influências do mundo todo, está sempre em transformação. Alice se inspirou em ingredientes comuns na França, enquanto outros *chefs* voltaram seus olhares para a Itália ou o Oriente Médio. Hoje, os sabores da Ásia e da América do Sul estão presentes em vários pratos. Mas o ponto comum entre toda a cozinha da região é uma clara preferência por pratos simples, preparados com ingredientes de alta qualidade que variam conforme a estação.

A localização da Bay Area e a influência dos imigrantes foram vitais para o desenvolvimento desse estilo culinário. Ainda hoje, fazendas na região próxima a São Francisco, em geral administradas por famílias, abastecem os restaurantes locais de itens como carne orgânica. Isso, mais a generosa oferta de frutos do mar do oceano Pacífico e as diversas influências étnica basta para fazer da cidade o lugar perfeito para se apaixonar pela culinária californiana.

★★ **Cortez** UNION SQUARE *MEDITERRÂNEO* Ideal para quem procura porções menores, ainda que um pouco caras. O destaque fica com as sopas. ***550 Geary St. (Taylor St.) ☎ 415/292-6360. Pratos rápidos US$6-17. AE, MC, V. Jantar diariam. Ônibus: 2, 3, 4, 38. Mapa pág. 96.***

★★ **Delfina** MISSION *ITALIANO* Os moradores adoram os pratos com sabor da Toscana e o ambiente animado. ***3621 18th St. (Dolores St. e Guerrero St.) ☎ 415/552-4055. Preços US$12-18. MC, V. Jantar diariam. Ônibus: 14, 33, 49. Muni: Castro. BART: 16th St. Mapa pág. 93.***

★ **Dolores Park Cafe** MISSION *AMERICANO* Peça um dos saborosos sanduíches ou um *latte* neste estabelecimento em frente ao Dolores Park. ***501 Dolores St. (18th St.) ☎ 415/621-2936. Sanduíches/saladas US$5-6,25. AE, MC, V. Café da manhã, almoço e jantar diariam. Sex música ao vivo até 21h30. Ônibus: 33. Muni: Castro. BART: 16th St. Mapa pág. 93.***

★ **Dottie's True Blue Cafe** UNION SQUARE *AMERICANO* Para quem procura pratos lotados de panquecas, ovos e salsichas. No almoço, serve saladas e hambúrgueres. Ambientação um tanto exagerada. ***522 Jones St. (Geary St. e O'Farrell St.) ☎ 415/885-2767. Preços US$5-10. DISC, MC, V. Café da manhã e almoço qua-seg. Ônibus: 2, 3, 4, 27, 38.*** **Cable car:** ***linhas Powell. Mapa pág. 96.***

★ **Dragon Well** MARINA *CHINÊS* Pratos chineses com toques da Califórnia, ingredientes fresquíssimos e pouca gordura. ***2142 Chestnut St. (Pierce St. e Steiner St.) ☎ 415/474- 6888. Preços US$7-11. MC, V. Almoço e jantar diariam. Ônibus: 22, 30. Mapa pág. 94.***

East Coast West Delicatessen RUSSIAN HILL *DELICATESSEN* Uma das poucas *delis* judaicas verdadeiras da cidade, serve sanduíches de fígado e *blintzes*. Há cadeirões para crianças. ***1725 Polk St. (Washington St.) ☎ 415/563-3542. Preços US$3,50-13. AE, MC, V. Café da manhã, almoço e jantar diariam. Ônibus: 12, 19, 27, 47, 49. Mapa pág. 94.***

★ **Ella's** PRESIDIO HEIGHTS *AMERICANO* Melhor brunch de São Francisco, sempre com fila. Pães frescos, panquecas e omeletes deliciosos. ***500 Presidio Ave. (California St.) ☎ 415/441-5669. Preços US$7,50-13. MC, V. Café da manhã e almoço diariam., jantar seg-sex. Ônibus: 1, 2, 4. Mapa pág. 94.***

★ **Eos Restaurant & Wine Bar** COLE VALLEY *ASIÁTICO* Ambiente elegante, pratos criativos e ótimos vinhos: uma combinação sedutora. ***901 Cole St. (Carl St.) ☎ 415/566-3063. Preços US$9-16. AE, DC, DISC, MC, V. Jantar diariam. Ônibus: 6, 43. Muni: Carl & Cole. Mapa pág. 94.***

★★ **Fifth Floor** SOMA *FRANCÊS* Premiado, serve culinária francesa original em ambiente ousado. A *sommelier* Belinda Chang é uma das melhores do país. ***12 4th St. (Hotel Palomar, Market St.) ☎ 415/348-1555. Preços US$33-65. AE, DC, DISC, MC, V. Jantar seg-sáb. Ônibus: 30, 45. Mapa pág. 96.***

★★ **Firefly** NOE VALLEY *AMERICANO* Gracioso recanto de bairro, serve pratos elegantes e caros, preparados com ingredientes orgânicos locais. ***4288 24th St. (Douglass St.) ☎ 415/821-7652. Preços US$15-19. AE, MC, V. Jantar diariam. BART: 24th St. e depois ônibus 48. Mapa pág. 93.***

★★★ **Fleur de Lys** UNION SQUARE *FRANCÊS* Ambiente sofisticado, atendimento sem igual e excelente culinária francesa, assinada por um famoso *chef* da cidade. Sinônimo de jantar luxuoso, é o restaurante francês mais tradicional de São Francisco. ***777 Sutter St. (Jones St. e Taylor St.) ☎ 415/673-7779. Menu a preço fixo US$68. AE, DC, DISC, MC, V. Jantar seg-sáb. Ônibus: 2, 3, 4, 27. Mapa pág. 96.***

Culinária francesa moderna e tapetes listrados dão o tom no Fifth Floor.

Para uma refeição a céu aberto, vá ao Foreign Cinema.

Fog City Diner TELEGRAPH HILL *AMERICANO* Cenário de uma propaganda de TV, é ideal para apreciar as vistas para a baía. ***1300 Battery St. (Embarcadero) ☎ 415/982-2000. Preços US$11-19. DC, DISC, MC, V. Almoço seg-sex, jantar diariam., brunch sáb-dom. Ônibus: 10. Bonde: F. Mapa pág. 94.***

★★ **Foreign Cinema** MISSION *CALIFORNIANO/MEDITERRÂNEO* Quem preferir, pode saborear sua refeição sob a luz das estrelas, nas mesas ao ar livre. Na parede externa, são projetados filmes. Serve saladas frescas e pratos mais consistentes, como costela grelhada. ***2534 Mission St. (21St. e 22nd St.) ☎ 415/648-7600. Preços US$22-30. AE, MC, V. Jantar ter-dom, brunch sáb-dom. Ônibus: 14, 49. BART: 24th St. Mapa pág. 93.***

Franciscan FISHERMAN'S WHARF *CALIFORNIANO* Uma das melhores opções em Fisherman's Wharf, oferece lindas vistas e comida saborosa. ***Pier 43½. (Embarcadero) ☎ 415/362-7733. Preços US$13-26. AE, DC, DISC, MC, V. Almoço e jantar diariam. Ônibus: 10, 30. Bonde: F. Mapa pág. 94.***

★★ **Fresca** PACIFIC HEIGHTS *PERUANO* Os ótimos ceviches e pratos de inspiração peruana, como carne de porco em molho *adobo*, são responsáveis pela constante fila de clientes à porta. ***2114 Fillmore St. (California St.) ☎ 415/447-2668. Preços US$13-24. AE, MC, V. Almoço seg-sex, jantar diariam. Ônibus: 1, 22. Mapa pág. 94.***

★★ **Fringale** SOMA *FRANCÊS* Mesmo após a saída do *chef* fundador Gerald Hirigoyen (que abriu locais como o Piperade e o Bocadillos, pág. 100), o Fringale ainda serve excelentes pratos franceses. ***570 4th St. (Brannan St. e Bryant St.) ☎ 415/543-0573. Preços US$14-23. AE, MC, V. Almoço ter-sex, jantar seg-sáb. Ônibus: 15, 30, 45. Mapa pág. 94.***

★ **Garden Court Restaurant** SOMA *CHÁ DA TARDE* Atendimento elegante em cenário histórico. ***Palace Hotel, 2 New Montgomery St. (Market St.) ☎ 415/512-1111. Chá US$30-40. Preços US$14-24. AE, DC, MC, V. Café da manhã diariam., almoço seg-sáb, brunch dom, chá sáb 14h-16h. BART/Muni: Montgomery St. Mapa pág. 96.***

★★★ **Gary Danko** FISHERMAN'S WHARF *CALIFORNIANO* Reserve mesa com um mês de antecedência neste restaurante de atendimento impecável, vinhos magníficos e cardápio que muda diariamente. *800 North Point St. (Hyde St.)* ☎ *415/749-2060. Menu a preço fixo US$58. AE, DC, DISC, MC, V. Jantar diariam. Ônibus: 10, 30.* Cable car: *linha Powell-Hyde. Mapa pág 94.*

Ghirardelli Soda Fountain & Chocolate Shop FISHERMAN'S WHARF *SORVETE* O tamanho da fila atesta a qualidade do chocolate. *Ghirardelli Sq., 900 North Point St.* ☎ *415/771-4903. Sobremesas US$5-9. AE, DISC, MC, V. Seg-qui 10h-22h30; sex-sáb 10h-24h; dom 10h-23h. Ônibus: 10, 30.* Cable car: *Powell-Hyde. Mapa pág. 94.*

★ **Grand Café** UNION SQUARE *CALIFORNIANO/FRANCÊS* O belo interior em estilo Beaux Arts e os pratos criativos atraem quem quer jantar ou apenas bebericar um drinque. *501 Geary St. (Taylor St.)* ☎ *415/292- 0101. Preços US$11-17 almoço, US$19-28 jantar. AE, DC, DISC, MC, V. Café da manhã e almoço seg-sáb, jantar diariam.,* brunch *dom. Ônibus: 2, 3, 4, 27, 38.* Cable car: *linha Powell. Mapa pág. 96.*

Em 2000, o Gary Danko ganhou o prêmio "Best New Restaurant" da James Beard Foundation.

Great Eastern Restaurant CHINATOWN *CHINÊS* Escolha os frutos do mar direto dos tanques e prepare-se para comer bem (é melhor do que pedir os pratos tradicionais). *649 Jackson St. (Grant Ave. e Kearny St.)* ☎ *415/986-2500. Preços US$8-30. AE, MC, V. Almoço e jantar diariam. Ônibus: 12, 15, 30, 45. Mapa pág. 96.*

★★ **Greens** MARINA *VEGETARIANO* Os sabores e vistas daqui impressionam até os carnívoros mais convictos. *Building A, Fort Mason Center.* ☎ *415/771-6222. Preços US$15-19; sáb preço fixo US$46. AE, DISC, MC, V. Almoço ter-sáb, jantar seg-sáb,* brunch *dom. Ônibus: 28, 30. Mapa pág. 94.*

Harris' RUSSIAN HILL *CARNES* Principal restaurante de grelhados de São Francisco. *2100 Van Ness Ave. (Pacific Ave.) 415/673-1888. Preços US$24-42. AE, DC, DISC, MC, V. Jantar diariam. Ônibus: 12, 19, 27, 47, 49. Mapa pág. 94.*

★★ **Hawthorne Lane** SOMA *CALIFORNIANO* Local elegante, que prepara surpresas como camarões apimentados e sopa de lagosta. *22 Hawthorne Ln. (2nd St. e 3rd St.)* ☎ *415/777-9779. Preços US$24-34. DC, DISC, MC, V. Almoço seg-sex, jantar diariam. Ônibus: 10, 15, 30, 45. Mapa pág. 94.*

★ **Hayes Street Grill** HAYES VALLEY *CALIFORNIANO* Pescados frescos ou carne orgânica preparados com ingredientes de primeira. *320 Hayes St. (Franklin St. e Gough St.)* ☎ *415/863-5545. Preços US$18-23. AE, DC, DISC, MC, V. Almoço seg-sex, jantar diariam. Ônibus: 21. Mapa pág. 94.*

★ **Il Pollaio** NORTH BEACH *FRANGO* Frango assado, saladas e guarnições. O local é simples.

O Grand Café ocupa um elegante salão de bailes do início do século 20.

555 Columbus Ave. (Union St. e Green St.) ☎ 415/362-7727. Preços US$6,95-17. DISC, MC, V. Almoço e jantar seg-sáb. Cable car: *linha Powell-Mason. Ônibus: 15, 30, 41. Mapa pág. 98.*

★ **Indian Oven** HAIGHT *INDIANO* Os ótimos curries e *tandooris* explicam a fila eterna. *233 Fillmore St. (Haight St. e Waller St.) ☎ 415/626-1628. Preços US$8-19. AE, DC, DISC, MC, V. Jantar diariam. Ônibus: 6, 7, 22, 66, 71. Mapa pág. 94.*

IN-N-OUT Burger FISHERMAN'S WHARF *HAMBÚRGUERES* Esta rede comum na Califórnia serve hambúrgueres com batatas fritas finíssimas. *333 Jefferson St. (Leavenworth St. e Jones St.) ☎ 800/786-1000. www.in-n-out.com. Preços US$1,65-2,80. Não aceita cartão de crédito. Almoço e jantar diariam. Ônibus: 10, 30. Bonde: F. Mapa pág. 94.*

★★ **Isa** MARINA *CALIFORNIANO/FRANCÊS* Pratos criativos, como o risoto com trufas. Se as condições meteorológicas permitirem, acomode-se na parte externa. *3324 Steiner St. (Lombard St. e Chestnut St.) ☎ 415/567-9588. Preços US$9-17. MC, V. Jantar seg-sáb. Ônibus: 22, 30. Mapa pág. 94.*

Isobune JAPANTOWN *JAPONÊS* Aqui os sushis chegam de barco, sobre uma esteira na mesa. Nos horários de maior movimento, os sushis são mais frescos. *1737 Post St. (Japan Center) ☎ 415/ 563-1030. 1 par de sushi US$1,80-3,75. MC, V. Almoço e jantar diariam. Ônibus: 38. Mapa pág. 94.*

★ **Jardiniere** HAYES VALLEY *FRANCÊS* Os adeptos da ópera e da sinfônica encerram a noite com um jantar neste restaurante do Civic Center. *300 Grove St. (Franklin St.) ☎ 415/861-5555. Preços US$22-38. AE, DC, DISC, MC, V. Jantar diariam. Ônibus: 21. Mapa pág. 94.*

Juban Yakiniku House JAPANTOWN *JAPONÊS* Se quiser, prepare sua porção de carne, frango ou camarão direto na mesa. *1581 Webster St. (Japan Center) ☎ 415/776-5822. Preços US$7,50-20. AE, MC, V. Almoço e jantar seg-qua. Ônibus: 38. Mapa pág. 94.*

★ **Khan Toke** RICHMOND *TAILANDÊS* Tire os sapatos e acomode-se numa mesa baixa para apreciar a autêntica refeição tailandesa. De sobremesa, peça bananas fritas. *5937 Geary Blvd. (23rd Av. e 24th Av.) ☎ 415/668-6654. Preços US$8-13. AE, DC, MC, V. Jantar diariam. Ônibus: 38. Mapa pág. 99.*

★★ Kokkari Estiatorio FINANCIAL DISTRICT *GREGO* Magníficos pratos com ingredientes da estação e alguns clássicos gregos, preparados com um toque californiano. *200 Jackson St. (Front St.) ☎ 415/981-0983. Preços US$19-34. AE, DC, DISC, MC, V. Almoço seg- sex, jantar seg-sáb. Ônibus: 10. Mapa pág. 96.*

★ La Corneta Taqueria MISSION *MEXICANO* Entre as muitas taquerias do bairro, esta é a melhor. Escolha os recheios para o seu burrito. *2731 Mission St. (23rd St. e 24th St.) ☎ 415/643-7001. Preços US$3-12. MC, V. Almoço e jantar diariam. Ônibus: 14, 49. BART: 24th St. Mapa pág. 93.*

La Méditerranée PACIFIC HEIGHTS *MEDITERRÂNEO* Para quem aprecia homus e charutos de folha de uva, servidos em ambiente descontraído. *2210 Fillmore St. (Sacramento St.) ☎ 415/921-2956. 288 Noe St. (Market St.) www.cafelamed.com. Preços US$7,25-14. AE, MC, V. Almoço e jantar seg-sáb. Ônibus: 1, 22. Mapa pág. 93.*

La Rondalla MISSION *MEXICANO* Aqui há festas todas as noites, com iluminação abundante, música de *mariachis* e amplo cardápio de pratos mexicanos. As fortes margaritas garantem a animação. *901-903 Valencia St. (20th St.) ☎ 415/647-7474. Preços US$8-12. Não aceita cartão decrédito. Jantar diariam. Ônibus: 14, 49. BART: 24th St. Mapa pág. 93.*

Le Colonial UNION SQUARE *VIETNAMITA* Ousado ambiente em estilo colonial. Há quem prefira pedir petiscos e uma bebida para apreciar no andar superior. *20 Cosmo Place (Jones St. e Taylor St.). ☎ 415/931-3600. Preços US$8-33. AE, MC, V. Jantar diariam. Ônibus: 2, 3, 4, 27. Mapa pág. 96.*

As alcachofras são alguns dos itens de qualidade produzidos na região.

★★ Limòn MISSION *PERUANO* Autêntica cozinha peruana, como atestam o pratos de ceviche e o divino "picante de mariscos". *524 Valencia St. (16th St. e 17th St.) ☎ 415/252-0918. Preços US$10-18. AE, MC, V. Almoço e jantar diariam. Ônibus: 14, 22, 33, 49. BART: 16th St. Mapa pág. 93.*

Long Life Noodle Company & Jook Joint SOMA *ASIÁTICO* Variados pratos à base de macarrão, a preços sedutores. *139 Steuart St. (Mission St. e Howard St.) ☎ 415/281-3818. Preços US$5,50-9. MC, V. Almoço e jantar seg-sex. Ônibus: 15, 30, 32, 45. Bonde: F. Mapa pág. 94.*

★★ L'Osteria del Forno NORTH BEACH *ITALIANO* A fila em frente à porta tem quase tanta gente quanto a parte interna desta *osteria*, que serve uma das melhores comidas italianas de North Beach. *519 Columbus Ave. (Union St. e Green St.) ☎ 415/982-1124. Preços US$11-13. Não aceita cartão de crédito. Almoço e jantar qua-seg. Ônibus: 15, 30, 41.* Cable car: *linha Powell-Mason. Mapa pág. 98.*

Lovejoy's Tea Room CASTRO *CHÁ DA TARDE* Sanduíches caprichados, bolinhos e ótimos chás. Há antiguidades à venda (com destaque para os aparelhos de chá). *1351 Church St. (Clipper St.)* ☎ *415/648-5895. Chá S$12-19. MC, V. Chá qua-dom 11h-17h30. Muni: Castro. Mapa pág. 93.*

★ **Luna Park** MISSION *CALIFORNIANO/FRANCÊS* Badalado ponto de encontro de jovens em busca de porções fartas . *694 Valencia St. (18th St.)* ☎ *415/553-8584. Preços US$9,50-16. AE, MC, V. Almoço seg-sex, jantar diariam, brunch sáb-dom. Ônibus: 14, 49. BART: 16th St. Mapa pág. 93.*

★ **Maykadeh** NORTH BEACH *PERSA* Os iranianos que moram aqui vêm ao Maykadeh para provar pratos típicos, como a berinjela com molho de menta e o cordeiro marinado em iogurte e açafrão. *470 Green St. (Grant Ave. e Kearny St.)* ☎ *415/362-8286. Preços US$13-24. MC, V. Almoço e jantar diariam. Ônibus: 15, 30, 41, 45.* Cable car: *Powell-Mason. Mapa pág. 98.*

★ **McCormick & Kuleto's** FISHERMAN'S WHARF *FRUTOS DO MAR* A vista espetacular, a ambientação elegante e os pescados muito bem preparados compensam o cardápio extenso demais. *900 North Point St. (Ghirardelli Square, Hyde St.)* ☎ *415/929-1730. Preços US$11-31. AE, DC, DISC, MC, V. Almoço e jantar diariam. Ônibus: 10, 30.* Cable car: *Powell-Hyde. Mapa pág. 94.*

★ **Memphis Minnie's** HAIGHT *CHURRASCO* Este é o melhor restaurante de carnes grelhadas de São Francisco. Serve filés suculentos acompanhados de três tipos de molho (felizmente, há rolos de papel-toalha em todas as mesas). *576 Haight St. (Steiner St.)* ☎ *415/864-8461. Preços US$6,25-13. AE, MC, V. Almoço e jantar ter-dom. Ônibus: 6, 7, 22, 66, 71. Mapa pág. 94.*

★★★ **Michael Mina** UNION SQUARE *CALIFORNIANO* Neste animado salão com pé-direito alto, espere encontrar garçons hábeis, *sommeliers* de primeira e uma maravilhosa mistura de sabores. Vale lembrar que as porções são realmente grandes, mas é essencial deixar espaço para as excelentes sobremesas da casa. *335 Powell St. (Westin St. Francis Hotel, Geary St.).* ☎ *415/397-9222. Menu a preço fixo US$88-120. AE, DC, DISC, MC, V. Jantar diariam.* Cable car: *linha Powell. Mapa pág. 96.*

A grandiosa entrada para a cozinha do Michael Mina.

Millennium UNION SQUARE *VEGETARIANO* Nenhum ingrediente de origem animal entra no preparo dos pratos daqui, mas o Millennium consegue mostrar que sua escolha não sacrifica a qualidade. *580 Geary St. (Jones St.)* ☎ *415/345-3900. Preços US$18-21. AE, DC, DISC, MC, V. Jantar diariam. Ônibus: 2, 3, 4, 27, 38. Mapa pág. 96.*

★ **Mitchell's Ice Cream** MISSION *SORVETES* Pegue uma senha e espere para pedir um sorvete de sabor peculiar, como abacate, ou a estrela da casa: o sorvete de coco. *688 San Jose Ave. (29th St., ao sul do local em que a Guerrero St. vira San Jose Ave.)* ☎ *415/648-2300. US$2,10-5,30. Não aceita cartão de crédito. Almoço e jantar diariam. Ônibus: 14, 49. Muni: Church e 30th Streets. Mapa pág. 93.*

★★★ **Moose's** NORTH BEACH *AMERICANO* Políticos da região e clientes sofisticados procuram esta instituição de North Beach para saborear as inovações da culinária americana, baseada nos melhores ingredientes orgânicos. Pense em algo como bacalhau com cuscuz de caranguejos ou chocolate amargo com molho de vinho do Porto. *1652 Stockton St. (Filbert St. e Union St.)* ☎ *415/989-7800. Preços US$11-36. AE, DC, DISC, MC, V. Almoço qui-sáb, jantar diariam., brunch dom. Ônibus: 15, 30, 41, 45. Cable car: Powell-Mason. Mapa pág. 98.*

Naan-N-Curry NORTH BEACH *INDIANO/PAQUISTANÊS* Comida boa e preços baixos; peça um dos curries ou o pão *naan*. *533 Jackson St. (Columbus Ave.)* ☎ *415/693-0499. Preços US$5-10. MC, V. Almoço e jantar diariam. Ônibus: 15, 41. Mapa pág. 96.*

★ **Nob Hill Café** NOB HILL *ITALIANO* Para um ambiente mais caseiro e preços mais razoáveis na sofisticada Nob Hill, venha fazer sua refeição neste café. *1152 Taylor St. (Sacramento St. e Clay sts.)* ☎ *415/776-6500. Preços US$8-15. DC, DISC, MC, V. Café da manhã, almoço e jantar diariam. Ônibus: 1. Cable car: California. Mapa pág. 96.*

★★ **Okoze** RUSSIAN HILL *JAPONÊS* O dono do Okoze compra os pesca-

Em atividade desde 1953, a sorveteria Mitchell's importa frutas frescas de países como as Filipinas para garantir a qualidade dos famosos sabores.

No Pasta Pomodoro, um dos destaques é o linguine com almôndegas.

dos no mercado de peixes cinco vezes por semana para garantir o frescor dos sushis. *1207 Union St. (Hyde St.) ☎ 415/567- 3397. 2 pares de sushi US$4-12. AE, DC, DISC, MC, V. Jantar diariam.* **Cable car:** *linha Powell-Hyde. Ônibus: 41, 45. Mapa pág. 94.*

★★ **One Market** FINANCIAL DISTRICT *CALIFORNIANO* Aqui tudo é grandioso: a área, os preços e os sabores. Em horário de happy hour, executivos se reúnem no bar. *1 Market St. (Steuart St.) ☎ 415/ 777-5577. Preços US$20-33. AE, DC, DISC, MC, V. Almoço seg-sex, jantar seg-sáb. BART/Muni: Embarcadero. Mapa pág. 94.*

Ozumo SOMA *JAPONÊS* O sushi fresquíssimo, as entradas criativas e o excelente saquê atraem uma clientela sofisticada. *161 Steuart St. (Mission St. e Howard St.) ☎ 415/ 882-1333. Preços US$25-30. AE, DC, DISC, MC, V. Jantar diariam. Ônibus: 12. BART/Muni: Embarcadero. Mapa pág. 94.*

★ **Pane e Vino** COW HOLLOW *ITALIANO* Pratos da Toscana muito bem preparados fazem o cliente voltar sempre. *1715 Union St. (Gough St.) ☎ 415/ 346-2111. Preços US$10-25. AC, MC, V. Almoço seg-qui, jantar diariam. Ônibus: 41, 45. Mapa pág. 94.*

★ **Park Chalet** SUNSET *CALIFORNIANO* Teto e paredes de vidro permitem apreciar o jardim deste restaurante de ambiente agradável. A culinária não é excepcional, mas não decepciona. Vale mais pela localização, na ponta oeste do Golden Gate Park. A casa é uma extensão do Beach Chalet (pág. 90). *1000 Great Hwy. (Fulton St.) ☎ 415/386-8439. Preços US$10-24. AE, DC, DISC, MC, V. Café da manhã, almoço e jantar diariam. Ônibus: 5, 18, 31, 38. Muni: Ocean Beach. Mapa pág. 99.*

★ **Park Chow** SUNSET *AMERICANO* Como o Chow (pág. 102), o Park Chow combina pratos americanos com ambiente animado e preços razoáveis. *1240 9th Ave. (Lincoln Way e Irving St.) ☎ 415/665-9912. Preços US$6-11. MC, V. Almoço e jantar diariam., brunch sáb e dom. Ônibus: 6, 66, 71. Muni: 9th & Irving. Mapa pág. 99.*

Pasta Pomodoro NORTH BEACH *ITALIANO* Rede com filiais em vários locais, serve pratos italianos básicos a preços moderados. Há cadeirões para crianças. *655 Union St. (Columbus Ave.) ☎ 415/399-0300. www.pastapomodoro.com. Preços US$6,75-8,95. MC, V. Almoço e jantar diariam. Ônibus: 15, 30, 41.* **Cable car:** *Powell-Mason. Mapa pág. 98.*

★ **Postrio** UNION SQUARE *CALIFORNIANO* A casa do *chef*-celebridade Wolfgang Puck segue como ótima opção. ***545 Post St. (Prescott Hotel, Taylor St. e Mason St.)* ☎ *415/776-7825. Preços US$16-27. AE, DC, DISC, MC, V. Almoço e jantar diariam. Ônibus 2, 3, 4. Mapa pág. 96.***

★ **Puccini and Pinetti** UNION SQUARE *ITALIANO* As crianças adoram vir aqui e escolher como querem as pizzas. ***129 Ellis St. (Cyril Magnin St., entre Mason St. e Powell St.)* ☎ *415/392-5500. Preços US$12-16 almoço, US$14-20 jantar. AE, DC, DISC, MC, V. Almoço seg-sáb, jantar diariam. BART/Muni: Powell St. Cable car: Powell lines. Mapa pág. 96.***

★★ **Quince** PACIFIC HEIGHTS *ITALIANO* Pratos que mudam de acordo com a estação neste local que atende só sob reserva. ***1701 Octavia St. (Bush St.)* ☎ *415/775-8500. Preços US$16-27. AE, MC, V. Jantar diariam. Ônibus: 2, 3, 4. Mapa pág. 94.***

★ **R & G Lounge** CHINATOWN *CHINÊS* É o melhor restaurante de Chinatown, mas pode ser um pouco difícil escolher o pedido. O destaque da casa é o caranguejo preparado com sal e pimenta, mas há quem prefira o filé mignon com molho de camarões e vieiras. Tente se acomodar no andar superior. ***631 Kearny St. (Commercial St.)* ☎ *415/982-7877. Preços US$10-50. AE, DC, DISC, MC, V. Almoço e jantar diariam. Ônibus: 15, 30. Mapa pág. 96.***

★ **Restaurant LuLu** SOMA *CALIFORNIANO/FRANCÊS* Ótimas carnes assadas e pratos sazonais, como o risoto de camarão, em ambiente de espaço abundante. ***816 Folsom St. (4th St.e 5th St.)* ☎ *415/495-5775. Preços US$15-30. AE, DC, MC, V. Almoço e jantar diariam. Ônibus: 30, 45. Mapa pág. 94.***

★ **RNM** HAIGHT *AMERICANO* Reduto disputado em plena Haight, serve culinária americana com leves toques europeus. ***598 Haight St. (Steiner St.)* ☎ *415/551-7900. Preços US$12-24. MC, V. Jantar ter-sáb. Ônibus: 6, 7, 22, 66, 71. Mapa pág. 94.***

★ **Rose Pistola** NORTH BEACH *ITALIANO* Vale vir aqui pelo antepasto e pelo ambiente animado,

Um antigo galpão de 1910 reformado acomoda o moderno Restaurant Lulu.

Os rolinhos recheados de camarão, carne de porco e hortelã do Slanted Door são acompanhados por molho de amendoim.

mas o padrão é mediano. *532 Columbus Ave. (Green St. e Union St.)* ☎ *415/399-0499. Preços US$19-36. AE, MC, V. Almoço dom-qui, jantar diariam. Ônibus: 15, 30, 41.* Cable car: *Powell-Mason. Mapa pág 98.*

Sam's Grill FINANCIAL DISTRICT *ITALIANO/FRUTOS DO MAR* Peça peixe grelhado ou uma massa neste que é um dos restaurantes mais antigos de São Francisco. *374 Bush St. (Kearny St. e Montgomery St.)* ☎ *415/421-0594. Preços US$10-27. AE, DC, DISC, MC, V. Almoço e jantar seg-sex. Ônibus: 15. BART/ Muni: Montgomery St. Mapa pág. 96.*

★ **Sanraku** UNION SQUARE *JAPONÊS* Sushis fresquíssimos, decoração discreta e preços compatíveis. Há cadeirões para crianças. *704 Sutter St. (Taylor St.)* ☎ *415/ 771-0803 (outra unidade da praça de alimentação do Sony Metreon). Preços US$8,50-25. AE, DC, DISC, MC. Almoço e jantar diariam. Ônibus: 2, 3, 4, 27. Mapa pág. 96.*

★★★ **The Slanted Door** FINANCIAL DISTRICT *VIETNAMITA* Apesar de se mudar várias vezes para imóveis maiores, sempre há filas na casa. Com tanta procura, convém fazer sua reserva. *Ferry Bldg., 1 Ferry Plaza (Embarcadero e Market St.)* ☎ *415/861-8032. Preços US$10-26 jantar. AE, MC, V. Almoço e jantar diariam. BART/Muni: Embarcadero. Mapa pág. 94.*

★ **Sociale** PRESIDIO HEIGHTS *ITALIANO* Os moradores prestigiam este local, situado atrás de uma rua de compras, pelo bons pratos da culinária toscana. Nos dias quentes, vale tentar uma das mesas na área aberta. *3665 Sacramento St. (Locust St. e Spruce St.)* ☎ *415/921-3200. Preços US$12-24. MC, V. Almoço e jantar seg-sáb. Ônibus: 1, 4. Mapa pág. 94.*

★ **Suppenkuche** HAYES VALLEY *ALEMÃO* A ótima seleção de cervejas e os saborosos pratos bávaros atraem a clientela jovem. *601 Hayes St. (Laguna St.)* ☎ *415/252-9289. Preços US$8,50-17. AE, DISC, MC, V. Jantar diariam.,* brunch *dom 10h-14h30. Ônibus: 21. Mapa pág. 94.*

★ **Swan Oyster Depot** RUSSIAN HILL *FRUTOS DO MAR* No almoço, a fila de espera para saborear o ensopado e as ostras deste local

O destaque do Swan Oyster, local pequeno e que conta com apenas 20 bancos no balcão, são os coquetéis de frutos do mar.

simples é longa, mas anda rápido. *1517 Polk St. (California St. e Sacramento St.)* ☎ *415/673-1101. Coquetéis de frutos do mar US$8-US$15. Ostras US$7,50 (6 unidades). Nã aceita cartão de crédito. Seg-sáb 8h-17h30. Ônibus: 1, 19. Mapa pág. 94.*

Swensen's Creamery RUSSIAN HILL *SORVETE* Trata-se da loja original, aberta em 1948. Serve três tipos de baunilha. *1999 Hyde St. (Union St.)* ☎ *415/775-6818. Sorvetes US$2,45-3,95. AE, MC, V. Dom e ter-qui 12h-22h, sex-sáb 12h-23h. Ônibus: 41, 45.* Cable car: *Powell-Hyde. Mapa pág. 94.*

Tadich Grill FINANCIAL DISTRICT *FRUTOS DO MAR* Os turistas adoram vir ao restaurante mais antigo de São Francisco e apreciar pratos tradicionais. Mas sempre há filas. *240 California St. (Battery St. e Front St.)* ☎ *415/391-2373. Preços US$15-34. MC, V. Almoço e jantar seg-sáb. BART/Muni: Montgomery St.* Cable car: *linha California. Mapa pág. 96.*

★ **Taqueria Pancho Villa** MISSION *MEXICANO* Esta casa simples é uma das melhores taquerias da cidade. *3071 16th St. (Mission St. e Valencia St.)* ☎ *415/864-8840. Preços US$1,35-16. AE, MC, V. Almoço e jantar diariam. Ônibus: 14, 22, 49. BART: 16th St. Mapa pág. 93.*

★ **Tartine Bakery** MISSION *PADARIA* A fila se forma bem cedinho por causa do pão recém--saído do forno. Os sanduíches também são bons. *600 Guerrero St. (18th St.)* ☎ *415/487-2600. Sanduíches US$6-10. AE, MC, V. Seg 8h-14h; ter-qua 7h30-19h; qui-sex 7h30-20h; sáb 8h-20h; dom 9h-20h. Ônibus: 14, 33, 49. BART: 16th St. Mapa pág. 93.*

★ **Taylor's Refresher** FINANCIAL DISTRICT *HAMBÚRGUERES* Filial de um tradicional *diner* de Sonoma. Hambúrgueres especiais de carne orgânica. *1 Ferry Bldg., 1 Ferry Plaza (Embarcadero St. e Market St.)* ☎ *866/328-3663. Preços US$3-13. AE, DC, DISC, MC, V. Almoço e jantar diariam. BART/Muni: Embarcadero. Mapa pág. 94.*

★ **The Terrace** NOB HILL *BRUNCH* O variado bufê que inclui até caviar, músicos que tocam jazz e o belo jardim fazem daqui o brunch mais badalado da cidade. ***Ritz-Carlton Hotel, 600 Stockton St. (California St.)*** ☎ ***415/773-6198. Brunch US$65 adultos, US$32 5-12 anos. AE, DC, MC, V. Dom 10h30-14h.*** **Cable car:** ***todas as linhas. Mapa pág 96.***

★ **Ti Couz** MISSION *CREPES* Entre as opções de recheio, salmão defumado e queijo de cabra. Há mesas ao ar livre. ***3108 16th St. (Valencia St.)*** ☎ ***415/252-7373. Crepes US$2-10. MC, V. Almoço e jantar diariam. Ônibus: 14, 22, 49. BART: 16th St. Mapa pág. 93.***

Tommaso's Restaurant NORTH BEACH *ITALIANO/PIZZARIA* Mesas coletivas e ótimas pizzas assadas em forno a lenha, além de outros pratos italianos. ***1042 Kearny St. (Broadway St. e Pacific Ave.)*** ☎ ***415/398-9696. Preços US$10-19. AE, DC, MC, V. Jantar ter-dom. Ônibus: 12, 15. Mapa pág. 98.***

★★ **Ton Kiang** RICHMOND *CHINÊS* Lugar ideal para provar *dim sum*. Peça um chá e escolha entre os bolinhos recheados com patas de caranguejo ou carne de porco, entre outros sabores. Não deixe de pedir sobremesa. ***5821 Geary Blvd. (22nd Av. e 23rd Av.)*** ☎ ***415/387-8273. Dim sum US$2-5,50 a unidade. AE, DC, DISC, MC, V. Almoço e jantar diariam. Ônibus: 38. Mapa pág. 99.***

★★★ **Town Hall** SOMA *AMERICANO* Endereço recente especializado na nova culinária americana, com alguns sabores que remetem a Nova Orleans. ***342 Howard St. (Fremont St.)*** ☎ ***415/908-3900. Preços US$19-26. AE, DC, MC, V. Almoço seg-sex, jantar diariam. Ônibus: 10, 14, 15. Mapa pág. 96.***

★ **Town's End** SOMA *AMERICANO/BRUNCH* Cestas de pães de fabricação própria acompanham as carnes servidas aqui. Bela área externa. ***2 Townsend St. (The Embarcadero)*** ☎ ***415/512-0749. Preços US$6,50-11 brunch, US$9-17 jantar. AE, DC, MC, V. Café da manhã e almoço ter-sex, jantar ter-sáb,*** brunch ***sáb-dom 8h-14h30. Ônibus: 10. Muni: Brannan & Embarcadero. Mapa pág. 94.***

★ **Trattoria Contadina** NORTH BEACH *ITALIANO* Refúgio na North Beach. Vá de linguine com almôndegas. ***1800 Mason St. (Union St.)*** ☎ ***415/982-5728. Preços US$12-24. AE, DC, DISC, MC, V. Jantar diariam. Ônibus: 30, 41.*** **Cable car:** ***Powell-Mason. Mapa pág. 98.***

Ton Kiang, um local fora do roteiro turístico, serve o melhor dim sum *da cidade.*

★ **Universal Café** POTRERO HILL *CALIFORNIANO* Ótimos pratos da nova cozinha americana em ambiente descontraído. Vale a pena sair do roteiro e vir para cá. *2814 19th St. (Byrant St. e Florida St.) ☎ 415/821-4608. Preços US$14-27. AE, DC, DISC, MC, V. Almoço sex, jantar diariam,* brunch *sáb-dom 9h-14h30. Ônibus: 9, 27. Mapa pág. 93.*

★ **Vicolo Pizzeria** HAYES VALLEY *PIZZARIA* As deliciosas pizzas e as criativas saladas são os destaques da casa. *150 Ivy Alley. (Hayes St. e Grove St.) ☎ 415/863-2382. Preços US$8-8,50. MC, V. Jantar diariam., almoço somente quando há matinês na ópera ou sinfônica. 11h30-2h. Ônibus: 21. Mapa pág. 94.*

★ **Yank Sing** FINANCIAL DISTRICT *CHINÊS* Todos os dias serve 60 variedades de um excelente *dim sum*, com recheios variados. *101 Spear St. (Rincon Center, Mission St.) ☎ 415/957-9300. Preços US$3,50-7,50. AE, DC, DISC, MC, V. Almoço diariam. Bonde: todas as linhas Market St. Mapa pág. 94. 49 Stevenson St. (1st St. e 2nd St.). ☎ 415/541-4949. AE, DC, DISC, MC, V. Almoço diariam. BART/Muni: Embarcadero. Mapa pág. 96.*

Zao Noodle Bar MARINA *ASIÁTICO* Disputado por famílias, oferece sopas e curries para adultos e macarrão para os pequenos. *2031 Chestnut St. (Fillmore St. e Steiner St.) ☎ 415/928-3088. Preços US$8-10. AE, MC, V. Almoço e jantar diariam. Ônibus: 22, 30. 2406 California St. (Fillmore St.). ☎ 415/345- 8088. Ônibus: 1, 22. Mapa pág. 94.*

O Zuni Café é sofisticado, disputado e famoso pelo pratos mediterrâneos.

★ **ZA Pizza** RUSSIAN HILL *PIZZARIA* Pizzas de bordas finas, com sabores como tomate seco, pesto ou ingredientes clássicos. Bom lugar para fazer uma pausa no caminho a Fisherman's Wharf. *1919 Hyde St. (Green St. e Union St.) ☎ 415/771-3100. Fatias US$3,30-4,35. AE, DC, MC, V. Almoço e jantar diariam. Ônibus: 41, 45.* Cable car: *linha Powell-Hyde. Mapa pág 94.*

★★ **Zuni Cafe** HAYES VALLEY *MEDITERRÂNEO/CALIFORNIANO* Depois de duas décadas de sucesso, a elogiada *chef* Judy Rodgers continua preparando iguarias como o aclamado frango com salada de pão. *1658 Market St. (Gough St. e Franklin St.) ☎ 415/552-2522. Preços US$15-8. AE, MC, V. Almoço e jantar diariam. Ôibus: 6, 7, 66, 71. Muni: Van Ness. Mapa pág. 94.*

7 O melhor da noite

Endereços de destaque

Café irlandês
★ The Buena Vista Café, *2765 Hyde St. (pág. 121)*

Solteiros
Matrix Fillmore, *3138 Fillmore St. (pág. 123)*

Happy hour
★ The Tonga Room & Hurricane Bar, Fairmont Hotel, *950 Mason St. (pág. 122)*

Para ver celebridades
★ Tosca, *242 Columbus Ave. (pág. 122)*

Cerveja
★ Toronado Pub, *547 Haight St. (pág. 127)*

Vista
★★ The Top of the Mark, Inter-Continental Mark Hopkins, *1 Nob Hill (pág. 124)*

Lounge estilo cabaré
★★ Empire Plush Room, *940 Sutter St. (pág. 125)*

Para ver futebol europeu
★★ Mad Dog in the Fog, *530 Haight St. (pág. 127)*

Velhos tempos
Perry's, *1944 Union St. (pág. 121)*

Para ir de bar em bar
Mission, vários locais (ver pág. 128)

Karaokê
★ The Mint Karaoke Lounge, *1942 Market St. (pág. 126)*

Bar de blues
★★ The Boom Boom Room, *1601 Fillmore St. (pág. 122)*

Bar de esportes
★ Greens Sports Bar, *2239 Polk St. (pág. 126)*

Bar de champanhe
★ The Bubble Lounge, *714 Montgomery St. (pág. 123)*

Martíni
★ Blondie's, *540 Valencia St. (pág. 128)*

Rock
★★★ Fillmore Auditorium, *1805 Geary Blvd. (pág. 127)*

Bar beatnik
★ Vesuvio, *225 Columbus Ave. (pág. 122)*

Mergulho
★ Hemlock, *1131 Polk St. (pág. 121)*; e 500 Club, *500 Guerrero (pág. 128)*

Gay
★ Moby Dick, *4049 18th St. (pág. 125)*

Para dançar
★★ The EndUp, *401 6th St. (pág. 124)*

Clube de jazz
★★ Rasselas, *1534 Fillmore St. (pág. 126)*

O Vesuvio, próximo à livraria City Lights e reduto de Kerouac, tem clientela variada.

Leste da Van Ness Ave.

Bambuddha Lounge **23**
Bimbo's 365 Club **2**
Biscuits & Blues **21**
Blur **14**
Bottom of the Hill **30**
The Bubble Lounge **10**
The Buena Vista Café **1**
Empire Plush Room **15**
The EndUp **28**
Enrico's Sidewalk Café **5**
Ginger's Trois **18**
Gold Club **25**
Gordon Biersch **26**
Greens Sports Bar **3**
Harry Denton's Starlight Lounge **17**
Hemlock **13**
Jazz at Pearl's **6**
Johnny Foley's Irish House **22**
Mezzanine **27**
O'Reilly's Irish Pub & Restaurant **4**
The Ramp **31**
Red Room **16**
Redwood Room **19**
Ruby Skye **20**
San Francisco Brewing Co. **9**
Slim's **29**
Thirsty Bear Brewing Co. **24**
The Tonga Room & Hurricane Bar **11**
The Top of the Mark **12**
Tosca **7**
Vesuvio **8**

Oeste da Van Ness Ave.

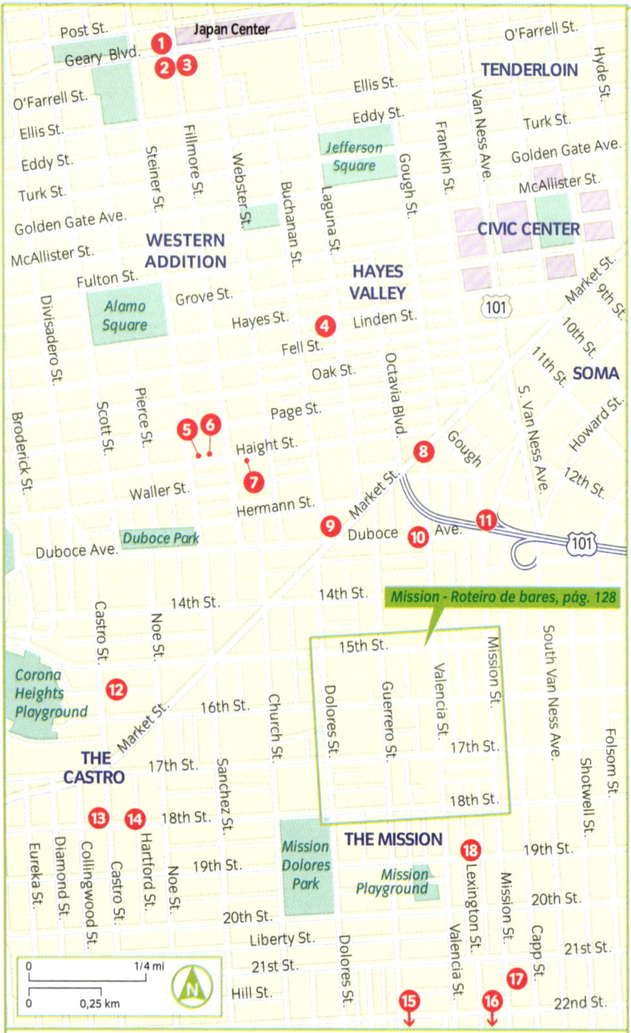

The Boom Boom Room **1**
El Rio **16**
Fillmore Auditorium **2**
Harvey's **13**
Laszlo **17**
Levende Lounge **11**
Lexington Club **18**
Mad Dog in the Fog **6**
Martuni's **8**
The Mint Karaoke Lounge **9**
Moby Dick **14**
Nickie's **7**
Pilsner Inn **12**
Rasselas **3**
Suppenkuche **4**
Toronado Pub **5**
Wild Side West **15**
Zeitgeist **10**

Noite

Bares

Balboa Café COW HOLLOW Com clientela na faixa dos 30 aos 40 anos, sobretudo moradores do bairro, este bar tem status de instituição de São Francisco. *3199 Fillmore St. (Greenwich St.) ☎ 415/921-3944. www.plumpjack.com. Ônibus: 22, 30. Mapa pág. 119.*

★ **Blur** TENDERLOIN No meio dos bares de Tenderloin, o Blur se destaca pela iluminação serena e pelos sushis. *1121 Polk St.(Post St. e Sutter St.) ☎ 415/567-1918. Ônibus: 2, 3, 4, 19. Mapa pág. 119.*

★ **The Buena Vista Café** COW HOLLOW Apesar da crença local, o Buena Vista não inventou o café irlandês, mas é o lugar que mais serve a bebida em toda a cidade. *2765 Hyde St. (Beach St.) ☎ 415/ 474-5044. www.thebuenavista.com. Ônibus: 10, 30. Cable car: linha Powell-Hyde. Mapa pág. 119.*

500 Club MISSION *(ver pág. 128). Mapa pág. 128.*

★ **Hemlock** TENDERLOIN Atendentes tatuados e a presença de bandas todas a noites (cobra-se couvert artístico) fazem daqui um lugar disputado, em especial nas baladas de sexta-feira e sábado. *1131 Polk St. (Post St. e Sutter St.) ☎ 415/923-0923. Ônibus: 2, 3, 4, 19. Mapa pág. 119.*

★★ **Laszlo** MISSION Este bar com ambiente "industrial chique", próximo ao badalado restaurante Foreign Cinema (pág. 105), prepara coquetéis divertidos, como o Heat Seeker, feito com Absolut Pepper, Cointreau e suco de limão. *2534 Mission St. (21st St. e 22nd St.) ☎ 415/648-7600. Ônibus: 14, 49. BART até a 24th St. Mapa pág. 120.*

★ **Martuni's** MISSION Este piano-bar atrai clientes com mais de 30 anos e prepara combinações peculiares, como martíni com licor de chocolate e vodca. *4 Valencia St. (Market St.) ☎ 415/241-0205. www.martunis.citysearch.com. Ônibus: 26. Mapa pág. 120.*

Perry's COW HOLLOW Imortalizado na obra *Histórias de uma Cidade*, de Armistead Maupin, este bar/restaurante prepara pratos tradicionais americanos. No passado, era o principal destino de solteiros da região. *1944 Union St. (Buchanan St. e Laguna St.) ☎ 415/922-9022. Ônibus: 45. Mapa pág. 119.*

★**Red Room** UNION SQUARE Esta casa de tons avermelhados, elegante e disputada, atende um público cosmopolita e eclético. *Commodore Hotel. 827 Sutter St. (Leavenworth St. e Jones St.) ☎ 415/346-7666. Ônibus: 2, 3, 4, 27. Mapa pág. 119.*

A elegância tem cor – e ela é vermelha – na ambientação do Red Room.

No Boom Boom Room, apresentações de blues de qualidade.

★★ **Suppenkuche** HAYES VALLEY Melhor oferta de cerveja e culinária alemã na cidade (ver pág. 120).

★ **The Tonga Room & Hurricane Bar** NOB HILL Eis aqui um ambiente assumida e totalmente kitsch (mas, mesmo assim, o happy hour em estilo asiático a US$7 costuma atrair muita gente). *Fairmont Hotel, 950 Mason St. (California St.)* ☎ *415/772-5278. www.tongaroom.com. Ônibus: 1.* Cable car: *todos. Mapa pág. 119.*

★ **Tosca** NORTH BEACH Esta descontraída instituição de North Beach atrai políticos e celebridades. Com um bar de madeira escura e poltronas de couro vermelhas, é um clássico. *242 Columbus Ave. (Broadway St. e Pacific Ave.)* ☎ *415/986-9651. Ônibus: 12, 15, 41. Mapa pág. 119.*

★ **Vesuvio** NORTH BEACH Antigo reduto disputado pelos beatniks, o Vesuvio mantém sua clientela. Peça um bohemian coffee: brandy, amaretto e suco de limão. *225 Columbus Ave. (Pacific Ave.)* ☎ *415/362-3370. www.vesuvio.com. Ônibus: 12, 15, 41. Mapa pág. 119.*

★ **Zeitgeist** MISSION Quem vem aqui tem motivos para se acomodar no amplo jardim de cerveja e escolher entre a variada oferta de chope, ao lado de clientes habituais. *199 Valencia St. (Duboce Ave.)* ☎ *415/255-7505. Ônibus: 26. Mapa pág.120.*

Blues

★ **Biscuits & Blues** UNION SQUARE Casa de blues conhecida em todo o país. *401 Mason St. (Geary St.).* ☎ *415/292-2583. www.biscuitsandblues.com.* Couvert *durante as apresentações US$5-20. Ônibus: 2, 3, 4, 38.* Cable car: *linha Powell. Mapa pág. 119.*

★★ **The Boom Boom Room** WESTERN ADDITION Algumas das melhores bandas de blues dos Estados Unidos vêm se apresentar neste endereço famoso. *1601 Fillmore St. (Geary Blvd.).* ☎ *415/673-8000. www.boomboomblues.com.* Couvert *US$15. Ônibus: 22, 38. Mapa pág. 120.*

Cervejarias

Gordon Biersch SOMA Maior restaurante e cervejaria de São Francisco, disputado por profissionais quem saem do trabalho em busca de uma boa cerveja alemã. *2 Harrison St. (Embarcadero)* ☎ *415/243-8246. www.gordonbiersch.com. Ônibus: 12. Bonde: N. Mapa pág. 119.*

★ **San Francisco Brewing Company** NORTH BEACH Este ambiente com ares de saloon, com janelas de vitrais e balcão de mogno, serve pratos e cervejas artesanais. Está sempre cheio. *155 Columbus Ave.(Jackson St. e Pacific Ave.)* ☎ *415/434-3344. www.sfbrewing.com. Ônibus: 12, 14, 15. Mapa pág. 119.*

★★ Thirsty Bear Brewing Company SOMA As ótimas cervejas produzidas aqui são acompanhadas de *tapas* ao estilo espanhol. Mesas de sinuca e dardos no andar superior, além de apresentações de flamenco aos domingos, de jazz às terças e DJ nas noites de quinta. *661 Howard St. (New Montgomery St. e 3rd St.) ☎ 415/974-0905. www.thirstybear.com. Ônibus: 10, 13, 15, 45. Mapa pág 119.*

Lounges

★ Bambuddha Lounge TENDERLOIN Este ousado clube instalado no Phoenix Hotel oferece sons que vão do hip hop e funk ao house. Prepara uma saborosa culinária asiática. *601 Eddy St. (Larkin St.) ☎ 415/885-5088. www.bambuddhalounge.com. Ônibus: 19, 31. Mapa pág. 119.*

★ The Bubble Lounge FINANCIAL DISTRICT Esta é a casa-irmã do badalado endereço de Nova York. Ao lado da ampla oferta de champanhes, martínis e caviar, um *dress code* rígido: bonés ou tênis não são aceitos por aqui. *714 Montgomery St. (Washington St.) ☎ 415/434-4204. www.bubblelounge.com. Não cobra* couvert. *Ônibus: 10, 15, 41. Mapa pág. 119.*

Na San Francisco Brewing Company, difícil é escolher que cerveja tomar.

★ Levende Lounge MISSION Pratos rápidos e coquetéis ao som do DJ, em meio a uma clientela na casa dos 20 aos 30 anos. *1710 Mission St. (13th St.e 14th St.) ☎ 415/864-5585. www.levendesf.com. Bonde: F. Mapa pág. 120.*

Matrix Fillmore UNION SQUARE Jovens yuppies costumam se reunir aqui e se divertir tomando os caros drinques da casa. *3138 Fillmore St. (Greenwich St. e Filbert St.) ☎ 415/563-4180. www.plumpjack.com. Ônibus: 22, 30. Mapa pág. 119.*

O Bambuddha Lounge, cuja decoração recebeu influências filipinas, balinesas e tailandesas, tem até piscina.

DJs ajudam a manter o pique da jovem clientela do Levende Lounge.

Redwood Room UNION SQUARE Vale a pena conhecer o histórico Redwood Room por sua ambientação antiga, criação do *hotelier* Ian Schrager, ainda que a casa tenha deixado de figurar entre as mais disputadas de SF. *Clift Hotel, 495 Geary St. (Taylor St.)* ☎ *415/775-4700. Ônibus: 2, 3, 4, 27, 38. Mapa pág. 119.*

★★ The Top of the Mark NOB HILL O destaque daqui é a bela vista da cidade e a "carta" de martínis, com mais de cem opções. No jantar, há menu a preço fixo (US$49), servido nos fins de semana. *InterContinental Mark Hopkins, 1 Nob Hill. (Mason St. e California St.)* ☎ *415/616-6916.* Couvert *US$5-10. Ônibus: 1.* Cablecar: *todos. Mapa pág. 119.*

Uma clientela sofisticada anima as noites do Redwood Room.

Para dançar

★★ The EndUp SOMA Há três décadas este é o clube para dançar mais concorrido da cidade. Nos fins de semana, a balada chega a se prolongar até as primeiras horas da segunda-feira. *401 6th St. (Harrison St.)* ☎ *415/646-0999. www.theendup.com.* Couvert *variado. Ônibus: 12, 27. Mapa pág. 119.*

★★ Mezzanine SOMA Atualmente uma das pistas de dança mais cheias da cidade, combina a função de nightclub "industrial chique" com a de galeria de arte. *444 Jesse St. (Market St. e Mission St.)* ☎ *415/625-8880. www.mezzaninesf.com.* Couvert *variado. Ônibus: 12, 27. Mapa pág. 119.*

Nickie's HAIGHT Aqui o público varia de acordo com o estilo musical. Às segundas predomina o clima Grateful Dead (tem até incenso!). Nas outras noites, ouve-se hip hop, soul e eletrônicos. *460 Haight St. (Fillmore St. e Webster St.)* ☎ *415/621-6508. www.nickies.com. Ônibus: 22, 67. Mapa pág. 120.*

★ **The Ramp** SOMA Esta combinação de bar e restaurante com áreas abertas não cobra couvert entre maio e outubro. Aproveite para dançar ao ritmo de jazz, salsa, e world music. *855 China Basin. (leste da Mariposa St., após 3rd St.)* ☎ *415/621-2378. www.ramprestaurant.com. Ônibus: 15. Map p 119.*

Ruby Skye UNION SQUARE Este antigo cinema é a maior casa de danças de SF. Tem música ao vivo e DJs nos fins de semana. *420 Mason St. (Post St. e Geary St.) 415/693-0777. www.rubyskye.com. Couvert US$30. Ônibus: 2, 3, 4, 38.* Cable car: *linhas Powell. Mapa pág. 119.*

Gays

Ginger's Trois FINANCIAL DISTRICT Disputado a partir da happy hour, os destaques daqui são os drinques fortes e o ambiente simpático. *246 Kearny St. (Bush St. e Sutter St.)* ☎ *415/989-0282. Ônibus: 3, 4, 15. Mapa pág. 119.*

Harvey's CASTRO Animada mistura de bar e restaurante, é apreciado por moradores do bairro pela comida razoável e pela boa oferta de drinques. *500 Castro St. (18th St.)* ☎ *415/431-4278. Ônibus: 33. Bonde: F. Mapa pág. 120.*

★ **Moby Dick** CASTRO Com 25 anos de atividade, esta instituição de Castro oferece mesa de sinuca, máquinas de fliperama e um vistoso aquário. *4049 18th St. (Castro St. e Noe St.)* ☎ *415/861-1199. www.mobydicksf.com. Ônibus: 33. Bonde: F. Mapa pág. 120.*

Pilsner Inn CASTRO As noites dos fins de semana costumam ser animadas neste bar com bom menu de chopes e espaço a céu aberto. *225 Castro St. (entre 15th St. e 16th St.)* ☎ *415/621-7058. Ônibus: 33. Bonde: F. Mapa pág. 120.*

No EndUp, há espaço para dançar tanto na parte interna quanto a céu aberto.

Jazz

★★ **Empire Plush Room** UNION SQUARE Na década de 1920, funcionava aqui um bar clandestino. Sobraram as banquetas de veludo vermelho e as mesas redondas, cenário para shows de jazz e ao estilo cabaré. *940 Sutter St. (Leavenworth St. e Hyde St.).* ☎ *415/885-2800. www.plushroom.com. Ingressos US$20-100. Ônibus: 2, 3, 4, 27. Mapa pág. 119.*

★ **Enrico's Sidewalk Café** NORTH BEACH Turistas e moradores se encontram para provar pratos italianos e curtir o ótimo repertório de jazz e blues. *504 Broadway (Kearny St.).* ☎ *415/982-6223. www.enricossidewalkcafe.com. Ônibus: 12, 15, 41. Mapa pág. 119.*

★ **Jazz at Pearl's** NORTH BEACH Ambiente dos anos 1930, com luz suave e clima alegre. Consumação de dois coquetéis, a US$10, dá direito aos melhores lugares. *256 Columbus Ave. (Broadway).* ☎ *415/291-8255.www.jazzatpearls.com. Ônibus: 12, 15, 41. Mapa pág. 119.*

Para soltar a voz, um destaque é o Mint Karaoke Lounge.

★★ **Rasselas** WESTERN ADDITION Apreciado por moradores, o Rasselas é um boa opção para ouvir jazz, música latina ou blues. Se quiser, peça petiscos do restaurante etíope, ao lado. *1534 Fillmore St. (O'Farrell St.). ☎ 415/346-8696. www.rasselasjazzclub.com. Nos dias de semana, consumação mínima 2 drinques. Couvert US$7 sex, sáb e dom após 21h. Ônibus: 22, 38. Mapa pág. 120.*

Karaokê

★ **The Mint Karaoke Lounge** MISSION Antigo bar gay, hoje o The Mint recebe clientes de todas as orientações, os quais, depois de alguns drinques, assumem o palco. *1942 Market St. (Guerrero St. e Dolores St.). ☎ 415/626-4726. www.themint.net. Ônibus: 22. Bonde: F, J, N. Mapa pág. 120.*

Lésbicas

El Rio MISSION Clube eclético com pista de dança (uma ao ar livre) e ritmos animados. *3158 Mission St. (ao sul da Cesar Chavez, Precita Av. e Powers Av.) ☎ 415/282-3325. Ônibus: 14, 26. Mapa pág. 120.*

Lexington Club MISSION Clientela animada, mesa de sinuca e cervejas a bons preços garantem o sucesso deste bar. *3464 19th St. (Valencia St. e Mission St.) ☎ 415/863-2052. www.thelexingtonclub.com. Ônibus: 14, 26, 49. BART: 16th St. Mapa pág. 120.*

★ **Wild Side West** BERNAL HEIGHTS Este bar com estilo de saloon tem até jardim ao ar livre. Há tempos é reduto dileto da comunidade lésbica de São Francisco. *424 Cortland Ave. (Benington St. e Andover St.) ☎ 415/647-3099. Ônibus: 9, 14 ou 49; depois ônibus 24. Mapa pág.120.*

Bar de esportes

★ **Greens Sports Bar** RUSSIAN HILL O melhor bar de esportes da cidade oferece 15 TVs, mesa de sinuca, videogames e happy hour entre 16h e 19h, durante a semana. *2239 Polk St. (Green St.). ☎ 415/775-4287. Ônibus: 19.* Cable car: *Powell-Hyde. Mapa pág. 119.*

Clube de strip-tease

Gold Club SOMA Os frequentadores costumam elogiar a simpatia das garotas daqui. *650 Howard St. (2nd St. e 3rd St.). ☎ 415/536-0300. www.goldclubsf.com. US$20 sáb-dom e seg-sex após 19h. Ônibus: 15, 30, 45. Mapa pág. 119.*

Supper clubs

★ **Harry Denton's Starlight Lounge** UNION SQUARE Esta cobertura da década de 1930 propicia lindas vistas da cidade, um ótimo cardápio e pista de dança. Nas noites de sexta-feira e sábado, a Harry Denton Starlight Orchestra toca. Convém reservar uma mesa e escolher um traje elegante. *Sir Francis Drake Hotel, 450 Powell St.(Sutter St. e Post St.) ☎ 415/395-8595. www.harrydenton.com. Couvert US$10 qua após 19h; US$5 qui após 20h; US$10 sex após 20h; US$15 sáb após 20h. Ônibus: 2, 3, 4.* Cable car: *linhas Powell. Mapa pág. 119.*

Proibido fumar

Em 1º de janeiro de 1998, passou a ser proibido acender cigarros em todos os bares da Califórnia. Embora fiscalizar casas noturnas não seja prioridade da polícia de São Francisco, quem for flagrado fumando está sujeito a multa. Se quiser fumar, saia do ambiente.

Pubs

★ Johnny Foley's Irish House UNION SQUARE Este amplo pub serve variado menu de pratos irlandeses e de outras nacionalidades, além de boa oferta de uísques. *243 O'Farrell St. (Mason St. e Powell St.)* ☎ *415/954-0777. www.johnnyfoleys.com. Ônibus: 27, 38.* Cable car: *linhas Powell. Mapa pág. 119.*

★★ Mad Dog in the Fog HAIGHT *Pub* britânico ideal para assistir a uma partida de futebol europeu. Aproveite para saborear cervejas fortes e jogar dardos. *530 Haight St. (Steiner St. e Fillmore St.)* ☎ *415/626-7279. Ônibus: 22, 67. Mapa pág. 120.*

★ O'Reilly's Irish Pub & Restaurant NORTH BEACH Peça uma cerveja Guinness neste pub acolhedor, acompanhada de um ensopado de cordeiro ou da menos tradicional Irishman's quesadilla. *622 Green St. (Powell St. e Columbus Ave.)* ☎ *415/989-6222. www.oreillysirish.com. Ônibus: 15, 30, 41, 45.* Cable car: *linha Powell-Mason. Mapa pág 119.*

★ Toronado Pub HAIGHT Um animado reduto da Lower Haight, com mais de 40 tipos de chope e dezenas de cervejas. Destaque: durante a semana, até a 18h, a maioria custa US$2,50. *547 Haight St. (Steiner St. e Fillmore St.)* ☎ *415/863-2276. www.toronado.com. Ônibus: 6, 7, 22. Mapa pág. 120.*

Rock/Casas alternativas

★ Bimbo's 365 Club NORTH BEACH O ambiente que lembra os anos 1930 é o destaque desta casa situada em North Beach, que parece mais adequada a shows de rock e hip-hop do que de jazz ou cabaré. *1025 Columbus Ave. (Chestnut St.).* ☎ *415/474-0365. www.bimbos365club.com. Ingressos US$18-40. Ônibus: 30.* Cable car: *Powell-Mason. Mapa pág. 119.*

★★ Bottom of the Hill POTRERO HILL Os adeptos do rock'n'roll se reúnem aqui. Às sextas-feiras, há happy hour entre 15h e 19h. *1233 17th St. (Missouri St.).* ☎ *415/621-4455. www.bottomofthehill.com.* Couvert *US$6-14. Ônibus: 22. Mapa pág. 119.*

★★★ Fillmore Auditorium WESTERN ADDITION A casa onde se apresentaram bandas como Jefferson Airplane e Grateful Dead voltou a ser o principal nome do rock na cidade. *1805 Geary Blvd. (Fillmore St.).* ☎ *415/346-6000. www.thefillmore.com. Ingressos US$17-35. Ônibus: 22, 38. Mapa pág. 120.*

★★ Slim's SOMA O músico Boz Scaggs é um dos donos do Slim's, palco de shows de rock e de hip hop quase todas as noites. Conforme a atração, a casa lota. *333 11th St. (Folsom St.). www.slims-sf.com.* Couvert *US$30. Ônibus: 9, 47. Mapa pág. 119.*

Roteiro de bares

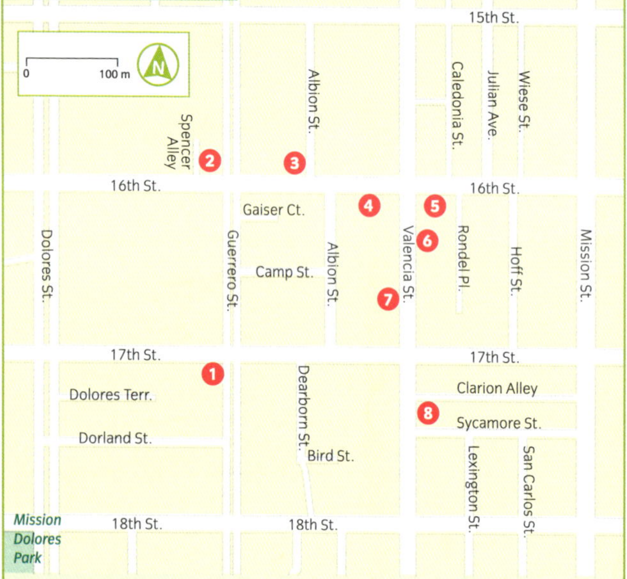

O melhor lugar da cidade para ir de bar em bar é o bairro de Mission, onde se encontram vários deles num único quarteirão. O roteiro a seguir propõe conhecer alguns, de estilos variados. ***Importante:*** não se afaste dos locais movimentados e evite a estação BART depois que escurecer. Se começar a explorar o trajeto à noite, prefira ir e voltar de táxi.) **INÍCIO:** **Ônibus: 26, 49. BART: 16th Street (antes do anoitecer).**

❶ **500 Club** *(500 Guerrero St.; ☎ 415/851-2500)*. A primeira parada é fácil de encontrar, graças à imensa taça de néon cor-de-rosa. Há animação o ano inteiro. Uma opção mais cara é o ❷ **Elixir** *(3200 16th St.; ☎ 415/552-1633)*, que ocupa o lugar de um antigo saloon. Peça uma cerveja, escolha um rock na jukebox e acomode-se na taberna ao lado, a ❸ ★ **Kilowatt** *(3160 16th. St.; ☎ 415/861-2592)*. O próximo destino é o ❹ **Dalva** *(3121 16th St.; ☎ 415/252-7740)*, um ambiente de espaço reduzido mas com frequência eclética. Se quiser um pouco mais de ousadia, a dica é o ❺ **Skylark** *(3089 16th St.; ☎ 415/621-9294)*, que reúne jovens em busca de coquetéis caros e trilhas preparadas por DJs. Já o ❻ ★ **Cassanova** *(527 Valencia St.; ☎ 415/863-9328)* mistura moradores de Mission e baladeiros de toda a cidade. No ❼ ★ **Blondie's** *(540 Valencia St.; ☎ 415/864-2419)*, a dica é pedir o famoso martíni *16-ounce*. Para concluir o roteiro, dê uma passada no ❽ ★★ **Elbo Room** *(647 Valencia St.; ☎ 415/552-7788)*. Se quiser ouvir música de qualidade ao vivo, vá ao andar superior (é preciso pagar um couvert extra de US$10).

8 Arte e **diversão**

Endereços de destaque

Companhia de teatro
★★ American Conservatory Theater (A.C.T.), *Geary Theater, 415 Geary St. (pág. 136)*

Para gargalhar
★ Beach Blanket Babylon, *Club Fugazi, 678 Green St. (pág. 133)*

Estilo Broadway
★ Curran Theatre, *445 Geary St. (pág. 136)*

Filmes independentes
★★ Embarcadero Center Cinema, *1 Embarcadero Center (pág. 135)*

Cinema à moda antiga
★★ Castro Theatre, *429 Castro St.* (pág. *135)*

Clube de comédia
★ Punchline, *444 Battery St.* (pág. *134)*

Visitantes famosos
San Francisco Performances, *vários locais* (pág. *133)*

Para uma manhã de música gospel, uma opção é a Glide Memorial Church.

No show do Beach Blanket Babylon, espere tudo – até o inesperado.

Eventos esportivos gratuitos
★ San Francisco Pro-Am Summer Basketball, *Kezar Pavilion, Stanyan St. e Waller St.* (pág. *136)*

Evento especial
★★★ *O Quebra-Nozes*, San Francisco Ballet, *War Memorial Opera House, 301 Van Ness Ave.* (pág. *134)*

Show a preços moderados
★★ San Francisco Conservatory of Music, *1201 Ortega St. (pág. 133)*

Diversão para a família
★ Lamplighters Music Theatre, vários locais (*pág.* 136)

Coral gospel
★ Glide Memorial Church, *330 Ellis St. (pág. 133)*

Dança moderna
★★ ODC/San Francisco, *3153 17th St. (pág. 134)*

São Francisco **cultural**

Beach Blanket Babylon **6**

Castro Theatre **13**

Cobb's Comedy Club **4**

Cowell Theatre **1**

Embarcadero Center Cinema **8**

Giants Baseball, SBC Park **10**

Magic Theatre **2**

ODC/San Francisco **14**

Pocket Opera Box Office **9**

Punchline **7**

Red Vic **12**

San Francisco 49ers, Monster Park **16**

San Francisco Conservatory of Music **15**

San Francisco Pro-Am Summer Basketball, Kezar Pavilion **11**

Smuin/SF Dance Company **3**

Teatro Zinzanni **5**

0 1/2 mi
0 0,5 km

Union Square e arredores

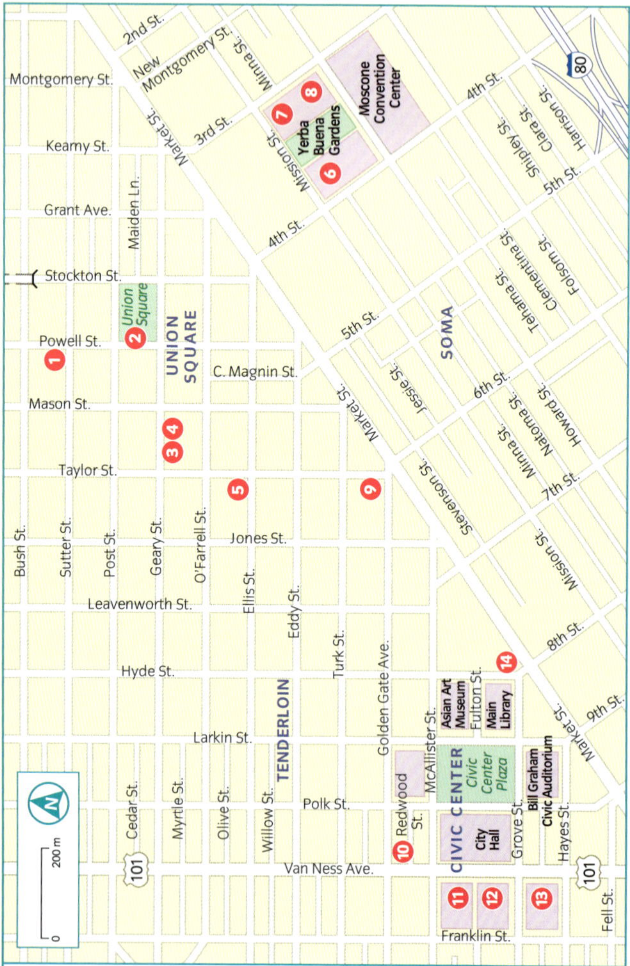

American Conservatory Theatre (A.C.T.), Geary Theatre **4**

City Box Office **10**

Curran Theater **3**

Davies Symphony Hall **13**

Glide Memorial Church **5**

Golden Gate Theatre **9**

Herbst Theatre **11**

Lamplighters Music Theatre **7, 11**

Orpheum Theatre **14**

Philharmonia Baroque Orchestra **11**

San Francisco Ballet **12**

San Francisco Opera **12**

San Francisco Performances Box Office **1**

San Francisco Symphony **13**

Smuin/SF Dance Company **6**

Tix Bay Area, Union Square Pavilion **2**

Yerba Buena Center for the Arts Theater **8**

War Memorial Opera House **12**

Artes e diversão

Música clássica

★ **Glide Memorial Church** TENDERLOIN O pastor Cecil Williams, conhecido em todo o país, conduz os cultos dominicais (às 9h e 11h pode-se ouvir o coral gospel). Chegue cedo para conseguir lugar. *330 Ellis St. (Taylor St.)* ☎ *415/771-6300. www.glide.org. Ônibus: 27, 38. BART/Muni: Powell St.* Cable car: *linha Powell. Mapa pág. 132.*

★ **Philarmonia Baroque Orchestra** CIVIC CENTER Para quem aprecia música barroca. *Herbst Theater, 401 Van Ness Ave. (McAllister St.)* ☎ *415/759-3475. www.philharmonia.org. Ingressos US$28-62. Ônibus: 5, 21.BART/Muni: Civic Center. Mapa pág. 132.*

★ **San Francisco Conservatory of Music** SUNSET Além de formar jovens talentos musicais, promove espetáculos gratuitos ou a preços reduzidos. *1201 Ortega St. (19th Ave.)* ☎ *415/759-3475. www.sfcm.edu. Ingressos grátis-US$15. Muni: N, depois ônibus 28. Mapa pág. 131.*

★★ **San Francisco Performances** VÁRIOS LOCAIS De outubro a abril, apresentações de música clássica, dança e jazz em diversos locais, como o Herbst Theater e o Yerba Buena Center for the Arts Theater. Aos sábados, matinês entre US$7 e US$15. *500 Sutter St. (Powell St.), Suite 700.* ☎ *415/392-2545. www.performances.org. Ingressos US$12-60. BART/Muni: Civic Center. Mapa pág. 132.*

★★★ **San Francisco Symphony** CIVIC CENTER Fundada em 1911, é regida pelo famoso maestro Michael Tilson Thomas. *Davies Symphony Hall, 201 Van Ness Ave. (Grove St. e Hayes St.)* ☎ *415/864-6000. www.sfsymphony.org. Ingressos US$12-97. Ônibus: 5, 21. BART/Muni: Civic Center. Mapa pág. 132.*

O maestro Michael Tilson Thomas comanda a San Francisco Symphony.

Comédia e cabaré

★ **Beach Blanket Babylon** NORTH BEACH Há três décadas, o BBB provoca risadas com paródias de figuras conhecidas. *Club Fugazi, 678 Green St. (Columbus Ave.)* ☎ *415/421-4222. www.beachblanketbabylon.com. Ingressos US$33-75. Ônibus: 15, 30, 45.* Cable car: *Powell-Mason. Mapa pág. 131.*

Cobb's Comedy Club NORTH BEACH Apresenta comediantes de quinta-feira a sábado. Nas noites de

Onde comprar ingressos

A **Tix Bay Area** vende ingressos com antecedência a preços cheios (taxa de US$2 a US$5). No dia dos espetáculos, oferece meia-entrada para peças teatrais e shows (ingressos para dom–seg são vendidos sáb-dom). *Union Sq. Pavilion, Powell St.* ☎ 415/433-7827. www.tixbayarea.org. No **City Box Office** há bilhetes para a maioria dos eventos da cidade. *180 Redwood St., Suite 110.* ☎ *415/392-4400. www.cityboxoffice.com.* A **Ticketmaster** vende ingressos e cobra pelo serviço. ☎ *415/421-8497. www.ticketmaster.com.* A **Craigslist** oferece entradas para eventos esportivos. *www.craigslist.org.*

quarta-feira, talentos locais se apresentam por US$10. ***915 Columbus Ave. (Lombard St.)*** ☎ ***415/928-4320. www.cobbscomedyclub.com. Ingressos US$15-25. Ônibus: 30. Cable car: Powell-Mason. Mapa pág. 131.***

★ **Punchline** EMBARCADERO Maior "casa de comediantes" de SF, com atrações locais e de renome nacional. ***444 Battery St. (Clay St.)*** ☎ ***415/397-7573. punchlinecomedyclub.com. Ingressos a partir de US$7,50. Ônibus: 1, 10, 15. BART/Muni: Embarcadero. Mapa pág. 131.***

Dança

★★ **ODC/San Francisco** MISSION A destacada companhia de dança moderna costuma esgotar os ingressos de suas apresentações. Em novembro e dezembro, apresentam *The Velveteen Rabbit*. ***ODC Theater, 3153 17th St. (Van Ness Ave.)*** ☎ ***415/863-9834. www. odcdance.org. Ingressos US$15-45. Ônibus: 22, 33. BART: 16th St. Mapa pág. 131.***

★★★ **San Francisco Ballet** CIVIC CENTER Primeira e uma das melhores companhias de balé dos EUA, é dirigida por Helgi Tomasson. Faz apresentações de fevereiro a maio, além da montagem de *O Quebra-Nozes*, em dezembro. ***War Memorial Opera House, 301 Van Ness Ave. (Grove St.)*** ☎ ***415/865-2000. www.sfballet.org. Ingressos US$9-130. Ônibus: 5, 21. BART/Muni: Civic Center. Mapa pág. 132.***

★ **Smuin/SF Dance Company** SOMA A companhia apresenta de tango a rock, sempre com toque moderno. Pode ser vista no Yerba Buena e no Cowell Theater, em Fort Mason. ***300 Brannan St. (Mission St.)*** ☎ ***415/495-2234. www.smuinballet.org. Ingressos US$23-50. BART/Muni:***

Dois bailarinos do SF Ballet em apresentação de **Criss-Cross*****, de Tomasson***

Uma partida no SBC Park permite apreciar também a baía de São Francisco.

Powell St. Ônibus: 28, 30 (Fort Mason). Mapa pág. 131 e 132.

Cinema

★★ Castro Theatre CASTRO
Em estilo Art Déco, exibe filmes clássicos e sedia festivais, às vezes ao som do órgão Wurlitzer. Compre ingressos com antecedência pela Ticketweb.com. *429 Castro St. (17th St.) ☎ 415/621-6120. www.castrotheatre.com. Ingresso US$8,50, US$5,50 idosos e crianças. Bonde: F. BART/Muni: Castro. Mapa pág. 131.*

★★ Embarcadero Center Cinema EMBARCADERO Na tela, produções estrangeiras, independentes e documentários. *1 Embarcadero Center (Battery St. e Clay St.) ☎ 415/267-4893. www.landmarktheatres.com. Ingressos US$10, US$7 idosos e crianças. Ônibus: 1, 10. BART/Muni: Embarcadero. Mapa pág. 131.*

Red Vic HAIGHT Para apreciar filmes independentes ou produções clássicas. *1727 Haight St. (Cole St.) ☎ 415/ 668-3994. www.redvicmoviehouse.com. Ingressos US$7, US$4 idosos e crianças. Ônibus: 7, 66, 71. Mapa pág. 131.*

★★ San Francisco International Film Festival VÁRIOS LOCAIS
Em abril, uma variada seleção de filmes chega a diversas telas da cidade. *☎ 415/931-3456. San Francisco Film Society: www.sffs.org. Ingressos para três filmes: US$35; dez filmes: US$100. Os preços variam; consulte o site do evento.*

Ópera

★ Pocket Opera VÁRIOS LOCAIS
Desde 1978, a Pocket Opera se destaca pelas montagens com equipe reduzida, cenografia simples e orquestra de câmara. *469 Bryant St. (2nd St. e 3rd St.) ☎ 415/972-8930. www.pocketopera.org. Ingressos US$15-30. Mapa pág. 131.*

★★ San Francisco Conservatory of Music *Ver pág. 133.*

★★★ San Francisco Opera
CIVIC CENTER Segunda maior ópera do país, está entre as melhores. ***Dica:*** no dia do espetáculo, é possível comprar ingressos a US$10 (em dinheiro; um ingresso por pessoa.) A temporada vai de setembro a dezembro e de junho a julho. *War Memorial Opera House, 301 Van Ness Ave. (Grove St.) ☎ 415/864-3330. www.sfopera.com. Ingressos US$25-195. Ônibus: 5, 21. BART/Muni: Civic Center. Mapa pág. 132.*

Esportes de espetáculo

★★ Giants Baseball SOMA Com lindas vistas para a baía e a Treasure Island e boa opção de comida (dos típicos lanches de estádio a sushis), um dia no SBC Park costuma ser divertido. Consulte o site do Giants (www.sfgiants.com) ou Craigslist (www.craigslist.org) para comprar ingressos. *SBC Park, 24 Willie Mays Plaza. (King St. e 2nd St.) ☎ 415/ 972-2000. www.giants.mlb.com. Ingressos US$6-77. Ônibus: 10, 15, 30, 45. Muni: N. Mapa pág. 131.*

San Francisco 49ers CANDLESTICK POINT Principal time de futebol americano da cidade. Como muitos torcedores compram ingressos para toda a temporada, pode ser difícil conseguir entradas. Consulte a Ticketmaster ou Craigslist. *Monster Park, Candlestick Point. ☎ 415/972-2000. www.49ers.com. Ingressos US$73. Mapa pág.131.*

★ **San Francisco Pro-Am Summer Basketball** HAIGHT Há 26 anos, este campeonato reúne jogadores profissionais e amadores. Grátis. *Kezar Pavilion (Stanyan St. e Waller St.) www.sanfranciscoproam.com. Ônibus: 7, 66, 71. Muni: N. Mapa pág.131.*

Teatro

★★★ **American Conservatory Theater (A.C.T.)** UNION SQUARE Este grupo (vencedor do Tony) é um dos mais admirados do país e faz apresentações de alta qualidade. *Geary Theater, 415 Geary St. (Mason St. e Taylor St.) ☎ 415/749-2228. www.act-sf.org. Ingressos US$19-68. Ônibus: 2, 3, 4, 38. BART/Muni: Powell St.* Cable car: *linha Powell. Mapa pág. 132.*

★ **Curran Theatre** UNION SQUARE Fundado em 1922 para encenar produções europeias e da Costa Leste americana. Junto com o **Orpheum Theater** *(1192 Market St.; ☎ 415/551-2000; mapa pág. 132)* e o **Golden Gate Theater** *(1 Taylor St.; ☎ 415/551-2000; mapa pág. 132)*, costuma sediar os sucessos da Broadway nova-iorquina em temporadas na cidade. *445 Geary St. (Mason St. e Taylor St.) ☎ 415/ 551-2000. www.curran theatre.com. Ingressos US$30-85. Ônibus: 2, 3, 4, 38. BART/Muni: Powell St.* Cable car: *linha Powell. Mapa pág. 132.*

★ **Lamplighters Music Theatre** VÁRIOS LOCAIS Sede das obras de Gilbert & Sullivan e de outros espetáculos cômicos em São Francisco. Diversão para a família no Yerba Buena Gardens ou Herbst Theatre. ☎ *415/227-4797. www.lamplighters. org. Ingressos Yerba Buena Center for the Arts ☎ 415/978-2787. Ingressos US$30-42, US$10-17 crianças. Ônibus/bonde: linha Market St. (para Yerba Buena ou Civic Center). Mapa pág, 132.*

★ **Magic Theatre** MARINA Dedica-se à promoção e montagem das obras de autores novos. *Building D, Fort Mason Center, Marina Blvd. (Gough St.) ☎ 415/441-8822. www.magictheater.org. Ingressos US$20-38. Ônibus: 28, 30. Mapa pág. 131.*

Teatro Zinzanni EMBARCADERO Artistas de circo, uma banda e uma refeição fazem parte do "pacote" de três horas de diversão. *Pier 29, The Embarcadero (Battery St.) ☎ 415/438-2668. www.teatrozinzanni.org. Ingressos US$125. Ônibus:10. Bonde: F. Mapa pág. 131.*

O American Conservatory Theater atua desde 1967.

9

A melhor **hospedagem**

Endereços de **destaque**

Luxo
★★★ The Four Seasons $$$$
757 Market St. (pág. 143)

Hotel executivo
★★★ Mandarin Oriental $$$$
222 Sansome St. (pág. 148)

Vista panorâmica
★★★ InterContinental Mark Hopkins $$$$ *Number One Nob Hill (pág. 147)*, e ★★★ Mandarin Oriental $$$$ *222 Sansome St. (pág. 147)*

Exclusivo
★★★ Campton Place $$$$
340 Stockton St. (pág. 142)

Histórico
★★ The Palace $$$$ *2 New Montgomery St. (pág. 148)*

Badalado
★★ Clift Hotel $$$$ *495 Geary St. (pág. 142)*

Em Fisherman's Wharf
★★ The Argonaut $$$
495 Jefferson St. (pág. 142)

Preços moderados
★★ Nob Hill Lambourne $$
725 Pine St. (pág. 148)

Para famílias
★★ The Laurel Inn $$ *444 Presidio Ave. (pág. 147)*

Melhores banheiros
★★★ Ritz-Carlton $$$$ *600 Stockton St. (pág. 149)*

Hospedagem econômica
★ Hostelling International-Fisherman's Wharf $ *Fort Mason, Building 240 (pág. 144)*

Romântico
★★ The Archbishop's Mansion $$$ *1000 Fulton St. (pág. 142)*

O sofisticado Triton oferece agrados, como cadeiras de massagem.

Hotel-butique
★★★ Harbor Court $$$$
165 Steuart St. (pág. 144)

Hotel "rock'n'roll"
★★ Hotel Triton $$ *342 Grant Ave. (pág. 146)*

Spa
★★★ The Huntington Hotel $$$$
1075 California St. (pág. 146)

Diárias até US$100
★ Marina Inn $ *3110 Octavia St. (pág. 148)*

"Achado"
★★ Hotel Drisco $$$ *2901 Pacific Ave. (pág. 145)*

Bed and Breakfast
★ The Golden Gate Hotel $
775 Bush St. (pág. 143)

Verão do amor
★ Red Victorian B&B $$
1665 Haight St. (pág. 149)

Union Square e **Nob Hill**

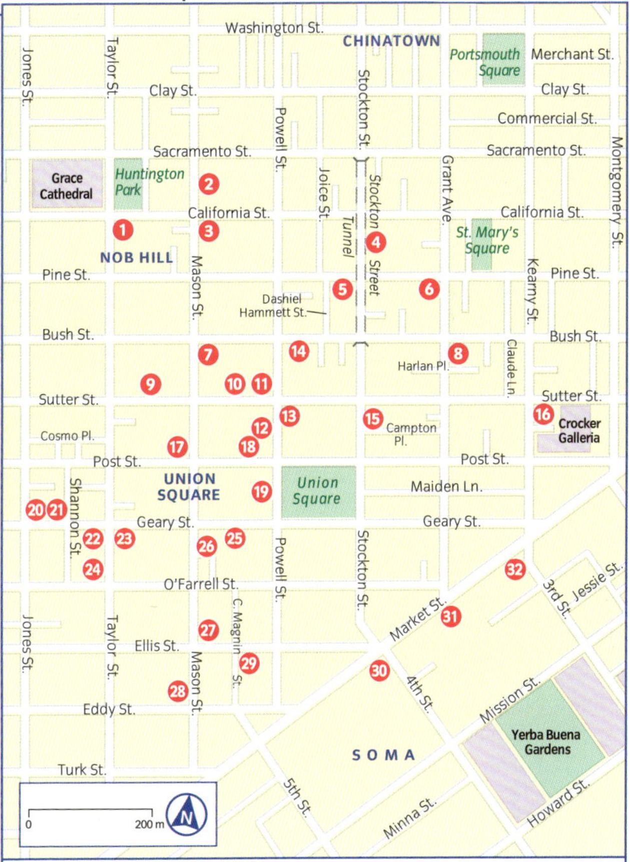

The Argent **32**	Hotel Adagio **21**	King George Hotel **26**
Campton Place Hotel **15**	Hotel Bijou **28**	Monticello Inn **29**
Cartwright Hotel **11**	Hotel Monaco **22**	Nob Hill Lambourne **5**
Chancellor Hotel **12**	Hotel Nikko **27**	Orchard Hotel **14**
Clift Hotel **23**	Hotel Palomar **30**	Pan Pacific Hotel **17**
Fairmont Hotel **2**	Hotel Rex **10**	Ritz-Carlton **4**
Four Seasons **31**	Hotel Triton **8**	The Savoy **20**
Galleria Park Hotel **16**	The Huntington Hotel **1**	Serrano Hotel **24**
Golden Gate Hotel **7**	The Inn at Union Square **18**	The Sheehan **9**
Grant Plaza **6**	InterContinental Mark Hopkins **3**	Sir Francis Drake **13**
The Handlery Union Square **25**		Westin St. Francis **19**

São Francisco **acolhedora**

The Archbishop's Mansion **11**

The Argonaut **12**

Cow Hollow
Motor Inn & Suites **2**

Harbor Court Hotel **20**

Albergue da juventude–
Fisherman's Wharf **5**

The Hotel Boheme **16**

Hotel Del Sol **3**

The Hotel Drisco **6**

The Hotel Griffon **19**

The Hotel Majestic **10**

Hotel Metropolis **22**

Hotel Milano **23**

- Hyatt at Fisherman's Wharf **13**
- Hyatt Regency San Francisco **18**
- Jackson Court **7**
- The Laurel Inn **8**
- Mandarin Oriental **17**
- The Marina Inn **4**
- Marina Motel **1**
- The Palace Hotel **24**
- The Phoenix Hotel **21**
- Radisson Miyako Hotel **9**
- Red Victorian B & B **26**
- San Remo Hotel **15**
- Tuscan Inn **14**
- W Hotel **25**

Hospedagem

★★ The Archbishop's Mansion CIVIC CENTER Construída em 1904 para acomodar o arcebispo de São Francisco, esta mansão ricamente decorada é o B&B mais romântico da cidade. *1000 Fulton St. (Steiner St.)* ☎ *415/563-7872. www.thearchbishopsmansion.com. 15 quartos. Casal US$145-355 com café da manhã. AE, DC, DISC, MC, V. Ônibus: 5, 22. Mapa pág. 140.*

★ The Argent SOMA Este hotel executivo tem promoções para fins de semana e férias. Os quartos de luxo a partir do 15º andar são maiores e oferecem bonitas vistas. *50 3rd St. (Market St.)* ☎ *415/974-6400. ww.argenthotel.com. 667 quartos. Casal US$179-349. AE, DC, DISC, MC, V. BART/Muni: Montgomery St. Mapa pág. 139.*

★★ The Argonaut FISHERMAN'S WHARF Construção datada de 1907. Muito bem reformada, fica em ótimo lugar e oferece vistas para a baía. Melhor escolha na região. *495 Jefferson St. (Hyde St.)* ☎ *415/563-0800. www.argonauthotel.com. 252 quartos. Casal US$199-229. AE, DC, DISC, MC, V. Ônibus: 10, 30.* Cable car: *linha Powell-Hyde. Mapa pág. 140.*

★★★ Campton Place Hotel UNION SQUARE Sinônimo de opulência e sofisticação. Nos quartos, granito português e banheiras amplas. *340 Stockton St. (Post St. e Sutter St.)* ☎ *415/781-5555. www.camptonplace.com. 110 quartos. Casal US$345-475. AE, DC, DISC, MC, V. Ônibus: 2, 3, 4. BART/Muni: Montgomery St.* Cable car: *linha Powell. Mapa pág. 139.*

★ Cartwright Hotel UNION SQUARE Este hotel dos velhos tempos reformou os aposentos em 2004. Banheiros minúsculos, mas café da manhã incluído na diária e wine hour no fim da tarde. *524 Sutter St. (Mason St. e Powell St.)* ☎ *415/421-2865. www.cartwrighthotel.com. 114 quartos. Casal US$119-189. AE, DC, DISC, MC, V. Ônibus: 2, 3, 4. BART/Muni: Powell St.* Cable car: *linha Powell. Mapa pág. 139.*

No Argonaut, próximo de Fisherman's Wharf, predomina o clima náutico.

★ Chancellor Hotel UNION SQUARE Excelente localização e cuidadosa decoração, além de agrados como café, maçãs e biscoitos. *433 Powell St. (Sutter St. e Post St.)* ☎ *415/362-2004. www.chancellorhotel.com. 137 quartos. Casal US$175. AE, DC, DISC, MC, V. Ônibus: 2, 3, 4. BART/Muni: Montgomery St.* Cable car: *linha Powell. Mapa pág. 139.*

★★ Clift Hotel UNION SQUARE O *hotelier* Ian Schrager e o designer Philippe Starck criaram este hotel ultrabadalado e com mobiliário moderno. A maioria dos quartos tem estilo minimalista; banheiros elegantes e pequenos. No hotel funciona o disputado lounge Redwood Room. Atendimento cortês. *495 Geary St. (Taylor St.) ☎ 415/775-4700. ww.clifthotel.com. 389 quartos. Casal US$295-355. AE, DC, DISC, MC, V. Ônibus: 2, 3, 4, 27, 38. Mapa pág. 139.*

★ **Cow Hollow Motor Inn & Suites** MARINA Quartos amplos, mas os que dão para a Lombard St. são barulhentos. Opte pelas suítes voltadas para a Chestnut St., ideais para estadas mais longas. *2190 Lombard St. (Steiner St.) ☎ 415/921-5800. www.cowhollowsuites.com. 129 quartos. Casal US$86-135; suíte US$225-275. AE, DC, MC, V. Ônibus: 22, 30, 76. Mapa pág. 140.*

★★ **Fairmont Hotel** NOB HILL Este marco de 1907 tem fachada e saguão que impressionam. Os quartos da Historic Building são bastante grandes. Para banheiros maiores e vistas mais generosas, opte pelo Tower Building. *950 Mason St. (California St.) ☎ 415/772-5000. www.fairmont.com. 591 quartos. Casal US$269-499. AE, DC, DISC, MC, V. Ônibus: 1.* Cable cars: *todos. Mapa pág. 139.*

Cores suaves dão um ar de serenidade ao badalado Clift Hotel.

★★★ **Four Seasons** SOMA O hotel mais luxuoso de São Francisco exibe mobiliário elegante e banheiros de mármore. Atendimento impecável e acesso ao amplo Sports Club/LA. *757 Market St. (3rd St.) ☎ 415/633-3000. www.fourseasons.com. 277 quartos. Casal US$439-600. AE, DC, DISC, MC, V. BART/Muni: Montgomery St. Mapa pág. 139.*

★ **Galleria Park Hotel** FINANCIAL DISTRICT Entre os destaques, a pista de corrida e o jardim instalados na cobertura, a garagem com fácil acesso e o shopping center que funciona ao lado. *191 Sutter St. (Kearny St.) ☎ 415/781-3060. ww.galleriapark.com. 177 quartos. Casal US$179-299. AE, DC, DISC, MC, V. Ônibus: 15, 30, 45. BART/Muni: Montgomery St. Mapa pág. 139.*

★ **Golden Gate Hotel** UNION SQUARE *Bed and Breakfast* com quartos pequenos e temas florais. Atenção para o elevador antigo e os biscoitos servidos à tarde. *775 Ônibush St. (Powell St. e Mason St.) ☎ 415/392-3702. www.goldengatehotel.com. 23 quartos, algumas com banheiro coletivo. Casal US$85-130 com café da manhã. AE, DC, MC, V. Ônibus: 2, 3, 4. BART/Muni: Powell St.* Cable car: *linha Powell. Mapa pág. 139.*

Grant Plaza CHINATOWN Boa opção de hospedagem básica, com banheiros e quartos pequenos (a partir do 6º andar, há menos ruído) Não tem cozinha. *465 Grant Ave. (Pine St.) ☎ 415/434-3883. www.grantplaza.com. 72 quartos. Casal US$89-99. AE, DC, DISC, MC, V. Ônibus: 30, 45. Mapa pág. 139.*

★ **The Handlery Union Square** UNION SQUARE Hotel com localização central e piscina descoberta. Os quartos próximos à piscina são bons, mas o saguão escuro e os longos corredores desanimam. *351 Geary St. (Powell St. e Mason St.) ☎ 415/781-7800. ww.handlery.com. 377 quartos. Casal US$149-289. AE, DC, DISC, MC, V. Ônibus: 2, 3, 4, 38. BART/Muni: Powell St.* Cable car: *linha Powell. Mapa pág. 139.*

★★★ **Harbor Court Hotel** FINANCIAL DISTRICT Hotel tipo butique, com decoração chique e belas vistas. Academia de ginástica e piscina disponíveis ao lado, na YMCA. O restaurante Ozumo (pág. 111) fica no piso inferior. *165 Steuart St. (Mission St. e Howard St.) ☎ 415/882- 1300. www.harborcourthotel.com. 131 quartos. Casal US$139-209. Ônibus: 12. Muni: Folsom e Embarcadero. Mapa pág. 140.*

★ **Hostelling International–Fisherman's Wharf** FISHERMAN'S WHARF/MARINA Café da manhã incluído na diária, local agradável, vistas para a baía, estacionamento e tarifas moderadas compensam os beliches e os banheiros coletivos. *Fort Mason, Building 240 (norte da Franklin St., que acaba no albergue). ☎ 415/771-7277. www.sfhostel.org. 164 camas (8-12 camas por quarto). Solteiro US$22-29 com café. MC, V. Ônibus: 10, 28. Mapa pág. 140.*

★★ **Hotel Adagio** UNION SQUARE Aberto em 2004, o Adagio oferece charme a preços razoáveis. Os quartos com duas camas de casal são ideais para famílias. Possui um restaurante, o Cortez. *550 Geary St. (Jones St. e Taylor St.) ☎ 415/775-5000. www.thehoteladagio.com. 173 quartos. Casal a partir de US$185. AE, DC, DISC, MC, V. Ônibus: 2, 3, 4, 38. BART/Muni: Powell St. Mapa pág. 139.*

★ **Hotel Bijou** UNION SQUARE Erguido em 1911, tem aposentos confortáveis e à noite exibe filmes locais numa tela no saguão. Fica na parte menos atraente da Union Square. *111 Mason St. (Eddy St.) ☎ 415/771-1200. www.hotelbijou.com. 65 quartos. Casal US$109-159. AE, DC, DISC, MC, V. BART/Muni: Powell St. Mapa pág. 139.*

★ **The Hotel Boheme** NORTH BEACH Ambiente acolhedor, mas com banheiros minúsculos (só têm chuveiro). Peça um quarto voltado para os fundos, longe da barulhenta Columbus St.

O Harbor Court Hotel ocupa as históricas instalações da YMCA de Embarcadero.

444 Columbus Ave. (Vallejo St. e Green St.) ☎ 415/433-9111. www.hotelboheme.com. 16 quartos. Casal US$164-184. AE, DC, MC, V. Ônibus: 15, 30, 41. Mapa pág. 140.

★ **Hotel Del Sol** COW HOLLOW Instalações de 1960, rico em cores e palmeiras. Quartos compactos, mas ambiente silencioso e piscina. Estacionamento gratuito. *3100 Webster St. (Greenwich St.) ☎ 415/921-5520. www.thehoteldelsol.com. 57 quartos. Casal US$145-165 com café. AE, DC, DISC, MC, V. Ônibus: 30. Mapa pág. 140.*

★★ **Hotel Drisco** PACIFIC HEIGHTS Ambiente seleto em bairro elegante. De 1903, tem todas as comodidades de um hotel de ponta, menos estacionamento. *2901 Pacific Ave. (Broderick St.) ☎ 415/346-2880. www.hoteldrisco.com. 48 quartos. Casal US$245 com café. AE, DC, DISC, MC, V. Ônibus: 1, 3, 41, 45. Mapa pág. 140.*

★★ **The Hotel Griffon** FINANCIAL DISTRICT Os destaques são as cabeceiras de mogno, detalhes de mármore e paredes de tijolos à vista (além das belas paisagens). *155 Steuart St. (Mission St. e Howard St.) ☎ 415/495-2100. www.hotelgriffon.com. 62 quartos. Casal US$175-375. AE, DC, DISC, MC, V. Ônibus: 12. BART/Muni: Embarcadero. Mapa pág. 140.*

★ **The Hotel Majestic** PACIFIC HEIGHTS Decorado com antiguidades europeias, o Majestic permite escapar dos ruídos da vida moderna. *1500 Sutter St. (Octavia St. e Gough St.) ☎ 800/869-8966 or 415/922-3200. www.thehotelmajestic.com. 58 quartos. Casal US$200 com café. AE, DC, DISC, MC, V. Ônibus: 2, 3, 4. Mapa pág. 140.*

Hotel Metropolis UNION SQUARE A suíte para famílias tem beliche infantil e brinquedos. Ambiente simpático, mas quartos pequenos e localização problemática. *25 Mason St. (Turk St.) ☎ 415/775-4600. www.hotelmetropolis.com. 105 quartos. Casal US$75-125. AE, DC, DISC, MC, V. BART/Muni: Powell St. Mapa pág. 140.*

Hotel Milano SOMA A localização é o destaque deste hotel, com quartos de tamanhos variados. Preços atraentes. *55 5th St. (Market St. e Mission St.) ☎ 800/398-7555. www.hotelmilano.citysearch.com. 108 quartos. Casal US$109-299. AE, DC, DISC, MC, V. BART/ Muni: Powell St. Mapa pág. 140.*

★★ **Hotel Monaco** UNION SQUARE Ambiente Art Déco e boa estrutura, inclui um SPA recém-reformado, produtos da Aveda e degustação de vinhos. Aceita animais. O Grand Café (pág. 106) funciona no térreo. *501 Geary St. (Taylor St.) ☎ 415/292-0100. www.monaco-sf.com. 201 quartos. Casal S$199-299. AE, DC, DISC, MC, V. Ônibus: 2, 3, 4, 27, 38. BART/Muni: Powell St.* Cable car: *linha Powell. Mapa pág. 139.*

★★ **Hotel Nikko** UNION SQUARE Quartos grandes, iluminados e bem decorados. No átrio, uma piscina, uma academia de ginástica e

No Hotel Monaco, os hóspedes podem solicitar um aquário com peixes-dourados.

banheiras. Oferece promoções nos fins de semana. *222 Mason St. (Ellis St. e O'Farrell St.)* ☎ *415/ 394-1111. www.hotelnikkosf.com. 532 quartos. Casal a partir de US$350. AE, DC, DISC, MC, V. Ônibus: 27, 38.* Cable car: *linha Powell. Mapa pág. 139.*

★★ Hotel Palomar SOMA Instalado em cinco andares de uma construção histórica, o Palomar é luxuoso, mas não oferece grande área comum nem o serviço impecável encontrado nos hotéis chiques da cidade. *12 4th St. (Market St.)* ☎*415/348-1111. www.hotelpalomar.com. 198 quartos. Casal a partir de US$329. AE, DC, DISC, MC, V. BART/ Muni: Powell St. Mapa pág. 139.*

★★ Hotel Rex UNION SQUARE Ambientação inspirada na década de 1930, tanto no saguão quanto nos quartos. Peça um cômodo voltado para o pátio, mais silencioso do que os que dão para a Sutter St. *562 Sutter St. (Powell St. e Mason St.)* ☎ *415/433-4434. www.thehotelrex. com. 94 quartos. Casal US$245-255. AE, DC, DISC, MC, V. Ônibus: 2, 3, 4. BART/Muni: Powell St. Mapa pág. 139.*

★★ Hotel Triton UNION SQUARE O tema deste estabelecimento é o rock'n'roll. Algumas suítes foram projetadas por músicos famosos. Nas noites de sexta-feira, promove festas do vinho (com presença de DJs e leitura de tarô). Acesso à internet. *342 Grant Ave.* ☎ *415/394-0500. www.hoteltriton.com. 140 quartos. Casal US$149-189. AE, DC, DISC, MC, V. Ônibus: 2, 3, 4, 15, 30. BART/Muni: Montgomery St. Mapa pág. 139.*

★★★ The Huntington Hotel NOB HILL Escolha discreta, mas bastante cara. Quartos grandes e algumas suítes com cozinha. O SPA é impressionante. *1075 California St. (Powell St.)* ☎ *415/474-5400. www.huntingtonhotel.com. 135 quartos. Casal US$315-375. AE, DC, DISC, MC, V. Ônibus: 1.* Cable cars: *todos. Mapa pág. 139.*

★ Hyatt at Fisherman's Wharf FISHERMAN'S WHARF Melhor opção na região de Fisherman's Wharf. Bela piscina descoberta. Com 28 TVs, o restaurante lembra um bar de esportes. *555 N. Point St. (Jones St. e Taylor St.)* ☎ *415/563-1234. www.fishermanswharf.hyatt.com. 313 quartos. Casal US$168-268. AE, DC, DISC, MC, V. Ônibus: 10, 30. Bonde: F. Mapa pág. 140.*

★ Hyatt Regency San Francisco FINANCIAL DISTRICT Este hotel executivo tem quartos amplos e lindas vistas. Para completar, fica ao lado do Embarcadero Center. *5 Embarcadero Center. (Market St.)* ☎ *415/788-1234. www.sanfrancisco.regency. hyatt.com. 805 quartos. Casal US$179-320. AE, DC, DISC, MC, V. BART/Muni: Embarcadero. Mapa pág. 140.*

O Mark Hopkins Hotel foi erguido no local outrora ocupado pela mansão (destruída no terremoto de 1906) de Mark Hopkins, um dos fundadores da Southern Pacific Railroad.

Algumas unidades do Laurel Inn incluem cozinha.

★★ The Inn at Union Square UNION SQUARE Ambiente acolhedor, com quartos amplos e serviço cortês, além de lanches durante o dia. Tem hóspedes habituais. *440 Post St. (Mason St. e Powell St.)* ☎ *415/397-3510. 30 quartos. Casal US$159-189 com café. AE, DC, DISC, MC, V. Ônibus: 2, 3, 4.* Cable car: *linha Powell. BART/Muni: Powell St. Mapa pág. 139.*

★★★ InterContinental Mark Hopkins NOB HILL Magníficas vistas dos quartos e um lounge (Top of Mark, pág. 124) ideal para quem procura uma noite inesquecível. Com um adicional de US$50, o hóspede tem acesso ao club lounge e refeição grátis. *Number One Nob Hill. (Mason St. e California St.)* ☎ *415/392-3434. www.markhopkins.net. 380 quartos. Casal US$355-485. AE, DC, DISC, MC, V. Ônibus: 1.* Cable cars: *todos. Mapa pág. 139.*

★ Jackson Court PACIFIC HEIGHTS Os aposentos desta construção de pedras, instalada em um dos bairros mais seletos de SF, são decorados com antiguidades. Quatro quartos têm lareira. *2198 Jackson St. (Buchanan St.)* ☎ *415/929-7670. www.jacksoncourt.com. 10 quartos. Casal US$150-225 com café. AE, DC, DISC, MC, V. Ônibus: 12, 22. Mapa pág. 140.*

★ King George Hotel UNION SQUARE Apreciado por turistas europeus, este hotel de 1912 oferece comodidades modernas e quartos bonitos, embora pequenos. Nos fins de semana e feriados, chá inglês no Windsor Tea Room. *334 Mason St. (Geary St. e O'Farrell St.) 415/781-5050. www.kinggeorge.com. 152 quartos. Casal US$140. AE, DC, DISC, MC, V. Ônibus: 2, 3, 4, 38.* Cable car: *linha Powell. BART/Muni: Powell St. Mapa pág. 139.*

★★ The Laurel Inn PACIFIC HEIGHTS Indicado para famílias e estada longa. Vários quartos com cozinha e fácil acesso a linhas de ônibus. *444 Presidio Ave. (California St.)* ☎ *415/567-8467. www.thelaurelinn.com. 49 quartos. Casal US$155-180 com café. AE, DC, DISC, MC, V. Ônibus: 1, 3, 4, 43. Mapa pág. 140.*

O Marina Inn foi aberto nos anos 1930, após a construção da Golden Gate.

★★★ Mandarin Oriental FINANCIAL DISTRICT No topo de um dos edifícios mais altos da cidade, o Mandarin propicia vistas cinematográficas dos quartos e um serviço de primeira. *222 Sansome St. (Pine St. e California St.)* ☎ *415/276-9600. www.mandarinoriental.com. 158 quartos. Casal US$260-475. AE, DC, DISC, MC, V. BART/Muni: Montgomery St.* Cable car: *California. Mapa pág. 140.*

★ The Marina Inn MARINA Ambiente acolhedor e cortês faz daqui uma boa opção a preços moderados. Os quartos para a Lombard St. são mais barulhentos. *3110 Octavia St. (Lombard St.)* ☎ *415/928-1000. www.marinainn.com. 40 quartos. Casal US$65-135 com café. AE, DC, DISC, MC, V. Ônibus: 28, 30, 43. Mapa pág. 140.*

★ Marina Motel MARINA Quartos modernos, decoração simpática, frigobar e cafeteira. As unidades tipo quitinete são alugadas por semana. Evite frente para a Lombard St. *2576 Lombard St.* ☎ *415/921-9406. www.marinamotel.com. 38 quartos. Casal US$69-109. AE, DISC, MC, V. Ônibus: 28, 30, 43. Mapa pág. 140.*

★★ Monticello Inn UNION SQUARE Hotel com inspiração literária, oferece quartos bem decorados e preços razoáveis na comparação com a média da cidade. Há promoções para reservas pelo site. *127 Ellis St. (Powell St. e Mason St.)* ☎ *415/392-8800. www.monticelloinn.com. 91 quartos. Casal US$109-289. AE, DC, DISC, MC, V. BART/Muni: Powell St.* Cable car: *linha Powell. Mapa pág. 139.*

★★ Nob Hill Lambourne NOB HILL Os quartos maiores têm banheira, minicozinha e aperitivos (em geral, orgânicos). Costuma lotar. Entre 18h e 19h, oferece uma recepção com vinho (orgânico) e queijos (não orgânicos). *725 Pine St. (Powell St. e Stockton St.)* ☎ *415/433-2287. www.nobhilllambourne.com. 20 quartos. Casal US$139-189 com café. AE, DC, DISC, MC, V. Ônibus: 30, 45.* Cable car: *todos. Mapa pág. 139.*

★★ Orchard Hotel UNION SQUARE Hotel executivo básico, com localização central e facilidades como internet grátis nos quartos, TV por assinatura e produtos da Aveda. *665 Bush St (Powell St. e Stockton St.),* ☎ *415/362-8878. www.theorchardhotel.com. Casal US$139-419 com café. AE, DC, DISC, MC, V. BART/Muni: Powell St.* Cable car: *todos. Mapa pág. 139.*

★★ The Palace Hotel SOMA A decoração suntuosa chega até o Garden Court Restaurant (pág. 105). Quartos com pé-direito alto e banheiros de mármore. *2 New Montgomery St. (Market St.)* ☎ *415/512 1111. www.sfpalace.com. 552 quartos. Casal US$499-539. AE, DC, DISC, MC, V. BART/Muni: Montgomery St. Mapa pág. 140.*

★★ Pan Pacific Hotel UNION SQUARE Luxuosa rede hoteleira asiática, com átrio amplo e quartos de bom tamanho. Quem viaja a tra-

No Red Victorian B&B, o "poder da flor" continua vivo no Flower Child Room.

balho aprova o atendimento e as TVs de LCD. *500 Post St. (Mason St.)* ☎ *415/771-8600. www.panpacific.com. 329 quartos. Casal US$360-420. AE, DC, DISC, MC, V. Ônibus: 2, 3, 4.* Cable car: *linha Powell. BART/ Muni: Powell St. Mapa pág. 139.*

The Phoenix Hotel CIVIC CENTER Oferece piscina e sedia o Bambudha Lounge, ideal para uma festa, mas inadequado para quem quer dormir em silêncio. Região complicada. *602 Eddy St. (Larkin St.)* ☎ *415/776-1380. www.thephoenixhotel.com. 44 quartos. Casal US$165-195. AE, DC, DISC, MC, V. Ônibus: 19, 31. Mapa pág. 141.*

★ Radisson Miyako Hotel JAPANTOWN Reformado em 2002, este hotel tranquilo e com vistas para o Japan Center tem quartos em estilo ocidental ou oriental. *1625 Post St. (Laguna St.)* ☎ *415/922-3200. www.radisson.com. 218 quartos. Casal US$149-229. AE, DC, DISC, MC, V. Ônibus: 2, 3, 4, 38. Mapa pág. 140.*

★ Red Victorian B&B HAIGHT Aqui bem que poderia haver uma placa com a inscrição "Bem-vindo a 1967". Cada quarto tem um tema, como o Flower Child Room. *1665 Haight St. (Belvedere St.)* ☎ *415/864-1978 ou 415/296-7465. www.redvic.com. 19 quartos (6 com banheiro privativo). Casal US$86-200. AE, DC, DISC, MC, V. Ônibus: 6, 7, 43, 66, 71. Muni: Carl & Cole. Mapa pág. 140.*

★★★ Ritz-Carlton NOB HILL Oferece serviço impecável, ambientação de primeira e preços igualmente impressionantes. Mesmo para padrões equivalentes, US$50 para o *valet* é muito, muito caro. *600 Stockton St. (California St.)* ☎ *415/296- 7465. www.ritz-carlton.com. 336 quartos. Casal a partir de US$500. AE, DC, DISC, MC, V.* Cable car: *todos. Mapa pág. 139.*

San Remo Hotel FISHERMAN'S WHARF Econômico e mobiliado com móveis de época. Não tem telefone, TV nem banheiro privativo. *2237 Mason St. (Chestnut St. e Francisco St.)* ☎ *415/776-8688. www.sanremohotel. com. 62 quartos. Casal US$75-85. AE, DC, MC, V. Ônibus: 10, 15, 30. Bonde: F.* Cable car: *Powell-Mason. Mapa pág. 140.*

★ **The Savoy** UNION SQUARE O caro Savoy oferece ambiente francês e outras comodidades, como camas macias e travesseiros de pena. As desvantagens são os quartos minúsculos e os ruídos da Sutter St. *580 Geary Blvd. (Taylor St. e Jones St.) ☎ 415/441-0124. www.thesavoyhotel.com. 83 quartos. Casal US$119-139. AE, DC, MC, V. Ônibus: 2, 3, 4, 27, 38. BART/ Muni: Powell St. Mapa pág. 139.*

★★ **Serrano Hotel** UNION SQUARE Esta construção de 1920 oferece quartos pequenos e banheiros bem equipados. No final da tarde, há leitura de tarô. *405 Taylor St. (O'Farrell St.) ☎ 877/294-9709. www.serranohotel.com. 236 quartos. Casal US$139-299. AE, DC, DISC, MC, V. Ônibus: 2, 3, 4, 27, 38. BART/Muni: Powell St.* Cable car: *linha Powell. Mapa pág. 139.*

★ **The Sheehan** UNION SQUARE Esta ex-sede do YMCA abriga a maior piscina coberta da cidade. Apesar da decoração antiga, tem quartos grandes e boa localização. *620 Sutter St. (Mason St.) ☎ 415/775-6500. ww.sheehanhotel.com. 65 quartos. Casal US$85-115 com café. AE, DC, DISC, MC, V. Ônibus: 2, 3, 4. BART/Muni: Powell St.* Cable car: *Powell. Mapa pág. 139.*

Os elegantes porteiros do Sir Francis Drake dão um ar nostálgico a este hotel com ambiente renascentista.

Sir Francis Drake UNION SQUARE Apesar do saguão grandioso e dos porteiros vestidos como antigos guardas ingleses, só vale ficar aqui se a promoção for boa. Os quartos não têm a mesma conservação das áreas comuns. *450 Powell St. (Sutter St.) 415/392-7755. www.sirfrancisdrake.com. 417 quartos. Casal US$239-259. AE, DC, DISC, MC, V. Ônibus: 2, 3, 4. BART/Muni: Powell St.* Cable car: *linha Powell. Mapa pág.139.*

★★ **Tuscan Inn** FISHERMAN'S WHARF Agradável opção na região de Fisherman's Wharf, com quartos bem decorados, café grátis e vinho no fim da tarde. Atendimento simpático. *425 N. Point St. (Mason St.) ☎ 415/561-1100. www.tuscaninn.com. 221 quartos. Casal US$139-189. AE, DC, MC, V. Ônibus: 10, 15. Bonde: F. Mapa pág. 140.*

★★ **W Hotel** SOMA Hotel ultrabadalado, próximo ao SFMOMA e com quartos elegantes. Oferece lindas vistas e serviço 24 horas. *181 3rd St. (Howard St.) ☎ 415/777-5300. www.whotels.com. 423 quartos. Casal US$179-509. AE, DC, DISC, MC, V. Ônibus: 15, 30, 45. BART/ Muni: Montgomery St. Mapa pág. 140.*

Westin St. Francis UNION SQUARE O ambiente histórico e a localização (bem na Union Square) cativam a clientela. O tamanho dos quartos varia: é melhor perguntar antes de reservar. *335 Powell St. (Geary St.) ☎ 415/397-7000. www.westin.com. 1.195 quartos. Casal US$129-569. AE, DC, DISC, MC, V. Ônibus: 2, 3, 4, 30, 45. BART/ Muni: Powell St.* Cable car: *linha Powell. Mapa pág. 139.* ●

10 O melhor dos **arredores**

Sausalito

0 200 m

N

Bicicleta

1 Ferryboat
2a Hamburgers
2b Horizons
3 Bridgeway

A **eclética Sausalito,** vilarejo calmo e de atmosfera boêmia, próximo a São Francisco, tem cerca de apenas 8 mil moradores. A paisagem urbana daqui inclui visitantes de pele bronzeada, alguns artistas, aspirantes à carreira literária e profissionais que vivem do mar, incluídos aí os pescadores. Trata-se de um ótimo destino para quem se interessa em admirar a vista para as colinas de Marin County, que embelezam a baía de São Francisco. Aproveite para passear pela área e explorar a Bridgeway, principal rua de Sausalito.

3 a 4 horas. INÍCIO: **SF Ferry Building Downtown, Embarcadero e Misson Street, ou Pier 41. Bonde: F. BART/MUNI: Embarcadero ou Pier 41 (Fisherman's Wharf). Ônibus: 30.**

1 ★★ **FERRYBOAT DE SAN FRANCISCO.** As crianças adoram cruzar a baía a bordo do ferryboat. Prepare sua câmera para fazer belas fotos de **Alcatraz** (pág. 10), da Golden Gate e do centro da cidade. *30 min., só ida. Saindo do centro de São Francisco (SF Ferry Building, pág. 15, item 2), pegue o Golden Gate Ferry Service (☎ 415/923-2000; www.goldengateferry.org). Bonde: F. BART/Muni: Embarcadero. Ônibus: 30. Um trajeto US$6,15, US$3,05 idosos, US$4,60 crianças 6-12 anos. Horários variados. Saindo do Pier 41 (Fisherman's Wharf), pegue o Blue & Gold Fleet (☎ 415/705-5555; www.blueandgoldfleet.com). Um trajeto US$7,25, US$4 crianças 5-11 anos. Horários variados. Para chegar a Sausalito de ônibus, bicicleta ou carro (pela Golden Gate), ver pág. 38.*

A ensolarada e íngreme Sausalito, pérola da baía de São Francisco.

2A Providencie seu almoço na minúscula **Hamburgers** *(737 Bridgeway, perto da Marina; ☎ 415/332-9471; $)* e vá saboreá-lo no parque próximo da Marina. Além dos habituais hambúrgueres, sanduíches de frango ou *burritos* vegetarianos, tem ótimas batatas fritas. Outra opção é o **2B** **Horizons** *(558 Bridgeway; ☎ 415/331-3232; $$).* Peça um prato ou entrada de frutos do mar com sabor oriental e acomode-se na parte aberta para apreciar as paisagens da baía.

3 **Bridgeway.** Faça um passeio sem pressa pela rua, a fim de observar as lojas e galerias de arte. Um dos destaques é a **Sausalito Art Collection**, especializada em artistas californianos *(589 Bridgeway; ☎ 415/339-9250)*, e a **Petri's Gallery** *(675 Bridgeway; ☎ 415/332-2225)*, que oferece peças artesanais de vidro e joias.

Point Reyes National Seashore

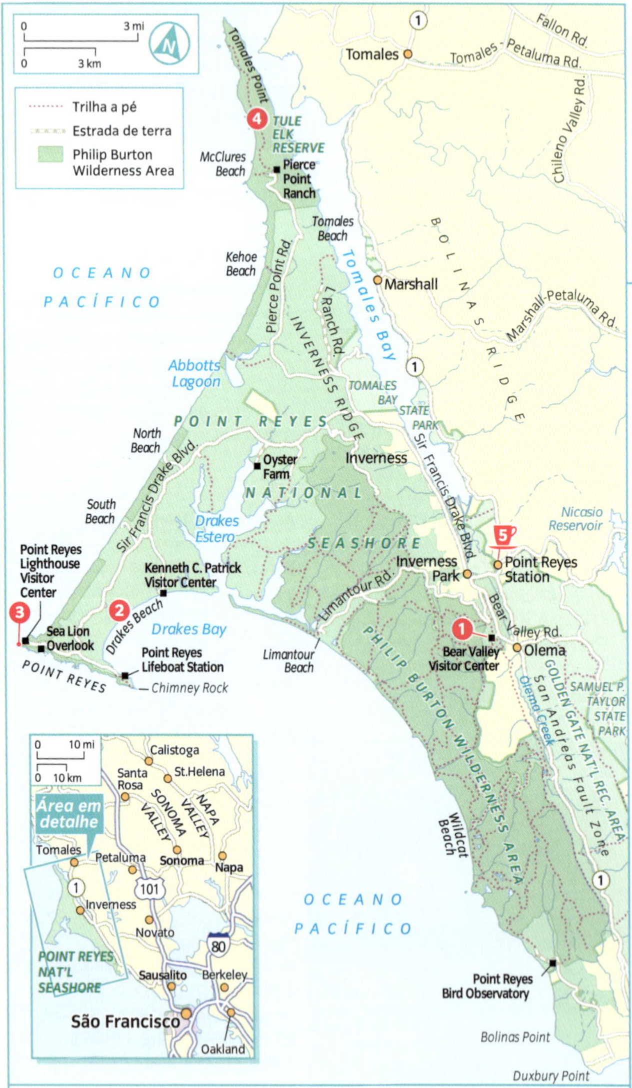

1 Bear Valley Visitor Center
2 Drake's Beach
3 Point Reyes Lighthouse
4 Tomales Point Trail
5 The Station House Cafe

Point Reyes National Seashore é uma área criada para proteger trechos inexplorados da costa. Faz parte do sistema de parques nacionais americanos. Combinação de litoral selvagem e floresta, atrai adeptos de trilhas e amantes da natureza. O litoral rochoso é resultado dos terremotos. A Falha de San Andreas separa Point Reyes, massa de terra situada mais ao norte da placa do Pacífico, do resto da Califórnia, que fica na placa norte-americana. Point Reyes se desloca rumo ao Alasca a uma velocidade de 5 centímetros por ano – no terremoto de 1906, o afastamento foi de 6 metros! Reserve o dia todo.

INÍCIO: **Alugue em carro (pág. 163), atravesse a Golden Gate e siga rumo ao norte pela US 101. Saia na Sir Francis Drake Boulevard e pegue a Highway 1 sentido de Olema. O trajeto dura cerca de uma hora e meia.**

1 O **Bear Valley Visitor Center**, centro de visitação do Point Reyes National Seashore, sedia mostras ecológicas e históricas, além de uma estação meteorológica e de estudos sismológicos. Pegue um mapa com as trilhas ou peça orientação para os profissionais do parque. Há passeios guiados (telefone antes). Se tiver interesse, peça informações sobre atividades como ciclismo, passeios a cavalo e observação de animais. *Bear Valley Rd. (atente para as placas na Hwy 1). ☎ 415/464-5100. www.nps.gov/pore. Seg-sex 9h-17h; sáb-dom 8h-17h. Grátis. Melhor ir durante a semana.*

2 **Drake's Beach.** Muitos gostam de passear por esta graciosa praia emoldurada por rochedos de arenito. Não pense em nadar: a água é gelada, pode ser perigoso. Ao se aproximar do mar, fique atento às ondas, que podem encharcar os distraídos.

3 **Point Reyes Lighthouse.** Para chegar a este ótimo ponto de observação é preciso passar por algumas áreas de pastagens e pequenas fazendas. Do alto, preste atenção nas focas e leões-marinhos. No inverno, dá para ver as baleias vindas do norte do México. *Qui-seg 10h-16h30. ☎ 415/669-1534. Quando há ventos fortes, as escadas de acesso são fechadas (não há rampa de acesso para cadeiras de rodas). Grátis. Nos fins de semana de inverno, um micro-ônibus (US$5, crianças grátis) leva visitantes da Drake's Beach até o farol. ☎ 415/464-5100.*

4 **Tomales Point Trail.** A trilha pela extremidade norte do Point Reyes oferece lindas vistas do litoral. Na primavera as flores enriquecem a paisagem, e entre julho e outubro, é possível observar os alces que vivem numa reserva perto daqui. Leve binóculos.

5 **The Station House Cafe** é um bom lugar para provar produtos orgânicos e originais da Califórnia. Oferece variada seleção de vinhos e cervejas. *11180 State Rte. 1. ☎ 415/663-1515. $.*

O farol de Point Reyes permite observar focas e leões-marinhos.

Napa e **Sonoma**

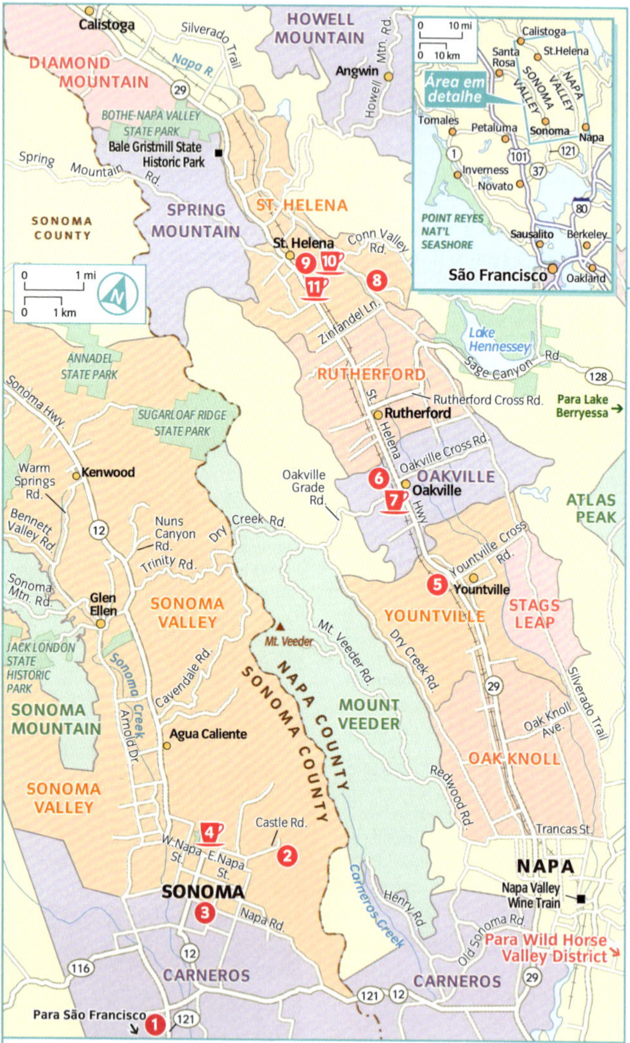

1. Gloria Ferrer Champagne Caves
2. Buena Vista Winery
3. Sonoma
4. Sonoma Cheese Factory
5. Domain Chandon Vineyards
6. Robert Mondavi Winery
7. Oakville Grocery Co.
8. Joseph Phelps Vineyards
9. St. Helena
10. Tra Vigne
11. Taylor's Automatic Refresher

Os vales de Napa e Sonoma abrigam mais de 400 vinícolas. Estão entre as regiões vitivinícolas mais produtivas do planeta, sem prejuízo para a qualidade da bebida. Se vier para esta região de carro, lembre-se de que o consumo da bebida (mesmo que apenas em degustações) não combina com volante. Muitos preferem escolher apenas duas ou três vinícolas para visitar, fazer um piquenique no meio do trajeto (algumas têm belos espaços para isso) e deixar uma refeição plena para o fim do dia. Para cumprir esse roteiro é preciso sair de São Francisco cedo e voltar ao cair da tarde. INÍCIO: **Alugue um carro (pág 163), atravesse a Golden Gate e pegue a US 101 sentido norte. Saia na Hwy. 37 e, depois de percorrer cerca de 16 km, pegue a Calif. 121. O trajeto dura cerca de uma hora.**

1 ★★ **Gloria Ferrer Champagne Caves.** Gloria Ferrer é a mulher de José Ferrer (morto em 1992), cuja família é considerada a maior produtora mundial de espumantes. Da propriedade, tem-se lindas vistas para o verdejante Carneros District. Faça o passeio que permite conhecer os tanques de fermentação, o setor de engarrafamento e as áreas de guarda para envelhecimento. Quem consegue chegar antes das 11 da manhã participa da primeira visita guiada (as demais tendem a reunir mais visitantes). *2355 Carneros Hwy. (Calif. 121), Sonoma. ☎ 707/996-7256. www.gloriaferrer.com. Diariam 10h-17h30h. Visitas (grátis) diariam. 11h-16h. Degustação: US$2-7,50. Hwy. 101N. Saída Hwy. 37 e depois Calif. 121.*

2 ★ **Buena Vista Winery.** O húngaro Agoston Haraszthy fundou esta vinícola em 1857. Quatro anos depois, comprou 100 mil mudas europeias e as distribuiu entre os plantadores locais, dando início à cultura da uva na Califórnia. Embora a produção do vinho hoje ocorra em outra propriedade, a sala de degustação ainda está instalada numa casa de prensagem erguida em 1862. *1800 Old Winery Rd., Sonoma. ☎ 707/938-1266. www.buenavistawinery.com. Diariam 10h–17h. Aberto para visitas o dia todo; passeios guiados (US$15) diariam. 11h e 14h. Degustação: US$5. Calif. 121N até Napa St., depois à direita. Seguir pela Napa St. até a Old Winery Rd.*

Visitar uma vinícola e fazer degustações é um programa diferente e instrutivo.

3 ★ **Sonoma.** Esta bela cidade remonta a um típico vilarejo mexicano. Inclui graciosos lagos com patos, uma praça central cercada de construções de barro e um monumento que delimita o local onde, em 1846, foi hasteada a bandeira que marcou o fim do domínio mexicano (o urso exibido na bandeira foi adotado pelo estado da Califórnia). ***Dica:*** *há algumas mesas de piquenique na praça, situada na esquina da Broadway (Hwy. 12) com Napa Street.*

4 **Sonoma Cheese Factory.** Compre aqui os ingredientes para o piquenique. Entre as opções, caviar, queijo caseiro, saladas apetitosas e sanduíches de primeira. *2 Spain St. ☎ 707/996-1000. $$.*

5 ★★ **Domain Chandon Vineyards.** A área desta famosa produtora de espumantes, fundada pela vinícola francesa Moët et Chandon, é imensa. Faça o passeio guiado (grátis) ou as degustações (US$9-14). *1 California Dr. (Hwy. 29), Yountville. ☎ 707/944-2280. www.chandon.com. Telefonar antes; horários variados.*

6 ★ **Robert Mondavi Winery.** Esqueça o que você ouvir falar sobre a produção de vinhos em grande escala. Os passeios guiados desta vinícola são amplos e até o roteiro básico inclui visita às plantações. Tanto para esta quanto para as opções mais detalhadas, convém fazer reservas. *7801 St. Helena Hwy. (Hwy. 29), Oakville. ☎ 707/226-1395. www.robertmondaviwinery.com. Degustações: US$5-8. Diariam. 10h-16h.*

7 ★★★ **Oakville Grocery Co.** Um dos melhores lugares para comer bem por aqui. O difícil é escolher entre a oferta de *foie gras*, pão, queijos, sanduíches, saladas e vinhos da Califórnia, além de cafés (inclusive expresso) preparados na hora. Se quiser, peça aos atendentes um kit piquenique, mas é preciso reservar 24 h antes. *7856 St. Helena Hwy. (Oakville Cross Rd), Oakville. ☎ 707/944-8802. www.oakvillegrocery.com. $.*

8 ★★ **Joseph Phelps Vineyards.** Vinícola moderna e prestigiada, local de bastante agitação.

Os passeios guiados da Mondavi passam pelas áreas de armazenagem.

É um ponto de visitação apreciado por amantes da boa taça. As visitas são elucidativas; os vinhos, impressionantes. *Taplin Rd., St. Helena. ☎ 800/707-5789. www.jpvwines.com. Degustações: US$6-12. Seg-sáb 9h-17h; dom 9h-16h.*

9 **St. Helena.** Esta pequena e tranquila cidade, com ares que lembram o Velho Oeste, tem lojas caras, casas antigas e restaurantes de primeira. *A 6 milhas ao norte de Oakville, pela Calif. 121.*

10 **Tra Vigne**. Jante em um dos locais mais elogiados do vale, com cardápio que combina a culinária da Califórnia com sabores da Itália *(1050 Charter Oak Ave., St. Helena; ☎ 707/963-4444. www.travignerestaurant.com. $$)*. Ou tente o 11 **Taylor's Automatic Refresher**, fundado em 1949. Peça um hambúrguer de carne orgânica ou de atum, *tacos* ou os incríveis milk-shakes. *(933 Main St., St. Helena. ☎ 707/963-3486. www.taylorsrefresher.com. $).*

Dicas de **viagem**

Antes de partir

Organismos oficiais de turismo

Procure o **SAN FRANCISCO CONVENTION AND VISITORS BUREAU,** 900 Market St., Lower Level, Hallidie Plaza, São Francisco, CA 94142-2809 ☎ *415/391-2000*, para pedir um kit de informações do visitante ou consulte o site *www.sfvisitor.org.*

Quando ir

Em setembro e outubro ocorre um verão tardio (chamado de *indian summer*). São bons meses para visitar a cidade, pois faz calor mas não há nevoeiro. Nos meses de verão (junho a agosto) ocorrem muitos eventos, como festas e comemorações, mas há bastante nevoeiro e faz frio. O inverno é lindo e ameno, e entre os meses de novembro e janeiro ocorrem as comemorações de Ação de Graças, Natal e Ano-Novo. A primavera é agradável, mas pode chover.

Festas e eventos

PRIMAVERA. A partir de meados de abril ocorre o **Cherry Blossom Festival** em Japantown. O visitante pode apreciar o som dos tambores tradicionais, mostras de arranjos de flores e técnicas de origami, além de um desfile em comemoração ao florescimento das cerejeiras. ☎ *415/563-2313.* Entre meados de abril e o início de maio a cidade promove o **San Francisco International Film Festival** com exibições no AMC Kabuki 8 Cinemas (Fillmore Street e Post Street) e vários outros lugares. Promovido desde 1957, é o festival de cinema mais antigo dos Estados Unidos. ☎ *415/931-FILM, www.sffs.org.* O domingo que antecede 5 de maio é a data da **Cinco de Mayo Celebration** em Mission. A data comemora a vitória mexicana sobre os franceses, ocorrida em Puebla em 1862. Há orquestras de *mariachis*, danças, comidas típicas e um desfile que toma as ruas do bairro. O desfile começa às 10h, na esquina da 24th Street com a Bryant Street, e termina no Civic Center. O **Bay to Breakers Foot Race** (terceiro domingo de maio) é uma caminhada que parte de Embarcadero, atravessa o Golden Gate Park e chega a Ocean Beach. Mais de 60 mil pessoas participam (muitas vestindo fantasias ou roupas extravagantes) e o percurso se estende por cerca de 12km. O San Francisco Examiner ☎ *415/359-2800; www.examiner.com* patrocina o evento. Maior evento anual do bairro de Mission, no **Carnaval** um desfile toma conta da Mission Street. Mais de meio milhão de pessoas participam e músicos e dançarinos continuam a animar o ambiente na 14th Street, perto da Harrison, no fim de março. A festa ocorre no domingo do Memorial Day (última segunda-feira de maio). ☎ *415/920-0125.*

VERÃO. No primeiro fim de semana de junho, o **Union Street Art Festival** anima a cidade com barracas de comida, música, diversão e uma mostra competitiva de arte que reúne mais de 350 artistas. Quem organiza é a Union Street Association. ☎ *415/441-7055, www.unionstreetfestival.com.* Bem diferente é o espírito da **Haight Street Fair** que se destaca pelo artesanato alternativo, comidas típicas, bandas de rock e uma respeitável concentração de hippies. ☎ *415/661-8025.* De acordo com os organizadores do **North Beach Festival**, esta é a festa a céu aberto mais antiga do país. Cerca de 100 mil pessoas se juntam na Grant Avenue, entre a Vallejo Street e a Union Street, para comer, beber e apreciar as barracas de artesanato, leitura de poemas, apresentações de dança e arte na calçada (*sidewalk chalk art*). O evento em geral ocorre no fim de semana do Dia dos Pais, em meados de junho, mas é melhor telefonar e confirmar. ☎ *415/989-2220.* Todos os domingos há shows gratuitos às 14h, entre meados de junho e fim de agosto, como parte do **Stern Grove Midsummer Music Festival,** no Sunset District. Vale a pena chegar cedo para apreciar os que vão ali deitar na grama e curtir o som das músicas clássicas, jazz ou étnica. Não se esqueça do agasalho: o Sunset District é uma das partes mais frias da cidade. ☎ *415/252-6252.* Promovida em geral no terceiro ou último fim de semana de junho, a **San Francisco Lesbian, Gay, Bisexual, Transgender Pride Parade & Celebration** reúne meio milhão de participantes animados para comemorar um dos grupos acima – ou todos. ☎ *415/864-3733, www.sfpride.org.* O primeiro fim de semana de julho começa animado, pois a parte sofisticada da Fillmore Street é interrompida para o trânsito de carros e acomoda barracas de artesanato, comida e apresentações de jazz. É o **Fillmore Street Jazz Festival,** que ocorre em Pacific Heights. Para mais informações, telefone antes de ir. ☎ *510/970-3217.* A **Fourth of July Celebration & Fireworks** de Fisherman's Wharf nem sempre é um sucesso, pois o nevoeiro pode tomar conta do cenário. Às vezes não dá nem para ver a milionária queima de fogos do PIER 39, na parte norte. Mas é uma bela festa e, quando o tempo permite, o espetáculo encanta. A **San Francisco Marathon** (promovida em geral no segundo ou terceiro fim de semana de julho) é uma das maiores maratonas do mundo. Para mais informações, entre em contato com os organizadores do evento, a West End Management. ☎ *800/698-8699 ou 415/284-9653; www.runsfm.com.*

OUTONO. É difícil que você consiga visitar todos os restaurantes que gostaria, mas pode ter uma boa amostra no fim de semana do Labor Day (Dia do Trabalho, na primeira segunda-feira de setembro). É o **A La Carte, A La Park,** evento anual organizado no Sharon Meadow, Golden Gate Park. Restaurantes, microcervejarias e vinícolas oferecem degustação. Telefone para se informar sobre os preços. ☎ *415/458-1988.* No mesmo final de semana ocorre o **Sausalito Art Festival**, uma mostra competitiva com mais de 180 artistas, além de música e cozinha internacional (ao sabor dos vinhos locais). Como é impossível estacionar, vá de ferryboat Blue & Gold Fleet ☎ *415/705-5555; www.blueandgoldfleet.com* a partir de Fisherman's Wharf ou com o Golden Gate Ferry Service ☎ *415/923-2000; www.goldengateferry.org* que sai do centro, do SF Ferry Building e leva até o local da festa. ☎ *415/332-3555, www.sausalitoartfestival.org.* No início de setembro, a San Francisco Opera abre a temporada com o evento **Opera in the Park** (em geral no Sharon Meadow, Golden Gate Park), com apresentações gratuitas de algumas árias. ☎ *415/861-4008.* O maior festival de blues a céu aberto da Costa Leste ocorre no fim de setembro. É o **San Francisco Blues Festival** (realizado em Fort Mason, na Marina. Músicos de toda parte mostram sua arte durante três dias. ☎ *415/ 826-6837, www.sfblues.com.* No final de setembro, a **Folsom Street Fair** atrai muitas pessoas para sua comemoração ousada e extravagante, com inspiração no universo sadomasoquista. O evento pode chocar os espíritos mais sensíveis – se for seu caso, não vá. ☎ *415/861-3247, www.folsomstreetfair.com.* Em outubro, durante a **Fleet Week** as pessoas se reúnem na baía para apreciar apresentações aéreas dos Blue Angels, em homenagem aos fuzileiros navais americanos. ☎ *415/705-5500, www.fleetweek.com.* No primeiro domingo de outubro, a **Castro Street Fair** garante a animação do bairro gay mais famoso da cidade. ☎ *415/841-1824, www.castrostreetfair.org.* No primeiro fim de semana de outubro, o **Reggae in the Park** (Sharon Meadow, Golden Gate Park) atrai multidões dispostas a dançar ao som do animado ritmo caribenho. ☎ *415/458-1988.* No domingo próximo a 12 de outubro, a **Italian Heritage Parade** comemora a descoberta da América. O evento inclui um desfile pela Columbus Avenue e atividades esportivas, mas é uma ótima desculpa para se ajeitar na North Beach e ver e ser visto. ☎ *415/434-1492, www.sfcolumbusday.org.* A noite de **Halloween** (31 de outubro) é animada em São Francisco. Um desfile imenso toma conta da Market Street e Castro Street, e uma população de gente de todo tipo surpreende pela criatividade dos trajes.

INVERNO No fim de outubro e início de novembro, durante duas semanas, ocorre o **San Francisco Jazz Festival**, com uma eclética programação em fabulosos palcos de jazz de toda a cidade. ☎ *800/850-SFJF* ou *415/788-7353*, *www.sfjazz.org*. Em dezembro, o **San Francisco Ballet** apresenta o clássico de Tchaikovsky *O Quebra-Nozes* (garanta seu ingresso com bastante antecedência). ☎ 415/865-2000. A chegada do **Ano-Novo chinês** garante comemorações em todas as ruas de Chinatown, com a presença de bandas, fogos de artifício e dragões imensos no meio na multidão. A animação dura algumas semanas e termina com um grande desfile, que começa na Market Street com 2nd Street e termina na Kearny Street. O Ano-Novo chinês tem início com a lua nova do primeiro dia do novo ano do calendário e termina com a lua cheia, 15 dias depois. Por isso, a data pode cair entre janeiro e fevereiro. ☎ *415/982-3000*, *www.chineseparade.com*. No domingo que antecede o dia 17 de março, a comunidade irlandesa (e simpatizantes) participa da **St. Patrick's Day Parade**, que começa às 12h45 na Market Street com 2nd Street e segue até a City Hall (prefeitura).

Clima

São Francisco tem um clima ameno e típico de litoral, o que significa temperaturas suaves o ano todo. No verão predomina o denso nevoeiro e temperaturas baixas (máximas de 20ºC). Já no chamado verão tardio (*indian summer*), que ocorre em setembro e outubro, as temperaturas podem chegar a cerca de 30ºC,

Sites úteis

- Site dos jornais locais *Chronicle* e *Examiner*: www.sfgate.com
- *The Bay Guardian*, informativo semanal gratuito: www.sfbg.com
- Buscas na cidade: sanfrancisco.citysearch.com
- Reserva de hotéis: www.hotelres.com
- Guia de viagens para gays e lésbicas: www.planetout.com
- Reservas em restaurantes: www.opentable.com
- Dicas para quem viaja em família: www.gocitykids.com, www.gokid.org
- Informações meteorológicas: www.weather.com

TEMPERATURAS MÉDIAS E QUANTIDADE DE CHUVA

	JAN	FEV	MAR	ABR	MAI	JUN
Temp. máxima (°C)	13	15	16	16	17	18
Temp. mínima (°C)	8	9	9	9	11	12
Chuva (centímetros)	11,5	7	6,5	4	1	0,5

	JUL	AGO	SEP	OUT	NOV	DEZ
Temp. máxima (°C)	18	18	21	20	17	14
Temp. mínima (°C)	12	12	13	13	11	8
Chuva (centímetros)	0,25	0,25	0,5	3	6,5	9

mas com quedas bruscas. O melhor é vestir-se com camadas de roupas, pois pode fazer tempo bom em um local e mais frio em outro. Previsões meteorológicas atualizadas no *www.sfgate.com/weather*.

Celulares

Uma boa empresa para alugar celulares wireless é a **INTOUCH USA** ☎ *800/872-7626* ou *703/222-7161*. No centro da cidade, a **TRIPTEL MOBILE RENTAL PHONES** ☎ *415/474-3330*; 1525 Van Ness Av., entre a California e a Pine Street, aluga celulares a US$3 por dia, ou US$15 por semana. As tarifas são de US$0,95 o minuto para chamadas locais, com um adicional de US$ 1,25 por minuto para as ligações internacionais. A Triptel também vende cartões SIM para visitantes que trazem seus aparelhos de casa. Os celulares brasileiros comhabilitação GSM funcionam nos EUA. Antes de viajar, informe-se com a operadora para saber se o serviço está ativado e confirmar as tarifas, em geral caras. Alugar um telefone ainda no Brasil pode ser uma opção mais barata.

Locação de carros

Para reservar carros, os melhores preços em geral são encontrados nos sites das locadoras. As principais empresas que operam em São Francisco são **AVIS**, ☎ *800/331-1212*; *415/929-4555*; *www.avis.com.br*; **BUDGET**, ☎ *800/527-0700*; *415/928-7864*; *www.budget.com.br*; **ENTERPRISE**, ☎ *800/325-8007*; *415/ 837-1700*; *www.enterprise.com*; **HERTZ**, ☎ *800/654-3131*; *415/771-2200*; *www.hertz.com.br*; e **THRIFTY**, ☎ *800/367-2277*; *415/788-6906*; *www.thrifty.com*.

Como chegar

De avião

São Francisco conta com dois grandes aeroportos: o San Francisco International (SFO) e o Oakland International Airport, que fica do outro lado da Bay Bridge, pela Interstate 880. O SFO fica mais perto do centro e um número maior de empresas aéreas chega ali (como é o caso da maioria dos voos internacionais). Oakland é menor e mais fácil de se localizar, mas o deslocamento até o centro da cidade, tanto de táxi quanto de ônibus, costuma custar cerca de 50% a mais. Verifique se a empresa aérea de sua escolha pousa nos dois aeroportos (pode haver diferença no preço da passagem). Quem chega a San Francisco International está sujeito a mais atrasos por causa do nevoeiro.

Do aeroporto para o centro da cidade

TÁXIS: As corridas custam cerca de US$2,85 para a primeira milha e US$2,25 as demais. A partir do SFO, o custo do trajeto fica entre US$25 e US$37 (ao percurso dura entre 20 e 25 minutos). Saindo de Oakland, a corrida sai por cerca de US$50 e leva de 30 a 40 minutos.

VANS: Saindo de **SFO**, há linhas da **SUPERSHUTTLE** ☎ *800/558-8500* ou *415/558-8500*, **BAY SHUTTLE** ☎ *800/564-3400* ou *415/564-3400* e **QUAKE CITY SHUTTLE** ☎ *415/255-4899*. A passagem custa cerca de US$14 (adultos) e US$8 (crianças). A partir do **OAKLAND INTERNATIONAL AIRPORT**, procure a **BAYPORTER EXPRESS** ☎ *877/467-1800* ou *415/ 467-1800*. As passagens custam US$26 para o primeiro passageiro, US$12 para os adicionais e US$7 para crianças.

TRANSPORTE PÚBLICO (BART) Saindo do **SFO**, a partir de qualquer terminal pegue o **AIRTRAIN**, gratuito e com partida a cada 5 a 10 minutos, até a estação BART SF Int'l Airport. Ali, passe para o trem BART. Uma passagem de ida entre o aeroporto e o centro de São Francisco custa US$4,95 e o trajeto dura cerca de 35 minutos. É a opção mais barata para chegar ao centro da cidade.

A partir do **OAKLAND INTERNATIONAL AIRPORT**, pegue a van AirBART ☎ *510/465-2278*, que sai a cada 15 minutos dos dois terminais. A passagem custa US$2 para os adultos e US$0,50 para as crianças e idosos. O trajeto, com destino à estação Coliseum BART, dura 15 minutos. Dali, pegue o trem para uma estação BART em São Francisco. O trajeto dura cerca de 20 minutos e a passagem custa US$3,15.

De carro

Pode-se chegar a São Francisco por três rodovias principais. A Interstate 5 corta o centro do estado e se une à Interstate 80, que vai até a Bay Bridge. O trajeto entre Los Angeles e São Francisco pela I-5 dura cerca de seis horas. Já o mesmo percurso feito pela 101, mais lenta, leva sete horas.

Quem chega do leste precisa atravessar a Bay Bridge (pedágio de US$3) e seguir rumo ao centro pela 5th Street ou para North Beach e Fisherman's Wharf pela Fremont Street. Motoristas vindos do sul pela Highway 101 têm a paisagem da cidade à sua esquerda assim que passam o Monster Park (antigo Candlestick Park). As saídas para o centro são as 7th Street ou a 4th Street. Se você vem da costa rumo ao sul, irá entrar em São Francisco pela Golden Gate. Passe pelo pedágio (US$5) e saia pela Van Ness Avenue.

Trens e ônibus

A **AMTRAK** ☎ *800/872-7245* ou *800/USA-RAIL*; *www.amtrak.com* não para em São Francisco, mas em Emeryville, ao sul de Berkeley, na East Bay. A partir da estação, um ônibus da empresa leva os passageiros até o centro de São Francisco. O ônibus para no Ferry Building, aos pés da Market Street, e na estação Cal Train, onde se pode pegar o bonde para a Embarcadero Station e dali para o centro. O Ferry Building é o ponto mais indicado para chegar à maioria dos hotéis deste guia, desde que o passageiro saiba como lidar com os táxis.O terminal da **GREYHOUND LINES** ☎ *415/495-1569*; *www.greyhound.com* fica na 425 Mission Street (3rd floor), no Transbay Terminal. Funciona diariamente entre 4h45 e 12h15.

Como **circular**

De carro

Dirigir em São Francisco pode ser um problema. Além da agressividade dos motoristas locais e do sistema de ruas únicas e sem possibilidade de virar à direita ou à esquerda em muitos locais, faltam vagas para estacionar. A boa notícia é que o visitante não precisa de carro para visitar a maioria das atrações. Quando for realmente necessário, alugue um veículo por um dia. Para quem chega à cidade de carro, o melhor a fazer é estacioná-lo no hotel e usar o transporte público.

De táxi

Em São Francisco é preciso telefonar para pedir um táxi, a não ser que o ponto de partida seja um hotel. As empresas de táxis são **DESOTO CAB** ☎ *415/970-1300*, **LUXOR CABS** ☎ *415/282-4141*, **PACIFIC CAB** ☎ *415/986-7220*, **VETERAN'S CAB** ☎ *415/552-1300* e **YELLOW CAB** ☎ *415/626-2345*. O preço da corrida é de US$2,85 para a primeira milha e US$2,25 para as demais.

De Muni (ônibus, bonde, *cable car* e metrô)

A região da baía (Bay Area) conta com uma ampla combinação de sistemas de transporte, todos administrados pelo município. A Municipal Railway, chamada de Muni, coordena o sistema de ônibus, bondes e *cable cars* (carro de tração a cabo; é diferente do bonde elétrico, aqui chamados de *streetcars*). Para obter maiores informações, entre em contato com a empresa ou visite o site ☎ *415/673-6864*; *www.sfmuni.com*. A maioria das linhas funciona entre 6h e 24h, e as mais movimentadas contam com um serviço noturno. Outro site útil é o *http://transit.511.org*, que mostra os horários e itinerários de todo o sistema de transporte da Bay Area.

Para quem pretende usar bastante o transporte público da cidade, os Muni Passports valem a pena. A opção válida para um dia custa US$9, três dias US$15 e sete dias US$20. Não há bilhetes diferenciados para crianças ou idosos, mas a empresa oferece passes mensais (o Youth/Discount Passes custa US$10). É possível comprar os passes e os mapas da Muni (US$2; essenciais) no Visitor Information Center da Hallidie Plaza; na Tix Bay Area na Union Square; e nos postos de informação no andar das bagagens do San Francisco Airport. Há venda de passes e nas bilheterias do *cable car* intaladas na Powell e Market Street ou na Beach Street e Hyde Street. Dentro dos *cable cars*, é possível comprar passes com validade de um dia.

BART

A BART, abreviação de **BAY AREA RAPID TRANSIT** ☎ *415/989-2278*; *www.bart.gov*, liga São Francisco a East Bay (Oakland, Richmond, Concord e Fremont). Os bilhetes custam entre US$1,25 e US$7,10, dependendo do trecho percorrido. Há máquinas automáticas para a venda de bilhetes, que informam o crédito (ao passar pelas saídas, o sistema deduz o valor do trajeto). Crianças até 4 anos não pagam. Os trens saem a cada 15 a 20 minutos, de segunda a sexta-feira das 4h às 24h; aos sábados das 6h às 24h; e aos domingos das 8h às 24h.

A pé

Andar a pé é uma forma maravilhosa de conhecer a cidade, mas esteja preparado para enfrentar as subidas.

Informações **úteis**

ALUGUEL DE BICICLETAS Se sua intenção é pedalar pela Golden Gate Promenade pela Golden Gate Bridge até Sausalito, a melhor opção é a **Blazing Saddles**, 1095 Columbus Ave. e Pier 41, Fisherman's Wharf ☎ *415/202-8888*. Os preços (US$7 a hora, US$28 a diária) incluem capacete, cadeado, mapas e orientações. Se desejar acessórios como cadeira para transporte de criança, é só solicitar. A **Avenue Cyclery**, 756 Stanyan Streer. ☎ *415/387-3155*, vende e aluga bicicletas e fica em boa localização em relação ao Golden Gate Park. O aluguel custa US$7 a hora ou US$28 por dia (também há oferta de cadeiras para criança).

ALUGUEL DE IMÓVEIS Para períodos curtos, a melhor opção é o *www.craigslist.org*, que dá a opção de negociar diretamente com quem aluga o imóvel. O **American Marketing Systems** *www.amsires.com* e o **Executive Suites** *www.executivesuites-sf.com* disponibilizam apartamentos para estadas breves, mas às vezes o preço do aluguel sai caro. Para se informar sobre o sistema de intercâmbio de casas, consulte o **Homelink International** *www.homelink.org*, com mais de 14 mil alternativas em vários países, e o **Homebase Holidays** *www.homebase-hols.com*.

ALUGUEL DE LIMUSINE Contate a **Allstate** ☎ *800/453-4099* ou a **San Francisco Limo Service** ☎ *415/440-6666*.

APARELHOS ELÉTRICOS Nos Estados Unidos, a rede elétrica é de 110 a 120 volts. Se seus aparelhos funcionam em voltagem de 220 a 240, é preciso usar um transformador e um adaptador de tomada com dois pinos chatos para fazê-los funcionar. Como esses transformadores são difíceis de achar, traga o seu de casa.

ARMADILHAS Nos arredores de Fisherman's Wharf, existem alguns centros "informais" de orientações ao turista. Mantidos por empresas privadas, como companhias de cruzeiros ou outras atrações, não são o melhor lugar para obter informações isentas.

BABÁS Os profissionais da recepção dos hotéis podem indicar agências de babás para que o hóspede faça o contato. Algumas empresas: **American Child Care Service** ☎ *415/285-2300*; *www.americanchildcare.com*; **Bay Area 2nd Mom** ☎ *888/926-3666*; *www.2ndmom.com*; a **Town & Country Resources** ☎ *800/398-8810* ou *415/567-0956*; *www.tandcr.com*. Pais dispostos a gastar US$100 por criança podem proporcionar uma experiência diferente aos filhos no **Explorer's Club** ☎ *415/902-7014*; *www.eckidsclub.com*.

BANCOS A maioria dos bancos funciona de segunda a sexta-feira, das 9h às 17h. Muitos oferecem caixas eletrônicos para operações fora do horário de atendimento.

BANHEIROS Não há muitos banheiros públicos em São Francisco. As ruas de maior movimento contam com banheiros químicos e algumas lojas menores podem permitir o uso dos toaletes. As redes de comida fast-food e os hotéis de grande porte são as melhores opções para encontrar instalações limpas e boas. Museus, lojas de departamentos, shoppings centers e até postos de gasolina têm banheiros públicos – não raro sujos e até perigosos.

BED AND BREAKFAST Consulte o **Bed & Breakfast Inns Online** ☎ *615/868-1946*; *www.bbonline.com* ou **Pamela Lanier's Bed & Breakfasts** *www.lanierbb.com*.

CAIXAS ELETRÔNICOS Como ocorre na maioria das cidades grandes, é mais fácil sacar dinheiro nos caixas eletrônicos. Se o caixa não for o mesmo do banco emissor do seu cartão, a operação será cobrada (em geral, as taxas variam de US$1,50 a US$3). As redes **Cirrus** ☎ *800/424-7787*; *www.mastercard.com.br* e **PLUS** ☎ *800/843-7587*; www.visa.com.br estão por toda parte (consulte a "bandeira" no verso do seu cartão) ou o banco emissor antes de partir. Também vale a pena confirmar o seu limite para saques diários.

CARTÕES DE CRÉDITO Os cartões de crédito são uma forma segura de levar dinheiro em viagens. Têm a vantagem de manter um registro detalhado dos gastos e em geral oferecem boa taxa de câmbio. É possível fazer saques do cartão de crédito nos caixas automáticos, desde que o portador saiba a senha.

CORREIO Há muitas agências de correio pela cidade. A mais próxima à Union Square fica dentro da loja de departamentos Macy's, 170 O'Farrell Street. ☎ *800/275-8777*. Outra agência bem localizada é a Sutter Street Postal Store, na 150 Sutter Street. Para quem quer usar serviços de posta-restante (*General Delivery*), basta enviar a correspondência para Civic Center Post Office Box Unit, P.O. Box 429991, São Francisco, CA 94142-9991 ☎ *800/275-8777*, em nome do destinatário. O endereço da agência é 101 Hyde Street.

DENTISTAS Se você tiver problemas dentários, entre em contato com *1-800-DENTIST* ☎ *800/336-8478* e peça uma indicação do dentista ou clínica mais próximos.

DINHEIRO Quase todos os bancos trocam traveler´s checks. A **American Express** emite cheques no valor de US$20, 50, 100, 500 e (apenas para quem possui o cartão) US$1.000. Na hora de trocar por dólares, é cobrada uma taxa entre 1% e 4%. É possível solicitar os traveler's checks da empresa pelo telefone ☎ *800/221-7282*; (quem possui os cartões *gold* e *platinum* e pede pelo telefone estão isentos da taxa de 1%). Nos Estados Unidos, a **Visa** oferece traveler's checks nos postos do Citibank e também em outros bancos (as taxas de serviço variam de 1,5% a 2%). Há cheques nos valores de US$20, 50, 100, 500 e1.000. ☎ *800/732-1322*. A **MasterCard** também disponibiliza *traveler's checks*. ☎ *800/223-9920*. Fora dos Estados Unidos, contate seu banco e informe-se sobre a compra de traveler's checks. Se optar por levar dólares nessa forma, anote os números de série em separado, para facilitar o processo em caso de perda ou roubo. Ver "Cartões de crédito".

ESPETÁCULOS Ver "Ingressos".

EMBAIXADAS E CONSULADOS

Consulado do Brasil em São Francisco 300 Montgomery Street, 900. São Francisco, CA, 94104 ☎ *(415) 981-8170; www.brazilsf.org*

Embaixada dos Estados Unidos no Brasil SES - Av. das Nações, Quadra 801, Lote 03; 70403-900 – Brasília, DF; ☎ *(55-61) 3312-7000; www.embaixada-americana.org.br*

EMERGÊNCIAS Ligue para ☎ *911* para falar com os bombeiros, a polícia ou para pedir uma ambulância. Para contatar o **The Poison Control Center** telefone para *800/222-1222* (ligação gratuita de qualquer aparelho). Em caso de problemas graves, procure o **Traveler's Aid International** ☎ *202/546-1127; www.travelersaid.org*.

ESPORTES DE ESPETÁCULO **Giants Baseball**, 24 Willie Mays Plaza, 2nd e King Street. ☎ *415/972-2000*; *www.giants.mlb.com*. **San Francisco 49ers** (futebol americano), Candlestick Point ☎ *415/656-4900*; *www.sf49ers.com*.

ESTACIONAMENTO A maioria dos parquímetros aceita moedas de US$0,5, US$0,10 e US$0,25, e os limites de tempo variam de 15 minutos a 4 horas. Por incrível que pareça existem vagas específicas para estacionar, em geral próximas ao meio-fio, sem nenhuma indicação de cor e acompanhadas de parquímetros. Meio-fios com cores amarela, branca, verde e vermelha indicam locais onde não se pode parar; as exceções são as áreas comerciais (meio-fio amarelo), liberadas para os carros após o horário de entrega de mercadorias. Se você voltar para a vaga e não encontrar seu carro, ligue para ☎ *415/553-1239* para saber se ele foi guinchado ou roubado. Os melhores preços são encontrados nos estacionamentos públicos, entre eles **Union Square Garage**, 333 Post St.; US$2 a primeira hora, US$12 o período de 4 horas. **Fifth and Mission Garage**, 833 Mission Street (SoMa); US$2 a primeira hora, US$8 o período de 4 horas. **Portsmouth Square Garage**, 733 Kearny, Clay (Chinatown); US$2 a primeira hora, US$8 o período de 4 horas. **North Beach Garage**, 735 Vallejo Street perto da Powell Street; US$2 a primeira hora, US$8 o período de 4 horas.

FARMÁCIAS A rede mais ampla é a **Walgreens**, com vários endereços na cidade. Telefone ☎ *800/WAL-GREEN* para pedir o endereço da farmácia mais próxima.

FERIADOS Agências bancárias, organismos oficiais, correios e várias lojas, restaurantes e museus fecham as portas nos seguintes feriados: Ano-Novo (1º de jan), Martin Luther King Day (terceira segunda-feira de janeiro); President´s Day (terceira segunda-feira de fevereiro); Memorial Day (última segunda-feira de maio); Independência dos EUA (4 de julho); Labor Day (primeira segunda-feira de setembro), Columbus Day (segunda segunda-feira de outubro); Veterans Day (11 de novembro); dia de Ação de Graças (quarta quinta-feira de novembro) e Natal (25 de dezembro). A quinta-feira seguinte à primeira segunda-feira de novembro é dia de eleições: feriado nacional quando há eleição para presidente (a cada 4 anos).

FUMANTES Na Califórnia é proibido fumar em locais públicos, restaurantes e bares. Vários hotéis não têm áreas para fumantes, mas alguns reservam andares específicos.

GORJETAS Nos hotéis, é comum deixar para os carregadores pelo menos US$1 por bagagem e de US$2 a US$3 para as camareiras (se você tiver deixado uma bagunça no quarto, aumente o valor). O porteiro ou atendente espera de US$1 a US$5, mas apenas se tiver prestado algum serviço específico, como chamar um táxi ou comprar ingressos. Para o manobrista, deixe US$1 sempre que ele trouxer seu carro. Nos restaurantes, bares e nightclubs, a taxa de serviço média é de 15% a 20% do total da conta; para os bartenders de 10% a 15%; para os atendentes do guarda-roupas US$1 por peça e para os manobristas US$1 por veículo. Para os taxistas, é comum deixar 15% e para cabeleireiros e barbeiros a gorjeta esperada é de 15% a 20%.

IMPOSTOS Um porcentual de 8,5% é acrescido a todas as compras, exceto comida para consumo. Nos hotéis, a tributação passa para 14%.

INFORMAÇÕES TURÍSTICAS Consulte o **San Francisco Convention and Visitors Bureau**, 900 Market St., Lower Level, Hallidie Plaza, São Francisco, CA 94142-2809 ☎ *415/391-2000*; *www.sfvisitor.org*.

INGRESSOS **Teatro**: a **Ticket Web** (www.ticketweb.com) é um serviço online de venda de ingressos fácil de usar e com parceria com diversas casas. Outras opções são o **City Box Offic**e 180 Redwood St., Suite 100, São Francisco, CA 94102; ☎ *415/392-4400*; *www.cityboxoffice.com* e as bilheterias dos teatros e salas de espetáculo. Na **TIX Bay Area**

(tixbayarea.com) é possível encontrar ingressos a preços reduzidos no dia do espetáculo, além de bilhetes a preços normais para alguns eventos futuros. Atendem de terça a quinta-feira, das 11h às 18h; sexta-feira entre 11h e 19h, sábado de 10h a 19h e domingo das 10h às 15h. O TIX Pavilion funciona na Union Square, na Powell Street, entre Geary Street e Post Street.

INTERNET Em São Francisco existem poucos internet-cafés. O mais perto da Union Square é o **Cafe.com**, 120 Mason Street, próximo à Eddy Street ☎ *415/433-4001*, que funciona de segunda-feira a sábado. Outras opções são o **Copy Central**, 110 Sutter Street, na Montgomery Street ☎ *415/392-6470*, e o **Fedex Kinko's**, 1967 Market Street, perto da Gough ☎ *415/252-0864*. Para quem está hospedado na Marina, há um Kinko na 3225 Fillmore Street, perto da Lombard Street ☎ *415/441-2995*.

MÉDICOS Ver "Emergências".

NECESSIDADES ESPECIAIS Viajantes em cadeiras de rodas podem solicitar táxis adaptados na **Yellow Cab** ☎ *415/626-2345*. Outro recurso é o **Muni Access Guide**, gratuito e publicado pela San Francisco Municipal Railway, Accessible Services Program, 949 Presidio Ave. ☎ *415/923-6142*, que atende durante a semana das 8h às 17h. Diversas agências de viagem organizam passeios e itinerários específicos para quem tem necessidades especiais, como a **Flying Wheels Travel** ☎ *507/451-5005*; *www.flyingwheelstravel.com* e a **Accessible Journeys** ☎ *800/846-4537* ou *610/ 521-0339*; *www.disabilitytravel.com*. O U.S. National Park Service disponibiliza o **Golden Access Passport**, que garante entrada gratuita a todas as atrações geridas pelo National Park Service (parques nacionais, monumentos, sítios históricos, áreas de lazer e reservas naturais) a pessoas de todas as idades com dificuldades visuais ou outras deficiências. ☎ *888/467-2757*; *ww.nps.gov/fees_passes.htm*.

PASSAPORTES Sempre que viajar, leve uma cópia de seu passaporte e deixe-a no hotel. Caso perca o documento ou for roubado, os dados da cópia facilitam o processo de emissão de um novo passaporte. Deixe os passaportes e outros objetos de valor no cofre do hotel. Para mais informações, ver "Embaixadas e consulados".

PASSEIOS A maior empresa de ônibus turísticos da cidade é a **Gray Line** ☎ *888/428-69371*; *www.sfsightseeing.com*.

PASSES O San Francisco CityPass é a melhor opção para apreciar as cores e a cultura da cidade. Inclui ingressos para atrações variadas, além de 7 dias de transporte gratuito nos *cable cars*, nos novos bondes da Embarcadero e em todos os serviços geridos pela Muni. É possível comprar o CityPass pela internet ou na cidade. Informe-se no seu hotel ou no site www.citypass.com.

PROGRAMAÇÃO Ver quadro "Sites úteis".

REFEIÇÕES Em São Francisco, como na maior parte da Califórnia, raros estabelecimentos exigem trajes mais formais (em geral, só os mais sofisticados). Para fazer reservas, telefone para o restaurante ou consulte o site www.opentable.com.

SEGURANÇA Não ande sozinho à noite, limite-se aos locais iluminados e não exiba joias nem dinheiro. Embora não seja uma cidade marcada pela violência, São Francisco pode oferecer alguns riscos fora dos horários convencionais. Algumas regiões devem ser evitadas, como o bairro Tenderloin, no qual uma numerosa população de imigrantes convive com viciados e desocupados (evitar sobretudo à noite). Trechos da Van Ness Avenue, do Civic Center até a Broadway, são complicados. Outra área a ser evitada inclusive de dia é a região da 6th Street e 7th Street, da Market Street até a Harrison Street.

SEGUROS **Cancelamento de voos**: Apólices com essa cobertura ajudam a conseguir restituição de seu dinheiro caso seu voo seja cancelado, precise voltar para casa mais cedo ou a companhia aérea peça falência. Os motivos alegados para cancelamento vão de doenças e desastres naturais à declaração de falta de segurança no destino. Neste mundo instável, um seguro que cubra cancelamento de viagens pode ser uma boa compra para quem adquire os bilhetes com antecedência – quem sabe como estarão as coisas e as empresas aéreas daqui a nove meses? As condições dessas apólices variam e por isso é preciso analisar bem a proposta, além de se certificar de que sua empresa aérea ou do cruzeiro marítimo faz parte da lista das empresas cobertas. Informe-se com seu corretor de seguros ou em agências de viagem sobre esse tipo de seguro. **Despesas médicas**: Embora não seja um item obrigatório, o seguro-saúde é um item bastante recomendado para quem visita os EUA. O país não oferece atendimento gratuito ou de baixo custo para visitantes e as consultas e internações custam caro (em geral, é preciso pagar antes de ser atendido). **Extravio de bagagens:** Nos voos domésticos, as bagagens despachadas têm uma cobertura de até US$2.500 por passageiro. Nos voos internacionais (incluindo trechos norte-americanos de viagens para o exterior), o limite é de US$9 por libra (0,4536 kg), até um limite máximo de US$635 por mala despachada. Não compre seguros contra extravio de bagagens no aeroporto, pois em geral o preço é mais alto. Prefira levar itens importantes (dinheiro, documentos e aparelhos eletrônicos) na bagagem de mão. **Achados e perdidos:** se sua bagagem for extraviada, procure o setor de reclamações do aeroporto e oficialize a perda (é necessário detalhar o conteúdo das malas). A maioria das empresas aéreas exige que as reclamações sejam apresentadas até quatro horas após a chegada do voo. Por lei, as companhias precisam entregar a bagagem no endereço deixado pelo reclamante, sem cobrar nada.

TÁXIS Ver “Como circular”.

TELEFONES Para auxílio à lista, discar ☎ *411*. Nos telefones públicos (cada vez mais raros) as chamadas locais custam de US$0,35 a US$0,50.

TERCEIRA IDADE A **Senior Citizen Information Line** ☎ *415/626-1033* oferece informações, dicas e recomendações sobre os serviços na cidade. A **Friendship Line for the Elderly** ☎ *415/752-3778* oferece apoio e orientação. Associados da **AARP** (antiga American Association of Retired Persons), 601 E St. NW, Washington, DC 20049 ☎ *800/424-3410* ou *202/434-2277*; *www.aarp.org*, têm descontos em hotéis, tarifas aéreas e locação de carros.

VISTO E ALFÂNDEGA Cidadãos brasileiros precisam de visto para entrar nos Estados Unidos. Consulte o site da Embaixada americana para mais informações. Os visitantes que chegam de avião, seja qual for o aeroporto, devem reservar paciência e disposição para enfrentar a alfândega norte-americana. Passar pela imigração pode demorar duas horas, sobretudo nos fins de semana de verão. Quem vem do Canadá, Bermudas ou de alguns países do Caribe pode passar pelo controle no ponto de embarque e ganhar tempo.

História

1542 Juan Rodriguez Cabrillo chega à costa da Califórnia.

1579 Francis Drake aporta perto de São Francisco, perdendo a entrada para a baía.

1769 A expedição espanhola comandada por Gaspar de Portolá traz os primeiros europeus à baía de São Francisco.

1775 O *San Carlos* é o primeiro barco europeu a percorrer a baía de São Francisco.

1776 O capitão Juan Bautista de Anza funda um forte militar. É criada a missão de São Francisco de Assis.

1821 O México torna-se independente da Espanha e anexa a Califórnia.

1835 Surge a cidade de Yerba Buena nos arredores do porto; os EUA tentam comprar a baía de São Francisco do governo mexicano.

1846-48 Guerra entre EUA e México.

1847 Os americanos anexam Yerba Buena e mudam o nome para São Francisco.

1848 Descoberta de ouro perto de Sacramento. A população de São Francisco passa de cerca de 900 habitantes para mais de 26 mil.

1851 A região torna-se uma "terra sem lei".

1869 A ferrovia transcontinental chega a São Francisco.

1873 Andrew S. Hallidie inventa o *cable car*.

1906 Grande terremoto; incêndios por toda a cidade.

1915 A Panama-Pacific International Exposition comemora a recuperação de São Francisco e a conclusão do canal do Panamá.

1936 Conclusão da Bay Bridge.

1937 Conclusão da Golden Gate.

1945 Elaboração da United Nations Charter, também chamada de Carta de São Francisco (acordo que daria origem à ONU).

1950 A Beat Generation toma conta de North Beach.

1967 Um espetáculo gratuito realizado no Golden Gate Park reúne 20 mil pessoas, anunciando o "verão do amor" e a era hippie.

1974 Inauguração do sistema de trânsito de alta velocidade BART, unindo São Francisco e a East Bay.

1978 Assassinato de Harvey Milk (primeiro político assumidamente gay dos EUA) e do prefeito George Moscone.

1989 Um terremoto atinge São Francisco às vésperas da World Series de beisebol.

1991 Incêndio atinge Berkeley e Oakland e destrói 2.800 casas.

1993 Inauguração do Yerba Buena Center for the Arts.

1995 Inauguração do MoMA de São Francisco.

1996 Willie Brown é eleito prefeito.

1998 O El Niño inunda São Francisco após a segunda maior incidência de chuvas registrada na região.

2000 Inauguração do Pacific Bell Park, nova sede do time de beisebol San Francisco Giants.

2003 Gavin Newsome é eleito prefeito de São Francisco.

2004 O prefeito Gavin Newsom autoriza mais de 4 mil casamentos de pessoas do mesmo sexo, que são anulados pela Suprema Corte.

Guia de **vinhos**

(Erika Lenkert e Matthew Poole)

A seguir, uma descrição dos tipos de uva mais comuns nas vinícolas da Califórnia:

CABERNET SAUVIGNON Natural de Bordeaux, é a variedade mais conhecida. Pequena, de cor intensa e casca espessa, resulta em um vinho encorpado, com alto teor tânico quando jovem, e em geral requer um longo período de envelhecimento para atingir o potencial máximo. A cabernet com frequência é combinada com outras uvas, o que resulta em saborosos vinhos tintos de mesa. Costuma acompanhar bem pratos de carne vermelha e queijos de sabor forte. Para quem pretende comprar vinhos para guardar, os produzidos com esta uva são uma boa aposta de longo prazo.

CHARDONNAY É o tipo de uva mais plantado na região vinícola da Califórnia e produz vinhos brancos secos de intensidade média a encorpada. Foi uma chardonnay produzida na Califórnia que revolucionou o mundo do vinho, ao vencer a lendária degustação promovida em Paris em 1976. Na Califórnia existem vários tipos de vinho produzidos com esta uva, que vão dos sabores delicados e frescos e com tonalidade clara e suave aos que apresentam gosto de madeira (nenhum outro vinho se beneficia tanto com o processo de envelhecimento em barris de carvalho), nesse caso com cores douradas e sabor mais rico. Esta uva complexa e aromática é uma das poucas do mundo que não requer mistura, além de ser a principal variedade para a produção de vinhos espumantes. Acompanha bem pratos com frutos do mar, aves, carne de porco e de caça, além de algumas massas.

MERLOT Tradicionalmente usada para suavizar os sabores de outras variedades, a uva tornou-se comum na Califórnia a partir da década de 1970, e hoje algumas vinícolas da região, como a St. Francis, de Sonoma, são famosas por produzir merlot de excelente qualidade. Esta variedade é "parente" da cabernet sauvignon, porém mais suave e mais frutada e com um agradável buquê que lembra a cereja. Em geral, é mais simples e com menor teor tânico do que a maioria das *cabernets*. Os vinhos podem ser consumidos ainda jovens, embora ganhem complexidade com o passar do tempo. Acompanham bem qualquer prato que combina com as cabernets (vai muito bem com pizza.)

PINOT NOIR Os viticultores da Califórnia precisaram de décadas para produzir vinhos bons com este tipo de uva, em geral difícil de cultivar e de transformar em vinho. Mesmo na terra de origem, a Borgonha, os vinhos têm qualidade excelente em apenas alguns anos em cada década, o que constitui um desafio para os produtores. Tentativas recentes de cultivo desta uva "complicada" em locais de clima mais frio, como Carneros District, deram bons resultados. Nos anos de colheita, as uvas pinot da Califórnia deram origem a vinhos tintos complexos, de pouco a meio encorpados, com baixo teor tânico e texturas sedosas, mas que os equiparam aos melhores tintos do mundo. Os vinhos feitos com uvas *pinot* são mais suaves do que os com *cabernet*, e podem ser bebidos com 2 a 5 anos de idade, embora ganhem qualidade com o envelhecimento. A pinot noir é versátil e acompanha bem pratos como cordeiro, pato, perus, aves de caça, alguns queijos e até peixes.

RIESLING Também chamada de Johannisberg Riesling ou de riesling branca, é a principal ingrediente da maioria dos vinhos alemães. Introduzida na Califórnia em meados do século 19 por imigrantes, é usada sobretudo na produção de vinhos brancos frutados e florais, de pouco a meio encorpados, com sabores que variam de seco a bastante doces. (Muitas vezes entra na produção de vinhos de sobremesa, de colheita tardia.) Os vinhos riesling de qualidade, pouco produzidos na Califórnia, têm forte sabor de fruta e acidez equilibrada, além de bom potencial de envelhecimento. Acompanham pratos como caranguejo, carne de porco e sabores cítricos, além de pratos com influência asiática.

SAUVIGNON BLANC Também chamada de fumé blanc, é usada na produção de vinhos brancos secos de pouco a meio encorpados, que podem ter sabor ligeiramente herbáceo ou frutado. Este tipo de uva cresce muito bem na região vinícola da Califórnia e, graças a sua personalidade e agradável acidez, vem se tornando cada vez mais comum (quase disputando espaço com a destacada chardonnay). Acompanha moluscos, frutos do mar e saladas.

ZINFANDEL Muitas vezes é chamada de "uva misteriosa", já que pouco se sabe sobre sua origem. Esta variedade apareceu pela primeira vez em rótulos da Califórnia no final do século 19 e, a partir daí, passou a ser chamada de "uva da Califórnia". De fato, a maior concentração do cultivo desta variedade é o norte da Califórnia, e algumas das melhores uvas crescem em áreas costeiras de clima fresco e em locais de cultivo antigo, como o Gold Country. Muito versátil, é utilizada na fabricação de vinhos suaves (o sempre agradável zinfandel branco, um vinho branco suave e frutado, em geral servido resfriado); em escuros, prununciados e frutados vinhos tintos e até mesmo em vinhos do porto. As zinfandel de qualidade *premium*, como as produzidas pela vinícola Ravenswood em Sonoma (principal região vinícola da Califórnia), são intensas e fortes, com textura pronunciada e sabores que lembram framboesa, alcaçuz ou especiarias. Costumam acompanhar bem diversos pratos, mas os destaques são as carnes de carneiro ou de caça, algumas massas, pizzas e ensopados.

VARIEDADES MENOS CONHECIDAS

CABERNET FRANC Uva francesa escura, muitas vezes combinada (e com seu sabor atenuado) com a predominante cabernet sauvignon, é considerada uma das espécies que deram origem à cabernet sauvignon,. Cresce melhor em locais frios e úmidos. Em geral, apresenta coloração e teor tânico mais suaves do que a sauvignon (por isso, a bebida envelhece mais rápido depois de engarrafada). Os vinhos têm cor púrpura forte e aroma herbáceo.

CHENIN BLANC Cultivada sobretudo na França, esta variedade pode ser encontrada nos vinhos brancos secos baratos e com pouca personalidade e também nos brancos mais complexos e sutis do mundo. Na região vinícola da Califórna, é usada sobretudo na produção de vinhos pouco a meio encorpados, ligeiramente doces. A chenin blanc é menos apreciada do que a chardonnay e sauvignon blanc, embora em anos bons possa resultar em buquês complexos e de qualidade, sobretudo se envelhecidas em tonéis de carvalho. Costuma acompanhar carne de porco e de ave, pratos asiáticos preparados com molho de soja, queijos de sabor suave, legumes e saladas de frutas.

GEWÜRZTRAMINER Produz vinhos brancos com um forte aroma floral e sabor frutado. Levemente doce porém com personalidade, lembra um pouco a Johannisberg riesling e às vezes é usada na produção de vinhos de sobremesa. A uva cresce bem nas regiões mais frias da Califórnia, especialmente em Mendocino County. É particularmente apreciada pela capacidade de complementar pratos asiáticos.

PETITE SIRAH Bastante cultivada nas áreas mais quentes da Califórnia, a petite sirah tem origem imprecisa. Esta uva, que produz bons vinhos tintos ricos em tanino, funciona sobretudo como base para as "jarras de vinho" do Central Valley. Ainda há vinhas antigas nas regiões mais frias do norte, onde as uvas resultam em um vinho tinto equilibrado e bastante apreciado.

PINOT BLANC Uma variedade da pinot gris, esta uva é bastante cultivada na Alsácia, França, e usada na produção de vinhos brancos secos e frescos. Na Califórnia, é usada para produzir um vinho frutado e similar às versões mais simples do chardonnay. Graças a seu teor ácido e ao sabor neutro, pode ser combinada com espumantes.

SANGIOVESE Principal variedade de uva usada na Toscana e nas regiões central e norte da Itália, entra na produção de chianti e do Brunello di Montalcino e até nas "supercombinações" famosas da Toscana. Já começa a conseguir espaço na região vinícola da Califórnia. As características variam de acordo com o local de cultivo, mas em geral é descrita como "frutada", "suave", "com boa acidez," e de "meio encorpada" a "estruturada" e "encorpada".

SYRAH Esta variedade de uva vermelha é mais conhecida pelos resultados, como os elogiados tintos franceses do vale do Rhône (como o côte-rôtie e hermitage). A uva é escura e com casca espessa e produz vinhos em geral intensos, ricos, densos e de médio a bastante encorpados, com claros sabores de especiarias ou de frutas (sobretudo cereja, cassis e amora).

Frases e termos **úteis**

Frases úteis

PORTUGUÊS	INGLÊS	PRONÚNCIA
Bom dia	Good morning	gud *morning*
Boa tarde	Good afternoon	gud afternum
Boa noite	Good evening/night	gud nâit
Até logo	Goodbye	gud*bái*
Olá	Hello	rr*élou*
Sim	Yes	iés
Não	No	nôu
Por favor	Please	plíz
Obrigado	Thank you	*fên*kiu
Fala português?	Do you speak Portuguese?	du iu spík *pór*tiuguiz
Não falo inglês	I don't speak English	ai dont spík *in*glich
Desculpe	Sorry	*sóri*
Com licença (para pedir passagem)	Excuse me	eks*kíuz*mi
Onde fica...?	Where is/are...?	*uér is/are*
o banheiro	the bathroom	de *béfrúm*
o restaurante	the restaurant	de *réstrânt*
o hospital	the hospital	de *rrôs*pital
o hotel	the hotel	de rrou*tel*
Quanto custa?	How much?	rrau *mâtch* iz it
Que horas são?	What time is it?	uót *táim* is it
A conta, por favor	The bill, please	de bil, plíz
Quando?	When?	uen
Ontem	Yesterday	iéstêrdei
Hoje	Today	tú*dei*
Amanhã	Tomorrow	tú*mó*rou
Café-da-manhã	Breakfast	*brék*fest
Almoço	Lunch	lântch
Jantar	Dinner	*diner*
Segunda-feira	Monday	*mân*dei
Terça-feira	Tuesday	*túz*dei
Quarta-feira	Wednesday	*uê*nizdei
Quinta-feira	Thursday	*fêr*zdei
Sexta-feira	Friday	*frái*dei
Sábado	Saturday	*sá*têrdei
Domingo	Sunday	*sân*dei

Números

1	one	uán
2	twe	tú
3	three	frí
4	four	fór
5	five	faiv
6	six	siks
7	seven	*sé*ven
8	eight	êit

9	nine	náin
10	ten	tén
11	eleven	iléven
20	twenty	tuénti
21	twenty-one	tuénti-uán
22	twenty-two	tuénti-tú
30	thirty	fârti
40	forty	fórti
50	fifty	fifti
60	sixty	siksti
70	seventy	séventi
80	eighty	êiti
90	ninety	náinti
100	one hundred	uán rrândred
1.000	one thousand	uán fáuzand
5.000	five thousand	faiv fáuzand
10.000	ten thousand	tén fáuzand

Telefones e **sites**

AEROMÉXICO
☎ *(11) 3253-3888 (São Paulo)*
☎ *0 800 891 7512 (demais localidades)*
www.aeromexico.com

AIR CANADA
☎ *(11) 3254-6630 (no Brasil)*
www.aircanada.com.br

ALASKA AIRLINES
www.alaskaair.com

AMERICAN AIRLINES
☎ *(11) 4502-4000 (São Paulo)*
☎ *(21) 4502-5005 (Rio de Janeiro)*
☎ *300-789-7778 (demais localidades)*
www.aa.com.br

AMERICAN TRANS AIR
www.ata.com

AMERICA WEST
www.americawest.com

BRITISH AIRWAYS
☎ *(11) 4004 4440*
www.britishairways.com

CONTINENTAL AIRLINES
www.continental.com

DELTA AIR LINES
www.delta.com

HAWAIIAN AIR LINES
www.hawaiianair.com

JET BLUE AIRLINES
www.jetblue.com

KLM
☎ *40031888 (capitais e áreas metropolitanas)*
☎ *0800 888 1888 (a partir de outras cidades)*
www.klm.nl

TAM
☎ *4002 5700 (capitais)*
☎ *0800 570 5700 (a partir de outras cidades)*
www.tam.com.br

UNITED AIRLINES
www.united.com

US AIRWAYS
www.usairways.com

VIRGIN ATLANTIC AIRWAYS
www.virgin-atlantic.com

Índice

A

Aeroportos, 163-164
Alamo Square Historic District, 51
Alcatraz, ilha, 3, 11
Alfândega, 170
Alimentos, 79-80, 85
Alta Plaza Park, 44
Ambassador Toys, 68, 81-82
American Conservatory Theater (A.C.T.), 130, 136
Amoeba Music, 78
Amtrak, 164
Ano-Novo chinês, 162
Antiguidades, 71
Anubis Warpus, 36-37
Aparelhos
  elétricos, 166
  eletrônicos, 73
Apartamentos, locação, 166
Apple Store San Francisco, 73
Ar livre, atividades, 83-90
Arte e diversão, 130-136
  dança, 134
  destaques, 130
  comédia, 133-134
  ingressos, 134, 168-169
  música clássica, 133
  ópera, 135
  teatro, 136
Ashbury Street, esquina com Haight Street, 36
Ashbury Tobacco Center, 37
Asian Art Museum, 49
Assistência médica, 17

B

Babás, 166
Bagagem, 170
Balboa Café, 121
Balmy Alley, 63
Bambuddha Lounge, 123
Bancos, horários, 166
Bank of Canton, 61
Bares, 121-122
  blues, 122
  de esportes, 121
  gays, 123
  lésbicas, 125
  Mission, 128
Barnes & Noble, 71
Basilica Parish of Mission Dolores, 65
Beach Blanket Babylon, 130, 133
Bear Valley, centro de visitantes, 155
Beat Generation, 30
Beaux Arts, estilo, 50
Bed and breakfast, 166
Biblioteca pública, 49
Bicicleta Golden Gate, 4, 40
  aluguel, 166
Bill Weber Mural, 55
Bimbo's 365 Club, 127
Biordi Art Imports, 55, 76
Biscoitos da sorte, 60
Biscuits & Blues, 122
Blondie's, 118, 128
Blur, 121
Bohemian Club, 29
Bondes elétricos, 15
Bonsai Villa, 60
Boom Boom Room, 118, 122
Botanical Gardens, The Strybing Arboretum &, 89
Bottom of the Hill, 127
Bound Together Bookstore, 36
Bridgeway (Sausalito), 153
Brinquedos, 81-82
Brook's Shoes for Kids, 74
Bryan Lee, 73
Bubble Lounge, 118, 125
Buena Vista Café, 118, 121
Buena Vista Park, 35
Buena Vista Winery (Sonoma), 157
Buffalo Exchange, 75
Buffalo Paddock, 90

C

Cable car, 3, 7
Cable Car Museum and Powerhouse, 12
Cadeiras de rodas, acesso, 169
Café de la Presse, 27
Cafe.com, 169
Caffé Trieste, 4
Caixas eletrônicos 166
Caldwell Snyder Gallery, 27
California Academy of Sciences, 18
California Palace of the Legion of Honor, 12
Californiana, culinária, 103
Câmeras fotográficas, 73
Cannery, the, 8, 79
Canton Bazaar, 68, 76-77
Carnaval, 160
Carros,
  locação, 163
  viagens, 164, 165
Cartões de crédito, 167
Casas vitorianas 49, 51
Cassanova, 128
Castro Street Fair, 161
Castro Theatre, 4, 66, 130, 135
Castro, bairro, 62-66
Catharine Clark Gallery, 27
Ceiba, 36
Celulares, 163
Center for the Arts Theater, 17
Cervejarias, 122
Cherry Blossom Festival, 160
Chestnut Street, 47
Children's Center, 17
Children's Playground & Carousel (Golden Gate Park), 89
Chinatown Kite Shop, 82
Chinatown, 9, 58-61
Chinese Historical Society, 61
Chuva, 163
Cigarro, 127
Cinco de Mayo, festa, 160
Cinema, 66, 134-135
  melhores, 130
City Hall (prefeitura), 50
City Lights Bookstore, 31, 55, 72
Civic Center Plaza, 50
Civic Center, 18, 48-51
Clarion Music Center, 60
Cliff House, 87
Cliff's Variety, 77
Clima, 162-163
Clubes, para dançar, 124-125
Cobb's Comedy Club, 133-134
Coffee Bean and Tea Leaf, 44
Coit Tower, Telegraph Hill, 4, 9, 25, 53, 54
Compras, 32-33, 67-82
  artigos esportivos, 81
  artigos para a casa, 78
  comidas e bebidas, 80-81
  destaques, 68
  instrumentos musicais, 78-79
  Japantown, 57
  joias, 78
  lojas de descontos, 73
  moda feminina, 75-76
  moda masculina 73-74
  moda unissex, 75
  presentes, 76-77
  roupas, 33

shopping center, 79-80
vintage, 3, 33, 75
Conservatory of Flowers, 89
Consulados, 167
Coolbrith, Ina, 30
Copy Central, 169
Correio, 167
Cow Hollow, 42-45
Cowgirl Creamery's Artisan Cheese Shop, 68, 80
Craigslist, 134
Crepe Cart, São Francisco, 23
Crianças
brinquedos, 81-82
hotéis, 138
roupas, 73
sapatos, 74
Criminalidade, 169-170
Crissy Field Center, 85
Crocker Galleria, 79
Crossroads Trading, 68, 75
Crown Point Press, 71
Curran Theatre, 130, 136

D

D&M Wines and Liquors, 68, 80
Dalva, 128
Dança, apresentações, 134
De Vera Galleries, 78
Deficientes físicos, 169
Dentistas, 167
Desoto Cab, 165
Different Light, A, 65
Discolandia, 64
Diversão, 130-136
comédia, 133-134
dança, 134
destaques, 130
ingressos, 134, 168-169
música clássica, 133
ópera, 135
teatro, 136
Domain Chandon Vineyards (Yountville), 158
Dominguez Mexican Bakery, 64
Drake's Beach, 155
Dreams of Katmandu, 36
Dutch Windmill, 90

E

El Rio, 125
Elbo Room, 128
Elixir, 128
Embaixadas, 167
Embarcadero, the 25
Embarcadero Center Cinema, 130, 135
Embarcadero Promenade, 16
Embarcadero Ribbon, 16
Emergências, 167
Empire Plush Room, 118, 124
Empresas aéreas, 176
EndUp, The, 118, 126
Enrico's Sidewalk Café, 124
Esplanade, 17
Esportes, bar, 126
Esportes de espetáculo, 135-136
Estacionamento, 167-168
Eventos, 160-162

F

Famílias
brinquedos, 81-82
hotéis, 138
roupas, 73
sapatos, 74
Farallones Marine Sanctuary, 85
Farmácias, 168
Farmers Market, Ferry Plaza, 3, 21
Fedex Kinko's, 169
Feriados, 168
Ferry Building Marketplace, 21
Ferry Building, 15, 21
Ferry Plaza Farmers Market, 3, 15, 21
Festas e eventos, 160-162
Festival
de blues 161
de cinema 160
de jazz, 162
Filbert Steps, 25
Fillmore Auditorium, 118, 127
Fillmore Street Jazz Festival, 161
Fillmore Street, 4, 44
lojas, 33
Film Festival, San Francisco International, 160
Firemen Statue, 54
Fisherman's Wharf, 7-8
Flax Art & Design, 77
Fleet Week, 161
Flood, James, 44
Flying Wheels Travel, 172
F-Market, bonde, 15
Folsom Street Fair, 161
Fort Mason, 23
Fort Point, 85
Fotografia, equipamento, 73
Fraenkel Gallery, 27
Frog Hollow Farm, 16

G

Galeria de la Raza, 64
Galerias de arte, 26-27, 71
Garden Court, 16
Garfield Square, 63-64
Gays e lésbicas
bares, 125, 126
Castro, 65-66
livrarias, 65
Geração beat, 30
Ghirardelli Square, 8, 79
Giants, time de beisebol, 135-136, 170
Gimme Shoes, 68, 74
Ginger's Trois, 123
Ginsberg, Alan, antiga casa, 31
Glide Memorial Church, 130, 133
Gloria Ferrer Champagne Caves (Sonoma), 157
Gold Club, 123
Golden Gate Fortune Cookies Co., 3, 60, 80
Golden Gate Park, 88-90
Golden Gate Theater, 136
Golden Gate, ponte, 4, 40
Good Byes, 75
Good Vibrations, 77
Gordon Biersch, 122
Gorjetas, 168
Gough Street, 43
Grace Cathedral, 13
Grand Central Station Antiques, 71
Grant Avenue, 59
Grateful Dead, The, antiga casa, 36
Gray Line, 171
Greens Sports Bar, 121
Greyhound Lines, 164
Gump's, 68, 77-78

H

Haas-Lilienthal House, 43
Haight Street Fair, 160
Haight Street, 36
compras, 3
esquina com Ashbury, 33-36
Halloween, 162
Hammet, Dashiell, 29
Hang Gallery, 27
Harry Denton's Starlight Lounge, 127
Harvey Milk Plaza, 66
Harvey's, 123
Hayes Street, 51
Hayes Valley, 48-51
Hemlock, 118, 121
Hospedagem, 137-150. (*ver listagem pág. 181*)
locação de apartamentos, 165-166

bed & breakfasts, 166
gorjetas, 168
hotéis, 137-150
Huntington Park, 13
Hyde Street Pier, 8, 22

I

Idosos, 170
Impostos, 168
Ina Coolbrith Park, 30
Informações turísticas, 160, 171
Ingressos, 134, 168-169
Instrumentos musicais, 78-79
Internet, acesso, 169
Inverno, eventos, 162
Italian Heritage Parade, 162

J

Japanese Tea Garden, 90
Japantown, 56-57
Jazz at Pearl's, 124
Jazz, casas de, 125-126
Jeremiah O'Brien, SS, 21
Jeremy's, 68, 73
John Berggruen, 27
Johnny Foley's Irish House, 126
Joias, 78
Joplin, Janis, antiga casa, 35
Jorja, 75-76
Joseph Phelps Vineyards (St. Helena), 158
Julia's Supper Club, 127

K

Karaokê, 126
Kerouac, Jack, 30
Kiehl's, 77
Kilowatt, 128
King, Martin Luther, Jr., Memorial, 13

L

La Palma Mexicatessen, 64
Lamplighters Music Theatre, 130, 136
Land's End, atividades ao ar livre, 86-87
Lang Antiques & Estate Jewelry, 71
Lark in the Morning Musique Shoppe, 68, 79
Laszlo, 121
Lésbicas, bares, 126
Levende Lounge, 125
Lexington Club, 125
Limusines, aluguel, 166
Lincoln Park, 12, 87
Livrarias, 65, 68, 71-72
Loehmann's, 73
Lombard Street, 7, 53
London, Jack, 30
Louise M. Davies Symphony Hall, 51
Lounges, 123-124

M

MAC Modern Appealing Clothing, 75
Macondray Lane, 29
Mad Dog in the Fog, 118, 126
Magic Theatre, 136
Maiden Lane, 76
Maison de Belles Choses, 73
Manifesto, 75
Manson, Charles, antiga casa, 37
Maratona de São Francisco, 161
Margaret O'Leary, 76
Marina Green, 47
Marina, 46-47
Mario's Bohemian Cigar Store, 9
Maritime Library, 23
Maritime Museum, 8, 23
Martin Luther King Jr. Memorial, 17
Martuni's, 121
Mary Phelan Mansion, 44
Matisse, Henri, 3
Matrix Fillmore, 118, 125
Maupin, Armistead, 29
McLaren Lodge and Park Headquarters, 89
Métier, 76
Meyerovich Gallery, 27
Mezzanine, 126
MH de Young Museum, 90
Mission Cultural Center, 63
Mission Dolores, 64-65
Mission, 62-66
bares, 128
Mitchell's Ice Cream, 110
Moby Dick, 118, 124
Moda, 33
destaques, 68
esportiva, 81
feminina, 75-76
lojas de descontos, 73
masculina, 73-74
unissex, 75
vintage, 3, 33, 75
Molinari Delicatessen, 54, 80
Mudpie, 73
Muni, sistema de transporte, 165
Municipal Pier, 8
Murais, 4, 9, 37, 54, 55, 63-64
Museus
Asian Art Museum, 49
Cable Car Museum and Powerhouse, 18
Maritime Museum, 8, 23
MH de Young Museum, 90
North Beach Museum, 54
San Francisco Museum of Modern Art (SFMOMA), 3, 14
Música clássica, 133

N

Napa Valley, 157
Neiman Marcus, 72
Nickie's, 126
Nob Hill, 13
Nordstrom, 73
North Beach, 9, 52-55
Festival, 160-161
North Beach Garage, 170
North Beach Museum, 54

O

O'Reilly's Irish Pub & Restaurant, 127
Oakland International Airport, 163-164
Oakville Grocery Co., 158
Octagon House, 45
Octavia's Haze Gallery, 51
ODC/San Francisco, 134
Old St. Mary's Cathedral, 60
Opera in the Park, 161
Ópera, 135
Origami Fountains, 57
Orpheum Theater, 136
Outono, eventos, 161-162

P

Pacific Cab, 165
Pacific Heights, 42-45
Padarias, 92
Palace of Fine Arts, 47
Pampanito, USS, 22
Parada gay, 161
Parrish, Maxfield, 12
Passaportes, 169
Passeios 169
de barco, 17
Patagonia, 81
Patricia's Flowers, 25
Peace Pagoda, 57
Peace Plaza, 57
Perry's, 118, 121
Philarmonia Baroque Orchestra, 133
Piedmont, 75
Píer 39, 8
Pilsner Inn, 124
Pipe Dreams, 36
Pizza, 99, 102, 111, 114-116

melhor, 92
Pocket Opera, 135
Point Reyes Lighthouse, 155
Point Reyes National Seashore, 154-155
Polanco, 51
Polk Street, 53
Portsmouth Square Garage, 170
Portsmouth Square, 61
Precita Eyes Mural Arts Center, 64
Presentes, 76-77
Primavera, eventos, 160
Pumpkin, Hip Clothes for Cool Kids, 73
Punchline, 130, 134
Puppets on the Pier, 82

R

Rabat, 76
Rainbow Mural, 37
Rainha Ana, estilo, 43-44
Rasselas, 118, 124
Recycled Records, 36
Red & White Fleet Bay Cruise, 12
Red Vic, 135
Redwood Room, 126
Refeições, 91-116. Ver *Restaurantes*
destaques, 92
gorjetas, 168
reservas, 169
Reggae in the Park, 161-162
Restaurantes (ver *listagem pág. 181*)
chineses, 92, 104, 106, 112, 114, 115
franceses, 92, 100, 102, 104-107, 109, 112
italianos, 92, 98-101, 103, 108, 110-115
Robert Mondavi Winery (Oakville), 158
Rock, 127
Roupas, 33
esporte, 81
feminina, 75-76
lojas de descontos, 73
masculina, 73-74
unissex, 75
vintage, 3, 33, 75
Ruby Skye, 126
Ruby's Artist Cooperative, 78
Russel St., No. 29, 29
Russian Hill, 52-55

S

Sacramento Street, compras, 33
Saints Peter & Paul Church, 53
Saks Fifth Avenue, 73
San Francisco 49ers, 136, 171
San Francisco Antique & Design Mall, 71
San Francisco Ballet, 130, 134, 162
San Francisco Blues Festival, 161
San Francisco Brewing Company, 122
San Francisco City-Pass, 170
San Francisco Conservatory of Music, 130, 133, 135
San Francisco Crepe Cart, 23
San Francisco Jazz Festival, 162
San Francisco Lesbian, Gay, Bisexual, Transgender Pride Parade & Celebration, 161
San Francisco Main Library, 49
San Francisco Marathon, 161
San Francisco Museum of Modern Art (SFMOMA), 3, 14
San Francisco Opera, 50, 135
San Francisco Performances, 133
San Francisco Pro-Am Summer Basketball, 130, 136
San Francisco Shopping Centre, 80
San Francisco Symphony, 133
Sapatos, 68, 74
Sausalito, 39, 40, 152-153
Sausalito Art Collection, 153
Sausalito Art Festival, 161
Segurança, 169-170
Seguros, 170
SFMOMA (San Francisco Museum of Modern Art), 3, 18
Shabby Chic, 78
Sharffen Berger Chocolates, 80
Shoe Biz, 74
Skylark, 128
Slim's, 127
Smuin/SF Dance Company, 134
Soko Hardware, 57, 78
SoMa (South of Market), 16
Sonoma Cheese Factory, 158
Sonoma, 157
Sony Metreon Entertainment Center, 16
Spreckels Mansion, 43
St. Helena, 158
St. Mary's Square, 59
St. Patrick's Day Parade, 162
St. Peter's Church, 64
Steel Gallery, 71
Steel, Danielle, 43
Stephen Wirtz Gallery, 27
Sterling Glade, 29
Stern Grove Midsummer Music Festival, 161
Stockton Street, compras, 60-61
Stow Lake, 90
Strybing Arboretum & Botanical Gardens, 89
Suppenkuche, 122
Supper clubs, 126-127
Sutro Baths, 87
Sutro Heights Park, 87

T

Tai Tai Yick Trading Company, 77
Táxis, 170
Teatro Zinzanni, 136
Teatro, 136
Telefones, 171
Telegraph Hill, 53
Temperaturas, 163
Ten Ren Tea Company, 81
The Hamlin School, 44
The Mint Karaoke Lounge, 118, 125
The Tonga Room & Hurricane Bar, 118, 122
The Top of the Mark, 3, 118, 126
The Wok Shop, 78
Thirsty Bear Brewing Company, 123
Tin How Temple, 60
Tix Bay Area, 134
Tomales Point Trail, 155
Ton Kiang, 4
Toronado Pub, 118, 127
Torpedo Wharf Pier, 85
Tosca, 55, 118, 122
Transportes, 165
Travel Goods, Flight 001, 82
Traveler's checks, 169
Trilha, Land's End, 4, 87

U

Union Square Garage, 170
Union Square, 7
compras, 33

Union Street Art Festival, 160
Union Street Goldsmith, 78
Union Street, compras, 33, 45
Uva, tipos, 172-174

V

Vedanta Temple, 45
Verão, eventos, 160-161
Vesuvio, 31, 118, 122
Veteran's Cab, 165
Veterans Building, 50
Victorian Park, 8
Vida noturna, 117-128
- bares, 121-122
- blues, 122
- cervejarias, 122-123
- gays, 125
- jazz, 125-126
- karaokê, 126
- lésbicas, 126
- lounges, 123-124
- para dançar, 124-125
- pubs, 127
- rock, 127

W

Walgreens, 170
War Memorial Opera House, 50
Warming Hut, 85
Washington Square Park, 53
Washington Square, 25
Wasteland, 75
Wave Organ, 47, 85
Waverly Place, 60
Weber, Bill, Mural, 55
Webster Bridge, 57
Wild Side West, 125
Wilkes Bashford, 74
Wine Club San Francisco, 68, 81
Woodchuck Antiques, 71

X

XOX Truffles, 25

Y

Yellow Cab, 165, 171
Yerba Buena Center for the Arts, 17
Yerba Buena Gardens Festival, 130

Z

Zeitgeist, 122
Zeum, 17

Hotéis

Albergue da juventude - Fisherman's Wharf, 138, 144
Archbishop's Mansion, 138, 142
Argent, 142
Argonaut, 138, 142
Campton Place Hotel, 138, 142
Cartwright Hotel, 142
Chancellor Hotel, 142
Clift Hotel, 138, 142-143
Cow Hollow Motor Inn & Suites, 143
Fairmont Hotel, 143
The Four Seasons, 138, 143
Galleria Park Hotel, 143
The Golden Gate Hotel, 138, 143
Grant Plaza, 143
The Handlery Union Square, 144
Harbor Court Hotel, 138, 144
Albergue da juventude - Fisherman's Wharf, 138, 144
Hotel Adagio, 144
Hotel Bijou, 144
The Hotel Boheme, 144-145
Hotel Del Sol, 145
Hotel Drisco, 138, 145
The Hotel Griffon, 145
The Hotel Majestic, 145
Hotel Metropolis, 145
Hotel Milano, 145
Hotel Monaco, 145
Hotel Nikko, 145-146
Hotel Palomar, 146
Hotel Rex, 146
Hotel Triton, 138, 146
The Huntington Hotel, 138, 146
Hyatt at Fisherman's Wharf, 146
Hyatt Regency San Francisco, 146
The Inn at Union Square, 147
InterContinental Mark Hopkins, 138, 147
Jackson Court, 147
King George Hotel, 147
The Laurel Inn, 138, 147
Mandarin Oriental, 138, 148
The Marina Inn, 138, 148
Marina Motel, 148
Monticello Inn, 148
Nob Hill Lambourne, 138, 148
Orchard Hotel, 148
The Palace Hotel, 138, 148
Pan Pacific Hotel, 148-149
The Phoenix Hotel, 149
Radisson Miyako Hotel, 149
Red Victorian B&B, 138, 149
Ritz-Carlton, 138, 149
San Remo Hotel, 149
The Savoy, 150
Serrano Hotel, 150
The Sheehan, 150
Sir Francis Drake, 150
Tuscan Inn, 150
Westin St. Francis, 150
W Hotel, 150

Restaurantes

Alma, 98
Ana Mandara, 98
Andalu, 98
Antica Trattoria, 92, 98
Aqua, 92, 99
A16, 92, 99
Aziza, 92, 99
Baraka, 100
Beach Chalet, 90
Betelnut, 100
B44, 100
Blue Mermaid Chowder House, 100
Bocadillos, 100
Boulange de Polk, 53, 92
Boulevard, 100
Brindisi Cucina di Mare, 100
Burger Joint, 92, 100
Café Claude, 100
Café de la Presse, 27
Café Jacqueline, 25, 92, 101
Café Kati, 101
Café Marimba, 101
Caffé Macaroni, 101
Caffé Museo, 18
Caffé Trieste, 30
The Canvas Cafe/Gallery, 101
Cha Cha Cha's, 101
Chez Panisse, 101
Chez Papa, 102
Chow, 102
Citizen Cake, 102
The Citrus Club, 102
Clementine, 92, 102
Cliff House Bistro, 87, 102
The Coffee Bean and Tea Leaf, 44
Cortez, 92, 103
Delfina, 103
Dolores Park Cafe, 103
Dottie's True Blue Cafe, 103
Dragon Well, 104
East Coast West Delicatessen, 104
Ella's, 92, 104
Eos Restaurant & Wine Bar, 104
Fifth Floor, 104

Firefly, 104
Fleur de Lys, 92, 104
Fog City Diner, 105
Foreign Cinema, 105
Franciscan, 12, 105
Fresca, 105
Fringale, 105
Frjtz, 51
Garden Court Restaurant, 105
Gary Danko, 106
Ghirardelli Soda Fountain & Chocolate Shop, 106
Grand Café, 106
Great Eastern Restaurant, 106
Greens, 92, 106
The Grove, 47
Hamburgers (Sausalito), 153
Harris', 106
Hawthorne Lane, 106
Hayes Street Grill, 106
Horizons, 153
Il Pollaio, 106-107
Indian Oven, 107
IN-N-OUT Burger, 107
Isa, 107
Isobune, 57, 107
Jardiniere, 107
John's Grill, 29
Juban Yakiniku House, 107
Khan Toke, 92, 107
Kokkari Estiatorio, 108
La Corneta Taqueria, 108
La Méditerranée, 33
La Rondalla, 108
Le Colonial, 108
Limòn, 108
Long Life Noodle Company & Jook Joint, 108
L'Osteria del Forno, 25, 108
Lovejoy's Tea Room, 108-109
Luna Park, 109
McCormick & Kuleto's, 109
Magnolia Pub & Brewery, 35
Maykadeh, 109
Memphis Minnie's, 109
Michael Mina, 92, 109
Millennium, 110
Mitchell's Ice Cream, 92, 110
Moose's, 110
Naan-N-Curry, 110
Nob Hill Café, 110
Okoze, 110-111
One Market, 111
Ozumo, 111
Pane e Vino, 45, 111
Park Chalet, 92, 111
Park Chow, 111
Pasta Pomodoro, 111
Postrio, 111
Puccini and Pinetti, 111
Quince, 111
R&G Lounge, 61, 92, 112
Restaurant LuLu, 112
RNM, 112
Rose Pistola, 112-113
Sam's Grill, 112
Sanraku, 112
The Slanted Door, 92, 113
Sociale, 113
The Station House Cafe (Point Reyes National Seashore), 155
Suppenkuche, 113
Sutro's at the Cliff House, 92
Swan Oyster Depot, 113-114
Swensen's Creamery, 113-114
Tadich Grill, 114
Taqueria Pancho Villa, 92, 114
Tartine, 92
Tartine Bakery, 114
Taylor's Automatic Refresher (St. Helena), 158
Taylor's Refresher, 92, 114
The Terrace, 114-115
Ti Couz, 114
Tommaso's Restaurant, 114
Ton Kiang, 92, 114
Tosca, 55
Town Hall, 114
Town's End, 115
Trattoria Contadina, 115
Tra Vigne (St. Helena), 158
Universal Café, 115
Vesuvio's, 31
Vicolo Pizzeria, 18, 115
Yank Sing, 115
Zao Noodle Bar, 115
ZA Pizza, 116
Zuni Café, 18, 116

Créditos das fotos

pág. viii: © Daniel McGarrah/Index Stock; pág. 3, alto: © Omni Photo Communications, Inc./Index Stock Imagery; pág. 3, embaixo: © David Wasserman/Index Stock Imagery; pág. 4, alto: © Mark Gibson/Index Stock Imagery; pág. 4, embaixo: © Thomas Winz/Index Stock Imagery; pág. 5: © ML Sinibaldi/Corbis; pág. 7, embaixo: © Phil Schermeister/Corbis; pág. 9, alto: © Mark Newman/Index Stock; pág. 9, embaixo: © Allenn Russell/Index Stock Imagery; pág. 11, embaixo: © San Francisco CVB; pág. 12, embaixo: © Ed Young/AGStockUSA, Inc./Alamy; pág. 13, alto: © Thomas Winz/Index Stock Imagery; pág. 15, embaixo: © David Wasserman/ Index Stock Imagery; pág. 16, embaixo: © Cortesia Palace Hotel; pág. 18, alto: © Walter Bibikow/Index Stock Imagery; pág. 19: © Mitchell Funk/Getty Images; pág. 21, meio: © Stephen Saks Photography/Alamy; pág. 22, embaixo: © Neil Emmerson/Getty Images; pág. 23, alto: © Kevin Fleming/Corbis; pág. 25, embaixo: © Roberto Geromtetta/Lonely Planet Images; pág. 27, embaixo: © David Duncan Livingston/Hang Art; pág. 29, alto: © Allen Ginsburg/Corbis; pág. 29, embaixo: © Robert Holmes/Corbis; pág. 30, alto: © Allen Ginsburg/ Corbis; pág. 31, alto: © Richard Cummins/Corbis; pág. 31, embaixo: © Ray Laskowitz/Lonely Planet Images; pág. 33, embaixo: © Bob Jacobs; pág. 35, embaixo: © Richard Cummins/Lonely Planet Images; pág. 36, alto: © S. Grandadam/Robert Harding World Imagery/Alamy; pág. 37, alto: © Swerve/Alamy; pág. 37, embaixo: © Robert Holmes/Corbis; pág. 39, embaixo: © Alex L. Fradkin/Getty Images; pág. 40, alto: © Brown W. Cannon III/Getty Images; pág. 41: © Roberto Geromtetta/Lonely Planet Images; pág. 43, meio: © Kim Grant/Lonely Planet Images; pág. 44, embaixo: © Gary Crabbe/Alamy; pág. 45, alto: © Joe Sohm/Alamy; pág. 45, embaixo: © Matthew X. Kiernan/Strata Art; pág. 47, embaixo: © Dennis Hallinan/Alamy; pág. 49, embaixo: © Eric Risberg/Associated Press; pág. 50, embaixo: © Tom Tracy Photography/Alamy; pág. 51, alto: © Richard I'Anson/Lonely Planet Images; pág. 53, alto: © John Elk III/Lonely Planet Images; pág. 53, embaixo: © Richard Cummins/Lonely Planet Images; pág. 54, alto: © Kevin Foy/Alamy; pág. 55, alto: © Richard Cummins/Corbis; pág. 55, embaixo: © John Elk III/Lonely Planet Images; pág. 57, meio: © Neil Farrin/JonArnold Images/Alamy; pág. 59, embaixo: © Elisa Cicinelli/Index Stock Imagery; pág. 60, embaixo: © Phil Schermeister/Corbis; pág. 61, embaixo: © Morton Beebe/Corbis; pág. 63, embaixo: © David Sanger Photography/Alamy; pág. 64, embaixo: © Elisa Cicinelli/Index Stock Imagery; pág. 65, alto: © Mark Downey/Index Stock Imagery; pág. 66, alto: © Curtis Martin/Lonely Planet Images; pág. 66, embaixo: © Curtis Martin/Lonely Planet Images; pág. 67: © Royalty-Free/Corbis; pág. 68, embaixo: © Cortesia D&M Wines and Liquors; pág. 71, alto: © Julie Sutherland/The Lotus Collection; pág. 72, embaixo: © Thomas Winz/Index Stock Imagery; pág. 74, embaixo: © Cortesia Gimme Shoes; pág. 75, alto: © Garry Gay/Alamy; pág. 76, embaixo: © Gianfranco Savio/Biordi Art Imports, San Francisco; pág. 77, alto: © Cortesia Flax Art & Design; pág. 78, alto: © Cortesia Gump's San Francisco; pág. 79, alto: © Cortesia Lark in the Morning; pág. 79, embaixo: © Reid Neubert/Index Stock Imagery; pág. 80, embaixo: © E. Smith/Alamy; pág. 81, alto: © James Marshall/Corbis; pág. 81, embaixo: © S.T. Yiap/Alamy; pág. 83: © Payne Anderson/Index Stock; pág. 85, meio: © John Elk III/Lonely Planet Images; pág. 87, embaixo: © Roberto Geromtetta/Lonely Planet Images; pág. 89, meio: © John Elk III/Lonely Planet Images; pág. 90, alto: © Richard Cummins/Lonely Planet Images; pág. 91: © Image 100/Alamy; pág. 92, embaixo: © Cortesia Cliff House; pág. 99, embaixo: © Cortesia Aqua Restaurant; pág. 100, alto: © Cortesia Boulevard; pág. 101, embaixo: © Roger Ressmeyer/Corbis; pág. 102, embaixo: © David Sanger Photography/Alamy; pág. 104, embaixo: © Courtesy Fifth Floor; pág. 105, alto: © Cortesia Foreign Cinema; pág. 106, embaixo: © Cortesia Gary Danko; pág. 107, alto: © Clay McLachlam/Cortesia Grand Café; pág. 108, alto: © Tara Sgroi/Getty Images; pág. 109, embaixo: © Cortesia Starwood Hotels & Resorts Worldwide, Inc.; pág. 110, embaixo: © Cortesia Mitchell's Ice Cream; pág. 111, alto: © Brian Hagiwara/Getty Images; pág. 112, embaixo: © Cortesia Restaurant LuLu; pág. 113, alto: © Cortesia The Slanted Door; pág. 114, alto: © Mark L. Stephenson/Corbis; pág. 115, embaixo: © Bruce Burkhardt/Corbis; pág. 116, alto: © Robert Holmes/Corbis; pág. 117: © Gary Cralle/Getty Images; pág. 118, embaixo: © Anthony Pidgeon/Lonely Planet Images; pág. 121, embaixo: © Cortesia Red Room; pág. 122, alto: © Cortesia Boom boom room; pág. 123, alto: © Cortesia San Francisco Brewing Co.; pág. 123, embaixo: © Cortesia Bambuddha Lounge; pág. 124, alto: © Kingmond Young/Cortesia Levende Lounge; pág. 124, embaixo: © Cortesia Morgans Hotel Group; pág. 125, alto: © Steve Han/eventvibe.com; pág. 126, alto: © Cortesia Mint; pág. 129: © Kelly-Mooney Photography/Corbis; pág. 130, alto: © Morton Beebe/Corbis; pág. 130, embaixo: © Kevin Rice/AP; pág. 133, alto: © Kim Kulish/Corbis; pág. 134, embaixo: © Julie Lenberger/Corbis; pág. 135, alto: © Lee Foster/Lonely Planet Images;

pág. 136, embaixo: © Chris Bennion/Cortesia American Conservatory Theater; pág. 137: © Cortesia Phoenix Hotel; pág. 138, alto: © Cortesia Kimpton Hotels; pág. 142, alto: © Cortesia Kimpton Hotels; pág. 143, embaixo: © Cortesia Clift Hotel; pág. 144, embaixo: © Cortesia Kimpton Hotels; pág. 145, embaixo: © Cortesia Kimpton Hotels; pág. 146, embaixo: © Mark Gibson/Index Stock Imagery; pág. 147, alto: © Cortesia Laurel Inn; pág. 148, alto: © Cortesia Marina Inn; pág. 149, alto: © Cortesia Red Victorian ; pág. 150, embaixo: © Cortesia Kimpton Hotels; pág. 151: © Michael Orton/Getty Images; pág. 153, embaixo: © Fraser Hall/Robert Harding World Imagery/Getty Images; pág. 155, embaixo: © Swerve/Alamy; pág. 157, meio: © Clay McLachlan/Cephas Picture Library/Alamy; pág. 158, alto: © Mike Long/Alamy; pág. 159: © Roger Ressmeyer/Corbis. Capa: © Getty Images.